디지털 트랜스폼에서
스마트 트랜스폼으로

**디지털 트랜스폼에서
스마트 트랜스폼으로**

초판 1쇄 발행 2019년 5월 30일
3쇄 발행 2021년 3월 22일

저 자	이민화, 주강진
편 집	윤예지, 오채원
펴 낸 곳	(사)케이썬(KCERN)
주 소	(06301)서울특별시 강남구 논현로 28길 25, 203호
전 화	02)577-8301
이 메 일	kcern@kcern.org
홈페이지	www.kcern.org

I S B N 979-11-86480-75-5

이 도서의 국립중앙도서관 출판예정도서목록(CIP)은 서지정보유통지원시스템 홈페이지(http://seoji.nl.go.kr)와 국가자료종합목록 구축시스템(http://kolis-net.nl.go.kr)에서 이용하실 수 있습니다. (CIP제어번호 : CIP2019020174)

4차 산업혁명의 구현 방법론을 제시하다

디지털 트랜스폼에서 스마트 트랜스폼으로

이민화, 주강진 지음

Since 2009
KCERN
Korea Creative Economy Research Network

● 책의 내용이 담긴 저자의 강의로도 만나보세요!

1부

2부

● 저자의 유튜브와 페이스북을 통해 더 많은 정보를 받아보세요!

❶ 페이스북

❷ 유튜브

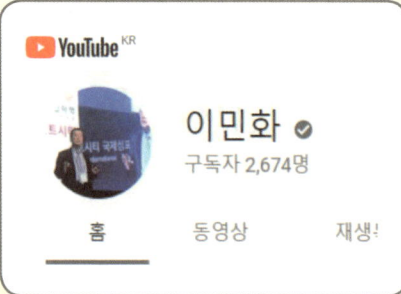

● **KCERN에서는 다양한 콘텐츠를 다루고 있습니다!**

❶ **유튜브**

❷ **페이스북**

❸ **홈페이지**

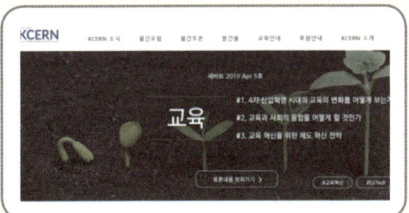

프롤로그 | '예측과 맞춤'으로의 4차 산업혁명

    4차 산업혁명은 O2O융합으로 이해하는 것이 가장 간단 명료하다. 3차 산업혁명까지가 '자동화'라는 생산 혁명이라면 4차 산업혁명은 '지능화'라는 생산과 소비의 융합 혁명이다. 산업의 본질은 생산과 소비의 순환이다. 산업혁명은 인간의 미충족 욕망을 신기술이 충족해 온 '기술과 욕망의 공진화' 과정이었다. 3차 산업혁명까지 인간의 생존, 안정, 연결의 욕구를 각각 기계, 전기, 정보 기술이 충족해 왔다. 그리고 이제 4차 산업혁명에서 과거에는 불가능했던 개인화된 욕망 충족이 지능 기술로 가능해진 것이다.

    자동화를 통한 공급 확대로는 개인화된 욕망 충족은 불가능하다. 개인화된 욕망의 충족은 예측과 맞춤을 통하여 구현 가능할 뿐이다. 개별 소비자의 맞춤 서비스를 제공할 수 있는 기술의 등장으로 4차 산업혁명이 문이 열리게 된 것이다. 단순한 기술의 융합이 산업혁명을 촉발한다는 기존의 관점으로는 일자리와 산업의 변화를 제대로 해석하는 것은 불가능하다. 기술이 기존 산업과 일자리를 파괴하나, 미충족 욕망이 새로운 일자리와 산업을 만들어 온 창조적 파괴 과정이 지난 250년 산업혁명의 역사였고, 미래 예측의 기반이라고 이해해야 할 것이다.

이제 '예측과 맞춤'이라는 4차 산업혁명의 가치 창출 프로세스를 살펴보자. 내비게이터는 도착 시간을 예측해 주고, 최적의 맞춤 경로를 안내해 준다. 그러나 현실 세계만으로 도착 시간 예측과 경로 맞춤은 불가능하다. 현실의 교통 세계가 투영된 가상의 교통 세계인 내비게이터가 있어야 예측과 맞춤이 가능해진다. 시공간이 분산된 현실이 가상에서는 전체로 융합된다. 모든 차량의 위치 정보가 가상에서 통합된다. 부분으로 나누어진 현실이 전체를 볼 수 있는 가상과 쌍둥이를 이루는 '디지털 트윈digital twin'으로 예측과 맞춤이 가능해지는 것이다.

즉 4차 산업혁명은 현실과 가상의 융합인 O2O융합으로 예측과 맞춤의 가치를 창출하여 개인화된 욕망을 충족시키는 혁명이다. 대부분 유니콘 기업의 비즈니스 모델은 O2O융합을 통한 개인화된 예측과 맞춤 서비스 제공이다. 이 과정에서 기술 융합과 규제 개혁이라는 쌍끌이 전략이 필요하다.

O2O융합은 현실과 가상을 데이터로 연결하는 플랫폼으로 구현된다. 플랫폼은 시장 플랫폼과 제품 플랫폼이 있다. 시장 플랫폼은 양면 플랫폼이고 제품 플랫폼은 단면 플랫폼이다. 이제 공유 플랫폼 혁명은 시장의 플랫폼화를 넘어 제품의 플랫폼화로 확산되고 있는 중이다. 4차 산업혁명은 시장 플랫폼을 통하여 공급자과 소비자의 미스매치를

해소해 왔다. 쿠팡과 배달의 민족과 같은 O2O서비스가 대표적인 사례이다. 그러나 이제 시간과 공간에 따라 변화하는 소비자의 욕망을 충족하는 서비스가 제품 플랫폼을 통하여 확산되고 있다.

예측과 맞춤은 제품을 넘어 서비스 차원의 욕망 충족이다. 개인화된 욕망을 시간과 공간에 따라 다르게 서비스하기 위해서는 모든 제품은 서비스와 융합되어야 한다. 바로 제품-서비스 융합이 일반화된다. 제품은 이제 출고 이후 변경이 어려운 경직화된 하드웨어를 넘어 제품 플랫폼으로 데이터와 결합하여 시공간에 따라 다른 서비스를 제공하게 된다. 우리가 매일 사용하는 스마트폰이 대표적인 사례다. 이제 모든 가전기기와 웨어러블 기기들은 챗봇과 결합하여 개개인에게 시간과 공간에 합당한 예측과 맞춤 서비스를 제공하게 될 것이다.

예측과 맞춤의 4차 산업혁명은 디지털 트랜스폼을 넘어서고 있다. 4차 산업혁명은 디지털 트랜스폼을 넘어 스마트 트랜스폼으로 진화한다. 디지털 트랜스폼은 현실을 데이터로 바꾼다는 의미다. 예를 들어 도시의 디지털 지도 위에 모든 자동차의 위치를 디지털 데이터로 표시하는 과정이 디지털 트랜스폼이다. 사물 인터넷, 생체 인터넷, 위치 기반 기술, 소셜네트워크 등이 바로 현실세계를 데이터로 바꾸는 디지털 트랜스폼 기술들이다. 3차 산업혁명은 현실세계로부터 분리된 가상의 데이터 세계를 만든 혁명이고, 디지털 트랜스폼은 3차 산업혁명을 주도한 기술이다. 제레미 리프킨이 디지털 트랜스폼으로서의 4차 산업혁명을 부정한 이유가 바로 이것이다.

온라인의 가상 세계가 만들어지면서 인간은 현실 세계에서 불가능했던 일들을 할 수 있게 되었다. 순식간에 어플로 얼굴의 주름살을 없앨 수 있고, 사고 싶은 물건들을 실시간으로 검색할 수 있게 되었다. 그러나 가상 세계에서의 어플은 현실의 나를 바꾸지는 못하고 검색으로는 실물을 내 앞에 가져 올 수 없었다. 그러나 가상 세계의 예측을 현실화하는 기술이 등장하면서 현실과 가상이 융합하는 새로운 혁명, 즉 4차 산업혁명이 시작된 것이다.

디지털 트랜스폼 기술로 현실과 1:1 대응되는 디지털 트윈digital twin 의 가상 세계를 만들고 나면, 가상 세계의 데이터를 현실화하는 기술이 등장해야 한다. 3D프린팅과 같이 가상의 데이터를 현실화하는 기술을 디지털 트랜스폼이라는 것은 논리적으로 수용하기 어렵지 않은가. 가상의 현실화를 디지털이 아니라 아날로그 트랜스폼으로 명명해야 하는 이유다. 4차 산업혁명의 O2O융합은 디지털 트랜스폼과 아날로그 트랜스폼의 쌍방향 기술로서 구현되므로 이를 통합하여 스마트 트랜스폼이라 명명한 이유다. 4차 산업혁명을 현실의 데이터화인 디지털 트랜스폼을 넘어 현실을 바꾸는 스마트화인 스마트 트랜스폼으로 이해해야 하는 이유다.

3차 산업혁명이 현실에서 분리된 작은 가상 세계를 만든 것이라면, 4차 산업혁명은 현실과 가상이라는 거대한 두 세계의 융합이다. 전체 경제 규모의 5%에 불과했던 온라인 경제가 2030년이 되면 현실과 가상의 O2O융합 경제가 되면서 전 세계 경제의 50%를 차지할 것이라고 예측되고 있다. 세계 경제의 절반이 바뀌고, 기업의 절반이 창조적 파괴가 되고, 직업의 절반이 재창조된다는 거대한 변화의 의미다.

O2O융합 혁명으로 바라볼 때 4차 산업혁명의 모든 현상들이 일관되게 설명된다. 현실과 가상의 융합인 O2O영역에서 4차 산업혁명의 아이콘들인 세계 10대 기업과 유니콘의 70%가 등장하고 있다. 일자리 변화의 방향도 O2O융합으로 볼 때 근원적 변화의 동인이 보이기 시작한다. O2O융합은 기술융합과 제도융합의 쌍끌이 전략이 필요하다는 통찰도 가능해진다. 4차 산업혁명은 기술을 넘어 두 세상의 융합으로 보아야 제대로 인식되고 디지털 트랜스폼을 넘어 스마트 트랜스폼으로 이해해야 제대로 구현된다.

O2O융합을 통하여 창출되는 가치는 바로 예측과 맞춤이라는 스마트화다. 3차 산업혁명은 인간의 신경을 확장한 자동화 혁명이었다면, 4차 산업혁명은 인간의 뇌를 확장하는 지능화 혁명이다. 인간의 뇌의 역할은 예측이다. 예측이 필요없는 식물에는 원칙적으로 뇌가 존재하지 않는다. 말미잘은 이동하는 유생 단계에서는 뇌가 있으나 정착하는 성체 단계에서는 뇌가 사라진다. 내비게이터는 지능화로 현실에서 불가능했던 도착 시간과 최적 경로를 예측하고 맞추어 준다. 스마트공장은 자동화공장이 아니라 현실공장과 가상공장이 O2O융합하는 지능화 공장으로, 예측과 맞춤으로 가치를 창출하는 것이다. 스마트시티는 현실도시와 가상도시의 융합이고 스마트 교통도 마찬가지이다. 현실과 가상의 융합을 통한 예측과 맞춤이 4차 산업혁명의 본질이다.

이 책에서는 4차 산업혁명의 스마트 트랜스폼을 4단계 DIAS 모델로 설명했다. 그리고 이를 다시 현실을 데이터화하는 6대 디지털 트랜스폼 기술이 제공하는 데이터를 기반으로 인공지능이 예측과 맞춤을 하고, 그 결과를 현실화하는 6대 아날로그 트랜스폼을 AI+12 Tech 모델로 설명하고자 한다. 이어서 이 모델의 개별 기술들을 설명하고 사회문제와 기업 혁신 적용 사례를 제시하고자 한다.

이 책은 KCERN(Korea Creative Economy Research Network) 연구원들의 각고의 노력으로 작성된 각종 보고서와 언론 기고문들을 바탕으로 탄생되었다.

목차

프롤로그 10

1장 디지털 트랜스폼에서 스마트 트랜스폼으로 19p

산업혁명에 대한 새로운 관점 20 | 4차 산업혁명의 정의 28 | 현실과 가상의 4단계 융합 33

2장 스마트 트랜스폼과 기술-사회 모델 37p

기술과 사회변화에 기반한 미래사회 예측 38 | A.I+12 Tech 모델 40 | 사회문제 해결과 9 Pillar 모델 45 | 스마트 트랜스폼과 기술-사회모델 50

3장 6대 디지털 트랜스폼 61p

공간의 데이터화, 사물인터넷(IoT)과 위치기반 서비스(LBS) 62 | 인간의 데이터화, 웨어러블과 생체인터넷(IoB)과 SNS 79 | 시간의 요소를 디지털화하는 기술, 빅데이터 87 | 시간의 관계를 디지털화하는 기술, 클라우드 93

4장 인공지능 105p

디지털 트랜스폼과 아날로그 트랜스폼의 연계, 인공지능 106 | 인공지능의 역사 108 | 인공지능 주요 기술 113 | 인공지능의 활용전략과 사례 125

5장   6대 아날로그 트랜스폼 147p

욕망을 디자인하는 기술, O2O 서비스 디자인 148 | 물리적 욕망을 구현하는 기술, 3D프린팅과 로봇 165 | 정신적 욕망을 충족시키는 기술, AR과 VR 204 | 욕망을 거래하는 기술, 블록체인 230 | 욕망을 지속하게 하는 기술, 게임화 270 | 욕망을 공유하는 기술, 플랫폼 306

6장   스마트 트랜스폼 활용 전략 339p

구글, 온라인 거인에서 오프라인의 도전자로 340 | 애플, 디바이스와 서비스를 융합하라 348 | 페이스북, 온라인 세상을 삼켜라 355 | 아마존, 콘텐츠와 커머스를 융합하라 361 | 알리바바, 혁신생태계의 디지털 트윈화를 꿈꾸며 369 | 텐센트, 현실세계를 모두 콘텐츠로 379 | 바이두, 모빌리티 생태계를 구축하라 386 | 거인의 어깨에 올라타는 유니콘 기업들 392

참고문헌 401

1장

Smart Transform

디지털 트랜스폼에서 스마트 트랜스폼으로

Smart Transform

산업혁명에 대한 새로운 관점

아놀드 토인비는 "산업혁명이란 기술 발전으로 인한 사회와 경제의 큰 변혁을 일컫는다."라고 정의하였다.[1] 18세기에 시작된 산업혁명은 인간의 혁신적인 아이디어를 기술이 뒷받침하지 못하였기에 수요보다 공급이 중요했다. 토인비가 공급의 관점에서 산업혁명을 바라보고 기술혁신을 통한 생산성의 비약적인 발전이 사회 변화의 주역이었다고 잘못 해석한 이유도 여기에 있다.

이러한 오해는 지금도 반복되고 있다. 지금 다가오는 4차 산업혁명을 디지털 트랜스폼의 초융합 자동화 혁명이라 인지하고 있다. 그런데 4차 산업혁명은 융합이 아니라 융합과 발산이 순환하는 혁명이다. 4차 산업혁명은 디지털 트랜스폼을 넘어 스마트 트랜스폼으로 진화하고 있다. 4차 산업혁명은 자동화가 아니라 지능화가 본질이다. 이제 3

---

1) Lectures on the Industrial Revolution of the Eighteenth Century in England, 1884

차 산업혁명과 4차 산업혁명의 차이를 살펴보기로 하자.

기술의 융합으로 4차 산업혁명을 설명하면 당장 반론에 봉착하게 된다. 기술은 늘상 융합되어 왔다. 어디까지가 3차이고 어디부터가 4차인가를 결정하는 기준이 분명해야 한다. 산업혁명의 이해에 관련된 근본적인 문제는 산업혁명을 기술혁명으로 인식하는 데서 비롯된다. 산업의 본질은 생산이 아니라 생산과 소비의 순환이라는 점에서 산업혁명은 기술과 욕망의 공진화로 보아야 한다. 인간의 미 충족 욕망을 기술이 가능하게 하는 시점에서 산업혁명이 진화해 온 것으로 해석하면 그동안 풀리지 않던 산업과 일자리 문제 등을 설명할 수 있으며, 미래 인사이트도 제시된다.

산업혁명의 역사를 이러한 관점에서 분석하면, 1, 2차 산업혁명은 오프라인 현실세계에서 기계와 전기 기술로 인간의 생존과 안정의 욕구를 충족했다. 이어서 3차 산업혁명이 온라인 가상 세계를 만들어 인간의 연결 욕구를 충족했다면 4차 산업혁명은 온라인 가상 세계와 오프라인 현실 세계를 결합하여 인간의 자기표현 욕망을 충족하고 있다. 세 차례의 산업혁명에서는 개인화된 욕망 충족은 불가능했었다. 그러나 4차 산업혁명에서 플랫폼으로 공통 욕망을 한계비용 제로로 충족하고 데이터 기반의 인공지능으로 개별 욕망의 저비용 맞춤 충족이 가능해진 것이다.

O2O플랫폼을 가능하게 한 2008년 스마트폰 기술과 인공지능이 실용화되면서 2010년 딥러닝 deep learning 기술이 개인화 욕망 충족의 길을 열었다. 지금 폭증하는 유니콘 기업의 대부분이 플랫폼과 인공지능

에 기반하고 있다. 2008년 이후 10년 사이에 전세계 10대 기업은 플랫폼과 인공지능 기업으로 변모했다. 4차 산업혁명은 지능기술과 개인 욕망의 공진화로서 실존하고 있는 것이다.

인간의 욕망을 충족시키는 현실을 데이터화하는 디지털 트랜스폼과 가상의 데이터를 현실화하는 아날로그 트랜스폼의 양 방향으로 구현된다. 3차 산업혁명을 대표하는 디지털 트랜스폼은 융합의 기술이다. 데이터의 세계는 시간과 공간과 인간이 융합하는 절대계이기 때문이다. 가상 세계에서는 인공지능이 주도하여 예측과 맞춤이란 4차 산업혁명적 가치를 창출하게 된다. 또한 4차 산업혁명을 대표하는 아날로그 트랜스폼은 발산의 기술이다. 현실의 세계는 시간과 공간과 인간이 분화되는 현상계이기 때문이다. 예를 들어 내비게이터로 모든 차량의 위치 정보를 모으는 디지털 트랜스폼 단계는 분명 융합이나, 개별 차량에 맞춤 정보를 제공하는 아날로그 단계는 발산이다.

3차 산업혁명의 자동화는 생산성 극대화를 목표로 하는 공급 중심의 패러다임이었다. 그러나 생산보다 소비의 역할이 증대되는 4차 산업혁명에서는 생산과 소비의 최적화가 요구된다. 4차 산업혁명의 지능화는 시간의 예측과 공간의 맞춤으로 인간 욕망의 최적화라는 완전히 다른 패러다임에 기반하기 때문이다. 이제는 많이 만드는 것이 중요하지 않고 개별 인간에 꼭 맞는 생산과 소비의 최적화가 중요해지고 있다.

이에 따라 산업의 중심은 기업에서 소비자로 전환되고 있다. 대량생산에서 맞춤 생산으로 산업의 개념이 바뀌고 있다. 생산은 융합되고 마케팅은 세그먼트를 넘어 개인화되고 있다. 아디다스의 스피드 팩토리는 과거의 복잡한 제조 프로세스가 앱과 3D프린터와 봉제 로봇으로 통합되어 개별 주문 후 24시간 내 배송을 완료하는 구조다. 드디어 생산과 소비가 융합하는 프로슈머prosumer와 소셜이노베이션social innovation 시대로 돌입하고 있다. 동시에 기업 활동도 마케팅과 R&D를 포함하던 기업 전체가 분해되고 인간을 중심으로 재결합되고 있다.

●● 산업혁명의 재해석

사회가 복잡해지고 기술은 일반재commodity화 되고 개인의 욕망이 다양화되면서, 기존의 공급 중심 부분적 관점의 산업혁명 해석에서 공급과 소비의 순환이라는 본원적 관점에서의 재해석이 필요하게 되었다.

우선 산업혁명을 기술의 관점이 아니라 생산(기술)과 소비(욕망)

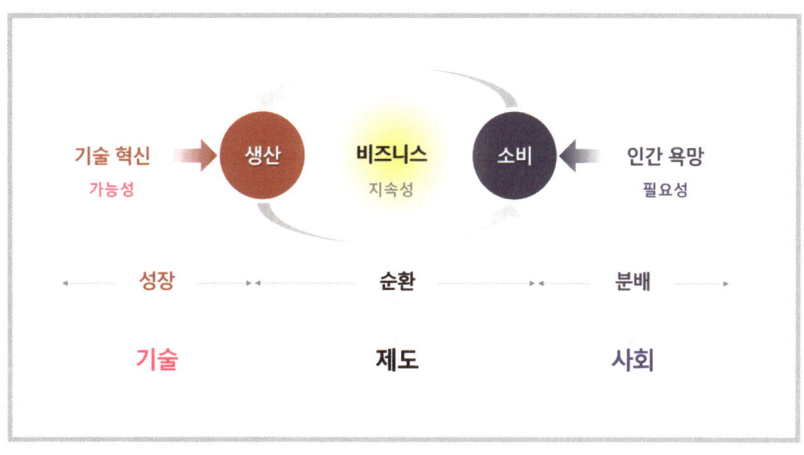

산업혁명에 대한 새로운 관점

의 순환이란 관점에서 '기술과 욕망의 공진화'로 재정의하고자 한다. 이로써 4차 산업혁명의 주요 논점인 일자리의 문제, 정책 우선 순위의 문제 등에 해결책을 제시하게 되고, 스마트시티와 스마트공장 등에 대한 일관된 정의가 가능해진다. 즉 "기술이 일자리를 파괴하나 미충족 욕망이 일자리를 창출한다. 정책의 우선순위는 이제 기술에서 규제로 이전한다. 스마트시티는 현실도시와 가상도시의 융합이다."라는 일관된 해석이 기술과 욕망의 공진화라는 개념에서 도출된다.

기술과 욕망의 공진화라는 관점에서 지난 3차례 산업혁명을 고찰해 보자. 산업혁명은 인간의 미충족 욕구를 기술혁신으로 충족시키면서 발전해 왔다. 1차 산업혁명의 기계혁명으로 사회는 농업에서 제조업으로 경제구조가 변화하였고, 이를 통해 인류는 생존의 욕구를 해결하였다. 2차 산업혁명의 전기혁명으로 서비스업이 발전하면서 인류는 물질적 욕구를 충족시키면서 안정적인 삶을 영위할 수 있게 되었다. 3차 산업혁명은 정보혁명으로 연결망이 구축되면서 인간의 연결의 욕구를 충족시켰다. 즉 산업혁명을 욕망과 기술의 공진화 과정으로 정의할 때 본질적 정의가 명확해 진다.

산업혁명을 기술과 인간 욕망의 순환으로 보는 관점으로 맥킨지가 발표한 인구증가율과 GDP 증가율의 통계를 재해석해 보자. 1차 산업혁명기의 인구증가율은 GDP 증가와 정확히 정비례하였다. 이는 생존을 위한 물질 공급이 GDP 상승의 주된 요인이고, 생존의 물질 공급에 비례하여 인구가 증가하였음을 의미한다. 당시 인구의 80%는 농업에 종사했다. 2차 산업혁명에서 인구증가율의 증가보다 GDP 증가율이 높으며, 이는 산업혁명이 인류의 생존의 욕구를 넘어서 물질적 여유인 안정의 욕구까지 충족시킨 결과로 해석된다.

주목할 점은 3차 산업혁명인데, 인구증가율이 감소하였으나 GDP는 오히려 증가하였다. 이는 산업혁명이 물질의 욕구를 넘어서 사회적 욕구를 충족시킨 결과, 인구증가율이 감소하였음에도 GDP는 증가한 것이다. 맥킨지의 연구결과에서 우리는 인구증가율의 감소가 경제성장률에 부정적 영향을 주지 않는다는 시사점을 도출할 수 있다.

인간의 생존과 안정이라는 기본적인 욕구를 충족시킨 이후, 3차 산업혁명은 ICT 기술 발전으로 온라인이라는 가상세계를 만들어 연

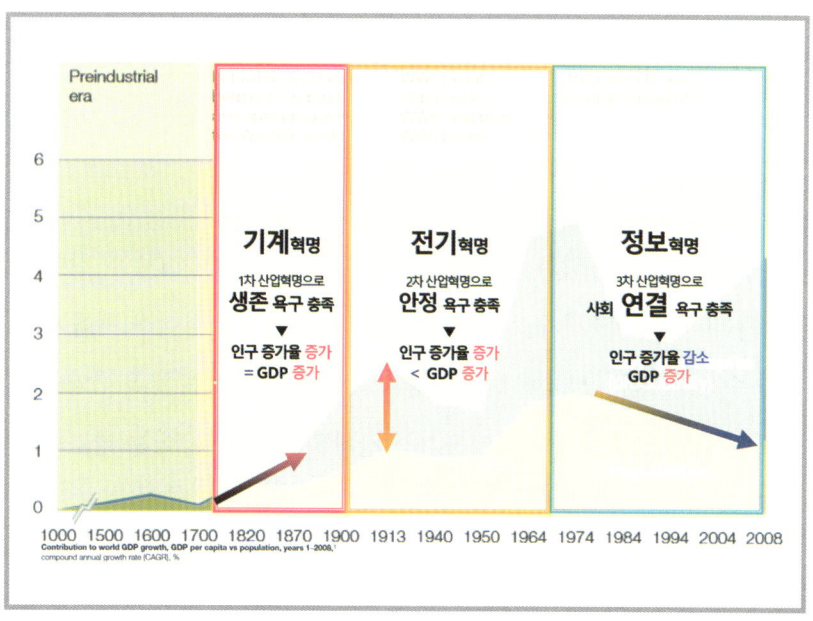

욕구 충족과 인구증가율/GDP 증가율
출처: McKinsey(2014), A productivity perspective on the future of growth

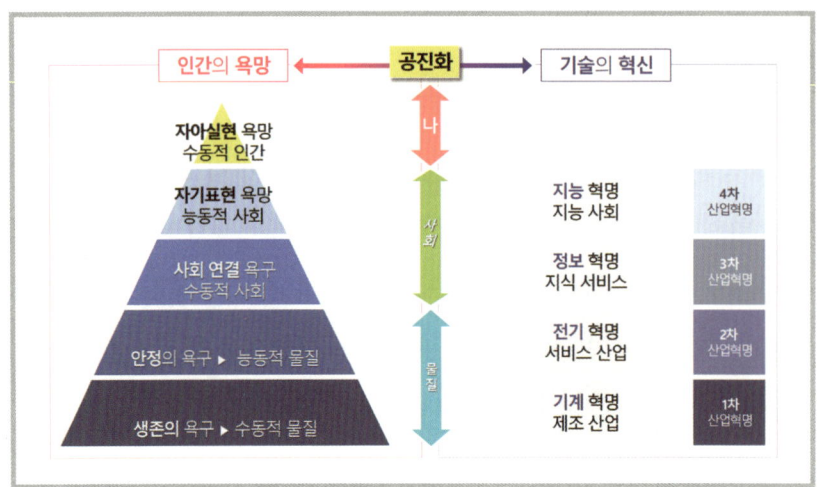

기술과 욕망의 공진화

결의 사회적 욕구를 충족시켰다. 3번의 산업혁명이 매슬로우 욕구 5단계 설을 따라 진행되었다면, 4차 산업혁명은 자기표현을 중심으로 부분적인 자아실현의 욕구를 충족시키는 방향으로 발전할 것이라 예측할 수 있다. 이러한 욕망은 인간이 가진 가장 고차원적인 욕구이며, 4차 산업혁명을 지능혁명으로도 명명하는 이유이다.

이제 기술과 욕망의 공진화로서 산업혁명은 위의 그림과 같이 매슬로우의 욕구 5단계가 기술에 의하여 충족되는 과정이라 새롭게 정의할 수 있다. 여기서 4차 산업혁명이 개인화된 자기표현 욕구와 자아실현 욕구를 어떻게 충족시키는가를 간단히 살펴보자. 이는 글로벌 유니콘들의 비밀코드이기도 하다.

1, 2차 산업혁명에서 인간의 욕구는 다양하지 않았다. 소비자는 몇 개의 세그멘트 분류로 마케팅 전략 수립이 가능했다. 3차 산업혁명에서 연결 욕구는 플랫폼을 통하여 구현되었다. 이제 개인화된 맞춤 서

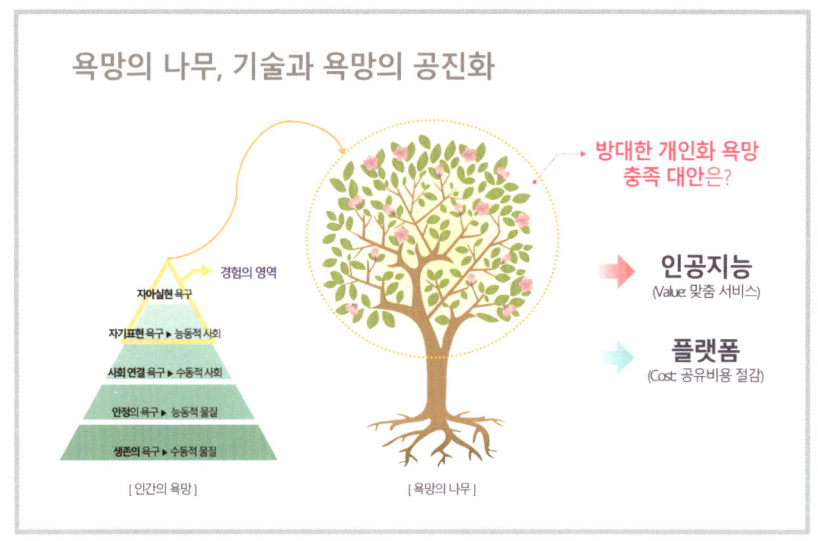

새로운 산업의 근원, 미충족 욕망

비스를 요구하는 4차 산업혁명의 미충족 욕망은 바로 데이터에 기반한 지능화 서비스로 가능해졌다. 기술과 미충족 욕망의 공진화다. 그 결과 글로벌 유니콘은 연결 플랫폼, 데이터 기반 인공지능 맞춤 서비스와 이를 커뮤니티화하는 구독subscription 서비스로 진화하고 있다는 인사이트를 얻게 된다. 다시 말해 인간의 미충족 욕망(유효수요)을 기술이 충족시키면서 경제성장을 이끌어 낸 것이 산업혁명이다. 기술은 기존의 저부가가치의 일자리를 파괴하고 욕망이 새로운 고부가가치의 일자리를 만들어 온 과정이 지난 250년 산업혁명의 본질이다.

Smart Transform

4차 산업혁명의 정의

산업혁명을 기술과 욕망의 공진화란 관점에서 바라보면, 4차 산업혁명은 인간의 자기표현과 자아실현을 위한 방향으로 흘러갈 것으로 예측된다. 그렇다면 이러한 4차 산업혁명은 어떻게 구현되는 것인가에 대한 의문이 남는다. 기존의 산업혁명은 기계, 전기, 정보 혁명으로 정의되는데, 4차 산업혁명은 어떻게 정의할 수 있을까? 이러한 질문에 필자는 4차 산업혁명을 '자기표현 욕망과 지능기술의 공진화를 위한 '인간을 위한 현실과 가상의 융합혁명'으로 정의하고자 한다. 개인화된 자기표현과 자아실현 욕망은 기존의 오프라인 현실 세계는 충족이 불가능하다. 현실과 가상의 융합을 통한 예측과 맞춤의 가치 창출을 통하여 개인화된 욕망을 충족시킬 수 있게 된다. 플랫폼 기술이 공통 욕망 충족 비용을 격감시키고, 인공지능이 개인화된 맞춤과 예측의 욕망 충족을 가능하게 하는 것이다.

4차 산업혁명에 대한 논란

4차 산업혁명에 다양한 논쟁은 잘못된 정의로부터 시작된다. 4차 산업혁명을 IoT, 클라우드, 인공지능 등의 다양한 기술들의 융합으로 바라보면 3차 산업혁명의 연장선이란 제레미 리프킨의 비판을 피하기 어렵다.

4차 산업혁명이 기존 정의들을 소개하면 다음과 같다. 平野(2016)는 IoT를 통한 가상세계virtual world와 현실세계real world의 장벽이 해소되어 일원화되는 세상이라고 하였다. 4차 산업혁명으로 모든 사물이 컴퓨터나 센서가 되며, 모든 것이 데이터화 되는 세계가 된다는 것이다.[2] 이로 인하여 인간 주위의 모든 사물이 데이터를 통해 지능화되고 유기적인 자율화되는 사회가 될 것이라 예측하였다. Schwab(2016)도 4차 산업혁명은 "제조업에서 CPS를 도입하여 물리적 공간과 디지털 공간의 한계를 허무는 것이다."라고 주장한다.

平野와 Schwab의 주장은 기존의 4차 산업혁명의 정의보다 진일보하였지만, IoT란 특정 기술과 제조업이란 특정 산업에 제한을 두고 있다는 점에서 명백한 한계점을 가지고 있다. 이에 대하여 필자는 다음과 같이 '인간을 위한 현실과 가상의 융합'으로 정의한 바 있다.[3]

---

2) 대외경제연구원(2017), 주요국의 4차 산업혁명과 한국의 성장전략
3) Lee, M-H. et al. How to Respond to the Fourth Industrial Revolution, or the Second Information Technology Revolution? Dynamic New Combinations between Technology, Market, and Society through Open Innovation. J. Open Innov. Technol. Mark. Complex. 2018.

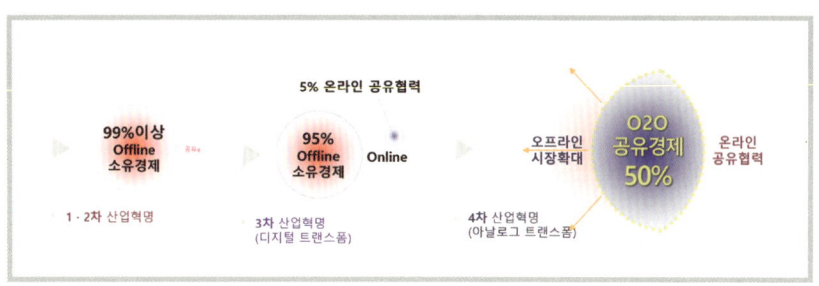

4차 산업혁명과 O2O 공유경제

●●4차 산업혁명의 재정의

KCERN은 4차 산업혁명을 기술의 융합이 아닌 기술과 욕망이 공진화하는 세상의 융합으로 재정의 함과 동시에 디지털 트랜스폼이라는 기술 용어도 재정립하고자 한다.

기술과 욕망의 공진화로서의 산업혁명은 다시 오프라인의 현실 세계와 온라인의 가상 세계의 융합과정으로 설명된다. 1, 2차 산업혁명은 오프라인 현실세계에서 제품과 서비스를 통하여 생존과 안전의 욕구를 충족한 혁명이었다. 3차 산업혁명은 현실 세계의 한계인 시간, 공간, 인간의 제약을 온라인 가상 세계를 연결하는 정보기술을 통하여 극복한 혁명이다. 참고로 3차 산업혁명이 만든 가상 세계의 경제 규모는 전세계 GDP의 5% 수준으로 평가되고 있다. 디지털 트랜스폼은 바로 온라인 세계를 만드는 기술로서 3차 산업혁명을 이끌어 낸 기술이다. 이제 4차 산업혁명은 가상의 세계에서 이룩한 예측과 맞춤의 가치를 현실화하여 개인화된 자기표현 욕망을 충족시키는 혁명이다. 여기에 필요한 기술이 인공지능과 아날로그 트랜스폼 기술이라는 4차 산업혁명을 대표하는 기술이다. 즉 4차 산업혁명은 '인간의 미충족 욕망을 충족하는 현실과 가상의 융합혁명'이다.

통상적으로 4차 산업혁명 기술 전체를 디지털 트랜스폼이라는 용어로 설명해 왔으나, 엄밀한 의미에서 디지털 트랜스폼은 현실에서 가상으로의 전환 기술을 의미한다. 이에 필자는 현실을 가상화하는 기술을 디지털 트랜스폼으로 정의하고 가상을 현실화하는 기술은 아날로그 트랜스폼으로 정의하고자 한다. 또한 디지털과 아날로그 트랜스폼을 통합한 전체 융합 기술을 스마트 트랜스폼으로 정의하자. 이제 기술 관점에서도 인공지능을 중심으로 디지털화 기술과 아날로그화 기술이 순환하는 스마트화가 3차 산업혁명과 4차 산업혁명을 차별화한다.

즉, KCERN의 4차 산업혁명 정의인 '인간을 위한 현실과 가상의 융합'은 현실을 가상으로 전환하는 IoT, 클라우드, 인공지능과 같은 6대 디지털화 기술과 가상을 현실로 전환하는 VR, 블록체인과 같은 6대 아날로그화 기술의 순환으로 구현되고, 제도 개혁으로 욕망의 충돌을 조정해야 한다.

현실과 가상이 융합하는 4차 산업혁명에서는 디지털 트랜스폼과 아날로그의 트랜스폼의 융합을 통한 맞춤과 예측으로 최적화라는 가치가 창출된다. 그리고 이러한 4차 산업혁명은 기술의 융합과 욕망의 융합으로 구현되며, 이중에서 기술의 융합보다 욕망의 융합이 훨씬 더 어렵다는 것에 대부분이 동의하고 있다. 4차 산업혁명의 승패가 소유와 공유라는 서로 다른 가치의 충돌 조정에 달려 있다는 의미다. 즉 이것이 필자가 4차 산업혁명 정책의 중심은 기술이 아닌 제도개혁에 있어야 한다고 주장하는 이유이다. 그러나 현재 대한민국의 국가 R&D

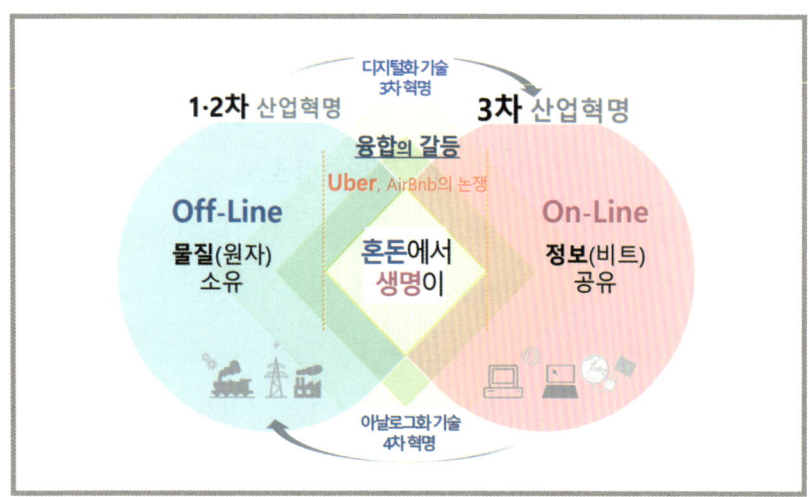

현실과 가상이 융합하는 4차 산업혁명

투자는 20조가 넘는데, 규제개혁 투자는 100억이 되지 않는다. 국가 정책에 있어 무엇이 우선되어야 하는지를 다시 살펴보아야 할 필요가 있다.

Smart Transform

현실과 가상의 4단계 융합

지난 3번의 산업혁명을 통한 사회의 발전모습은 인체를 닮아간다. 1차 산업혁명은 기계혁명으로, 부분적으로 인간의 노동력을 기계가 대체하기 시작하였다. 2차 산업혁명은 에너지(전기) 혁명으로 기계가 인간을 대체하는 분야가 확산되었다. 3차 산업혁명은 정보혁명으로 인간의 신경망처럼 사회 곳곳에 연결망(인터넷)이 확산되었다. 그리고 4차 산업혁명은 지능혁명으로 인간의 두뇌처럼 가상세계에서 데이터를 활용한 예측과 맞춤이 가능하게 되었다. 실제로 인간의 두뇌는 현실이 아니라 데이터를 통하여 가상을 다루고 있음에 주목하기 바란다.

그렇다면 4차 산업혁명은 어떻게 예측과 맞춤이 가능해진 것인가? 필자가 제시한 4차 산업혁명의 현실과 가상의 융합은 데이터화, 정보화, 지능화, 스마트화라는 4단계로 구현된다. 1단계는 현실 세계의 데이터를 수집하여 가상으로 옮기는 과정이며, IoT와 IoB가 핵심 기술이다. 2단계는 수집된 데이터를 가상의 세계에서 빅데이터로 구축하는 과정으로 빅데이터와 클라우드가 핵심이며, 여기까지 활용되는 기술이 디지털 트랜스폼 기술이다.

3단계는 가상의 세계에서 인공지능으로 다양한 시뮬레이션을 통하여 예측과 맞춤을 하고 최적의 가치를 창출하는 과정이며, 인공지능과 기계지능이 그 역할을 담당한다. 마지막 4단계는 인공지능이 분석한 결과를 아날로그 트랜스폼 기술을 통하여 현실화시키는 과정이며, 이를 통해 세상은 최적화된다.

1차 산업혁명이 근육의 확장, 2차 산업혁명이 에너지의 확장, 3차 산업혁명이 신경망의 확장이라면 4차 산업혁명은 두뇌의 확장이다. 4차 산업혁명에서 현실과 가상이 융합하는 4단계 과정은 인간의 두뇌

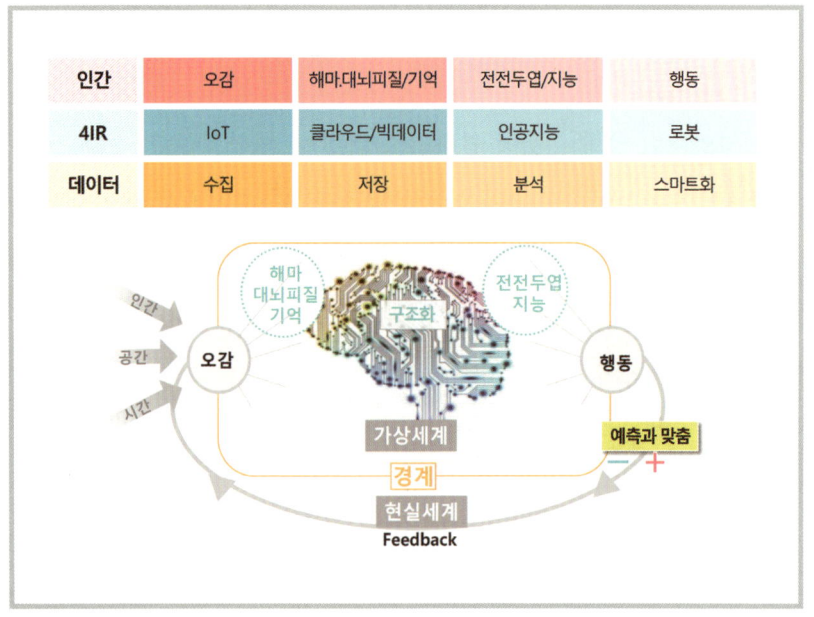

4단계 융합 과정

와 매우 흡사하다. 오감이 현실을 인식하는 것처럼 IoT가 데이터를 수집하고, 대뇌피질과 해마에 정보가 저장되는 것처럼 클라우드에서 빅데이터가 구축되며, 전전두엽에서 판단을 내리는 것처럼 인공지능이 예측과 맞춤을 구현한다. 그리고 두뇌의 판단이 행동으로 구현되는 것처럼 아날로그 트랜스폼 기술을 통해 세상을 최적화한다.

유니콘 기업을 포함하여 지금까지 분석된 대부분의 4차 산업혁명 선도기업들은 4단계 융합과정을 거쳐 현실과 가상을 결합하여 예측과 맞춤의 가치를 제공하고 있다. 이 과정에서 현실과 가상의 두 세계는 디지털 트윈이 되고 이를 연결하는 것이 CPS Cyber Physical System 의 동기화와 시각화의 역할이다. 필자는 이러한 현실과 가상의 융합 전체를 아우르는 용어로 O2O융합을 사용하고자 한다.

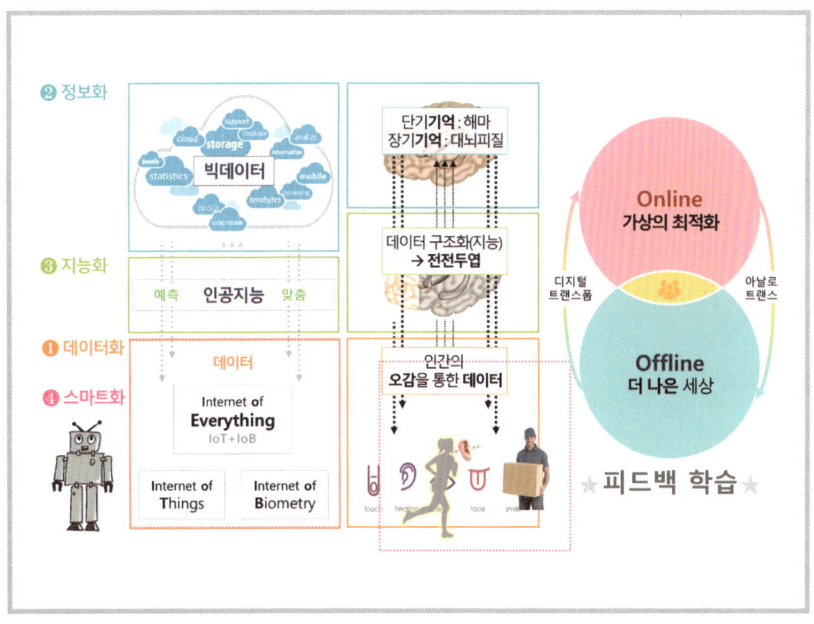

현실과 가상의 4단계 융합

2장

Smart Transform

스마트 트랜스폼과 기술-사회 모델

Smart Transform

기술과 사회변화에 기반한 미래사회 예측

산업혁명을 기술만이 아니라 기술과 사회의 융합으로 바라본다면 공급과 소비의 순환의 관점에서 미래를 예측할 수 있다. 카이스트는 사회변화를 촉진하는 7대 요소를 선정하고 이들의 약자인 STEPPER라는 Tool을 통해 사회변화를 예측하고 있다. STEPPER에서 S는 사회Social 변화, T는 기술Technology, E는 환경Environment, P는 인구Population와 정치적Political 트렌드, E는 경제적Economic 변화, R은 자원Resource을 의미한다.

STEPPER은 미래사회 예측을 위한 주요 요소들을 정리한 것으로, 미래사회에서 인류가 추구해야 할 가치관, 현실의 제도와 사회, 그리고 혁신을 추진할 수 있는 동인인 기술로 재분류가 가능하다.

즉 미래사회를 대비하기 위해 우리는 인간으로서 추구할 가치는 무엇인지 생각하는 고민하고 급변하는 사회에 따른 윤리관과 세계관의 재정립이 요구된다. 기술의 발전에 따라 인간이 무엇을 필요로 하며, 무엇을 요구하는지 개인과 인간사회에 대한 욕구를 고찰할 필요가 있다. 마지막으로 신기술의 발전과 산업의 파괴적 혁신으로 발생하는 사회 갈등의 조정과 문화, 사회의 변화는 심사숙고할 대상이다.

따라서 4차 산업혁명을 견인할 기술모델과 우리가 도전해야 할 사회문제를 정리한 사회모델 그리고 이들을 융합한 기술-사회 융합 매트릭스를 제시하고자 한다.

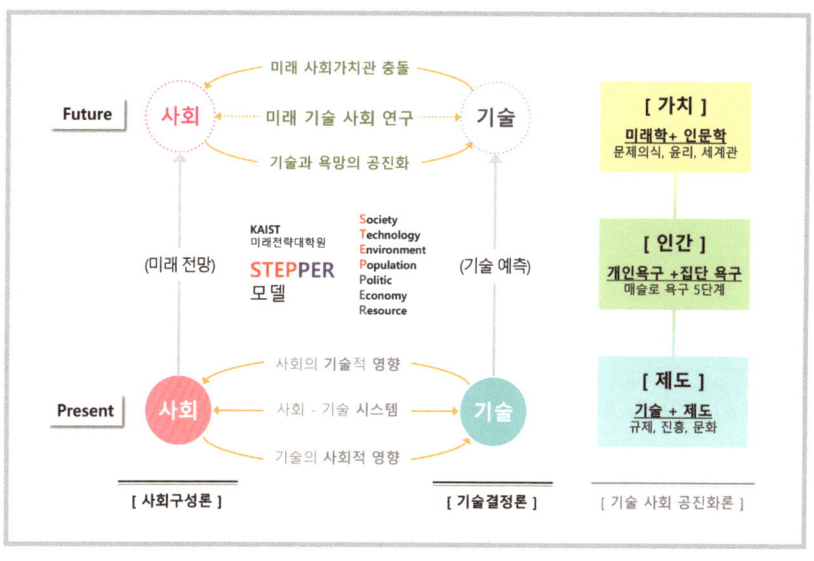

기술 사회의 공진화 모델
자료: KAIST(2015) 수정

Smart Transform

A.I+12 Tech 모델

4차 산업혁명을 현실과 가상이 데이터를 통하여 융합되는 혁명으로 정의하면서, 개념적 이해 단계를 넘어 구체적인 구현 방안이 필요하다. 3차 산업혁명에서 시작된 현실을 가상화하는 디지털 트랜스폼digital transform 개념과 가상을 현실화하는 아날로그 트랜스폼analogue transform이란 개념이 4차 산업혁명에 필요하다.

그리고 4차 산업혁명 구현모델로 디지털 트랜스폼과 아날로그 트랜스폼의 순환으로 현실을 스마트(최적화)한 현실로 발전시키는 스마트 트랜스폼smart transform을 함께 제안한다. 이러한 스마트 트랜스폼은 앞에서 제시한 데이터화, 정보화, 지능화, 그리고 스마트화라는 4단계로 구현된다.

스마트 트랜스폼이 공장에 적용된 것이 바로 스마트 공장이다. 스마트 공장은 오프라인의 현실 공장과 이를 1:1로 대응시킨 온·오프라인의 가상 공장이 융합된 것이며, 스마트 시티에 적용되면 현실 도시와 가상 도시의 융합이 된다. 스마트 공장과 스마트 시티만이 아니라 스마트 물류에서도 현실 물류와 가상 물류의 융합, 스마트 교육도 현실 교육과 가상 교육의 융합으로 정의할 수 있다. 이처럼 모든 분야에서 현실과 가상이 융합이 이루어지고 있으며, 이것이 4차 산업혁명의 본질이다.

그리고 현실과 가상의 융합과정인 스마트 트랜스폼으로 예측과 맞춤이라는 스마트한 가치를 창출하는 과정으로 일관성 있게 설명할 수 있다. 이를 통하여 현실의 불일치mismatch가 문제인 모든 분야를 최적화할 수 있게 된다는 것이 KCERN의 스마트 트랜스폼 모델이 갖는 의미다. 이는 스마트 공장, 스마트 도시, 스마트 물류, 스마트 교육 등 모든 4차 산업혁명 사례를 분석하는 중요한 역할을 한다. 그리고 4차 산업혁명을 구현하는 기술모델을 디지털 트랜스폼+인공지능+아날로그 트랜스폼D.T+A.I+A.T의 1) 데이터화Data 2) 정보화Information 3) 지능화A.I 4) 스마트화Smart의 4단계 DIAS 모델로 제시한다.

디지털 트랜스폼은 현실 세계의 시간, 공간, 인간을 데이터화하는 과정이다. 현실 세계는 시간, 공간, 인간의 요소node와 관계link로 구성된다. 즉 시간을 데이터화하는 클라우드, 빅데이터, 공간을 데이터화하는 IoT, LBS, 인간을 데이터화하는 IoB, SNS와 같은 6대 디지털 트랜스폼 기술로서 현실세계의 시간, 공간, 인간의 데이터를 디지털화하여 가상 세계를 구축한다.

데이터가 클라우드에 모이면 빅데이터라는 정보화 단계가 이루어진다. 빅데이터를 인공지능이 분석하여 예측과 맞춤이라는 가치를 창출하는 과정이 지능화다. 이를 6대 아날로그 트랜스폼 기술인 O2O 디자인, 3D프린팅/로봇 게임화, 플랫폼, 블록체인/핀테크, VR/AR을 통해 현실 세계를 스마트화한다.

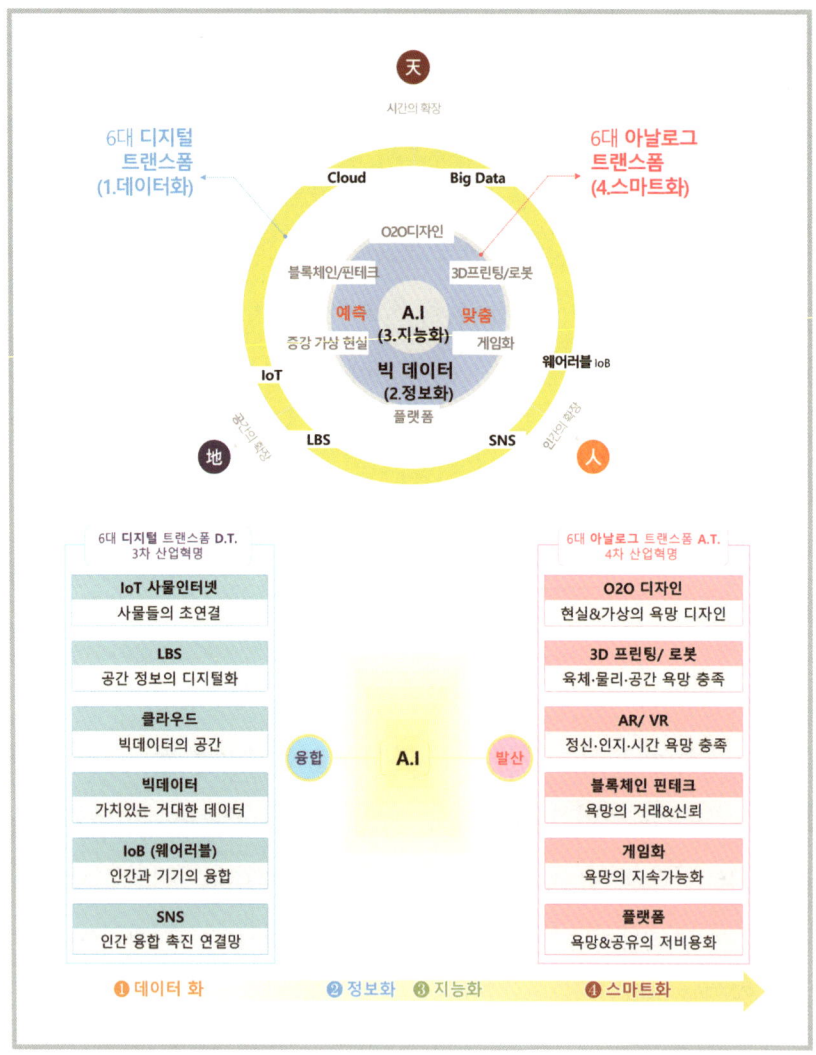

AI+12 Tech 모델

이 과정에서 디지털화가 융합이라면 아날로그화는 발산과정이다. 예를 들어 개별 자동차의 위치를 빅데이터화하는 과정은 융합이나, 개별 운전자에게 맞춤 안내를 하는 과정은 발산이다. 4차 산업혁명은 단순한 융합이 아니라 융합과 발산의 과정이 순환되는 것이다. 스마트 트랜스폼을 통하여 과거에는 불가능했던 도착 시간 예측과 최적 경로 맞춤이 O2O융합으로 가능해져 교통 정체 해소 등의 효과가 수 조원에 달하는 것으로 추정되고 있다.

12대 기술 세부 설명

	기술명	세부 설명
디지털 트랜스폼 기술	IoT 사물인터넷	IoT는 기기 및 사물들이 네트워크로 연결됨으로써 유기적으로 데이터를 수집·학습·활용하며, 정보의 공유를 통해 상호 작용하는 네트워킹 기술 및 환경을 의미함
	LBS 위치기반서비스	길찾기, 위치기반 광고 등 다양한 LBS(Location Based Service)들이 확산됨 실내외 측위 시스템이 결합하여 인간과 사물의 위치를 모두 가상화하게 되면 가상공간이 현실 세계를 공간적 차원에서 완전히 가능함
	클라우드	기술을 지칭하는 클라우드 컴퓨팅과 서비스를 지칭하는 클라우드 서비스가 있음 효율적인 빅데이터 활용을 위해서는 클라우드를 활용하는 것이 상당히 유리함
	빅데이터	일정규모 이상의 크기와 다양성을 갖춘 데이터를 빅데이터라 지칭하며, 이를 수집·처리·분석하여 가치를 창출해내는 기술
	IoB (웨어러블)	웨어러블 디바이스는 신체에 부착·동화되어 네트워킹과 컴퓨팅을 할 수 있게 지원하는 기기를 통칭
	SNS	SNS는 인간과 인간을 강력하게 연결하는 다양한 소셜 네트워크 서비스로 가상화되고 있으며 SNS를 통하여 현재 인간은 과거 의사소통보다 1000배가 넘는 소통을 하고 있음

기술명		세부 설명
아날로그 트랜스폼 기술	O2O 디자인	O2O는 고객이 서비스를 구체적으로 경험하고 평가할 수 있도록 고객과 서비스가 접촉하는 모든 경로의 유·무형 요소를 구체적이고 물리적으로 창조하는 것 서비스 디자인은 공공서비스디자인, 사회문제 해결 디자인으로 역할을 수행 중
	3D 프린팅 / 로봇	3D프린팅은 디지털 디자인 데이터를 이용해 제조함으로써, 제조 절차와 생산에 커다란 변혁을 가져오며 가상의 디자인을 현실에서 물질화하는 기술임 3D프린터의 등장과 빠른 보급으로 인해 소비자는 직접 제품의 제작·소비·수리 등에 참여하기가 수월해짐
	증강/가상현실	증강현실은 현실세계에 존재하는 기술사용자에게 시의적절한 가상정보를 제공하여 현실에 대한 사용자의 인식이나 능력 등을 증강시켜주는 기술 가상현실은 컴퓨터와 인간 오감의 상호작용을 통해 디지털 데이터로 구성된 가상의 영상, 이미지 등을 현실처럼 느끼게 해주는 기술임
	블록체인/ 핀테크	핀테크는 금융(Finance)과 기술(Technology)이라는 두 단어를 결합한 합성어로 스마트 기술들로 혁신 된 새로운 금융기술을 의미함 블록체인(BlockChain)은 신뢰할 수 없는 개체 간 합의를 통한 비가역적 정보를 관리 및 처리하는 기술, 중개자 없이 익명의 개인 간 가치를 전달할 수 있는 시스템임
	게임화	게임화는 현실의 개혁으로, 우리의 삶에 가치 있는 이야기를 입히고 지속가능한 동기부여를 하는 유력한 대안이 될 수 있을 것임 게임화는 단순한 보상과 경쟁의 차원을 넘어서고 있으며, 보상에 기반한 외재적 동기부여는 보상의 효과가 시간에 따라 감소함
	플랫폼	플랫폼이란 공통 역량을 모아 체계적으로 구축한 온라인/오프라인의 공간이자 다양한 이해관계자들이 모여 네트워크 효과를 통한 가치창출이 일어나게 하는 장임

Smart Transform

사회문제 해결과 9 Pillar 모델

•• 국가별 4차 산업혁명의 사회모델

미국의 SAC(Smart America Challenge), 독일의 Hightech 2020, 프랑스의 디지털 공화국, 일본의 Society 5.0처럼 주요 국가들의 4차 산업혁명 전략은 사회 문제 해결을 목표로 기술융합을 촉진하는데 집중하고 있다.

미국의 SAC(Smart America Challenge)와 GCTC(Global City Team Challenge)는 교통, 공공보안, 헬스케어, 에너지, 환경, 데이터 거버넌스에 집중하였으며, 독일의 Hightech 2020 액션플랜은 현실과 가상을 융합하는 사회문제 해결 프로젝트로 기후에너지, 보건식량, 정보통신, 이동성, 안전의 5대 과제를 제시하였다. 프랑스는 자유, 평등, 박애를 디지털 사회에 재해석한 디지털 공화국 개념을 제시하고, 이를 온·오프라인에서 동시에 진행하면서 미래 사회 의사결정 체계의 새로운 대안을 제시하였다.[4] 일본도 신산업구조비전을 통해 새로운 미래상으로 Society5.0을 제시하고 이동, 생산, 건강, 생활의 4대 분야를 사회문제 해결 과제로 제시하였다.

이외에도 두바이는 시민의 행복증진을 최우선으로 2021년까지 스마트 두바이를 완성시킨다는 목표를 가지고 사회혁신 프로젝트를 진행하며, 싱가포르도 스마트 네이션이란 비전을 가지고 버추얼 싱가포르 프로젝트를 추진 중이다.

주요 국가들이 사회문제 해결에 집중하는 것은 가치 있는 문제를 발굴하면 이에 따른 기술융합으로 문제를 해결할 수 있다고 믿고 있기 때문이다. 예를 들어, 교통문제 해결이란 목표를 제시하면 차량공유, 자율주행차, 스마트 도로, Edge 컴퓨팅과 5G와 같은 수많은 기술융합으로 해결책을 제시한다. 이는 환경, 에너지도 마찬가지이다.

주요 국가들의 4차 산업혁명 전략은 기술보다 사회문제의 정의를 중요시하며, 이를 현실과 가상의 융합으로 풀어간다는 공통점을 가지고 있다. 이들은 기술-사회 매트릭스로 접근하고는 있으나 사회 문제에 대한 체계적인 모델은 미비하다는 한계점도 가지고 있다.

●● 상생국가 9 Pillar 사회모델

사회는 생산과 소비, 그리고 이들의 융합이란 관점에서 바라본다

---

4) 소프트웨어 정책연구소(2017), 프랑스의 디지털 공화국 법의 추진동향

9 Pillar 사회모델의 스마트 트랜스폼 과정

면, 그림과 같이 경제사회의 요소로 산업, 금융, 이동, 개인, 도시의 5대 요소로 정리할 수 있다. 그리고 사회가 안정적으로 운영될 수 있는 보호망과 외부요소로서 환경/에너지/자원, 교육, 제도, 안전망, 거버넌스의 4대 요소를 추가로 제시한다면, 9대 사회 문제로 이루어진 4차 산업혁명의 상생국가 9 Pillar 사회모델이 완성된다.

구체적으로 9 Pillar 사회모델을 설명하면, 경제-사회 문제는 생산과 소비의 순환으로 생산의 요소는 산업과 금융으로, '생산한다'와 '유통한다'로 명칭할 수 있다. 그리고 소비는 개인의 건강과 도시의 생활로, 생산과 소비를 이동mobility이 연결하게 되는데, 여기서 모빌리티를 인간과 시공간의 상호작용으로 재정의 할 수 있다.

경제-사회의 5대 사회요소가 지속가능한 발전을 하기 위해서는 자연환경과 사회, 제도와 교육의 외부 환경 요소와의 지속가능성을 고려해야 한다. 환경/자원/에너지는 지속가능한 경제사회 발전을 뒷받침하는 것은 물론, 기후변화는 미래 사회의 현안 문제이기도 하다. 교육은 장기적 국가 발전의 가장 중요한 요소이며, 제도는 공정하고 효율적인 국가의 시스템이다. 그리고 지속가능한 사회를 위해 사회 안전망, 일자리 안전망, 혁신의 안전망, 국방의 안전망과 같은 사회의 안전장치가 필요하며, 이 모두의 전략적 방향을 결정하는 원동력은 국가 거버넌스 구조이다.

KCERN이 제시하는 9 Pillar 사회모델은 미국, 일본, 독일 모델의 체계화라고 볼 수 있다. 9 Pillar 사회모델의 사회 문제를 디지털 트랜스폼으로 가상화하고 아날로그 트랜스폼으로 다시 스마트화하는 스마트 트랜스폼 4단계 융합 모델과 함께 제시한다. 그리고 산업, 금융, 이동, 건강, 도시, 교육, 제도, 환경·자원, 안전망이 스마트 트랜스폼 4단계를 거쳐 스마트 산업, 스마트 금융, 스마트 이동, 스마트 건강, 스마트 도시, 스마트 교육, 스마트 제도, 스마트 환경·자원, 스마트 안전망으로 현실의 스마트화 구현을 제안한다.

Smart Transform

스마트 트랜스폼과 기술-사회모델

●● 13X9 매트릭스 구조의 스마트 코리아

4차 산업혁명의 본질적 개념과 현실과 가상의 4단계 융합과정, 이를 위한 인공지능과 12기술에 대한 논리적 모델을 제시하였으며, 9대 사회문제로 구성된 상생국가 모델을 통해 사회문제를 체계적으로 제시하였다. 이제 12대 기술과 인공지능으로 9대 사회문제를 풀어가는 13X9 매트릭스 구조의 4차 산업혁명 로드맵을 제시하고자 한다.

KCERN의 4단계 융합모델에서 사회문제 해결 과정은 4단계로 구성되며, 이는 지멘스의 스마트 팩토리나 구글의 자율주행차처럼 분야별 프로젝트의 목적은 다르나 그 과정은 모두 현실과 가상의 융합하는 4단계로 이루어진다.

4단계 과정의 중심은 빅데이터+인공지능의 플랫폼으로, 플랫폼은 많은 데이터가 모일수록 가치가 증대하고, 많은 활용 프로젝트가 창출

될수록 의미가 커지므로, 개방 구조를 갖는 것이 중요하다. 한국의 4차 산업혁명 전략에 공공과 민간이 합쳐진 빅데이터 플랫폼을 제안하는 이유이며, 이를 버추얼 코리아 플랫폼이라 명명한다. 구축된 버추얼 코리아 플랫폼 위에서 수많은 사업자가 개별적인 응용과제들을 만들며, 여기에 아날로그 트랜스폼 기술들이 활용된다.

정리해보면 4차 산업혁명은 현실에서 가상으로 가는 과정에는 수렴convergence, 가상에서 현실로 가는 과정에는 발산divergence이 같이 일어난다. 모든 자동차의 위치 데이터는 클라우드에 모여야convergence 하나, 내비게이션이 각자 가야 할 길을 맞춰주는 것은 개별 맞춤divergence이다. 융합과 발산이 순환하는 구조가 4차 산업혁명의 스마트화 과정이다.

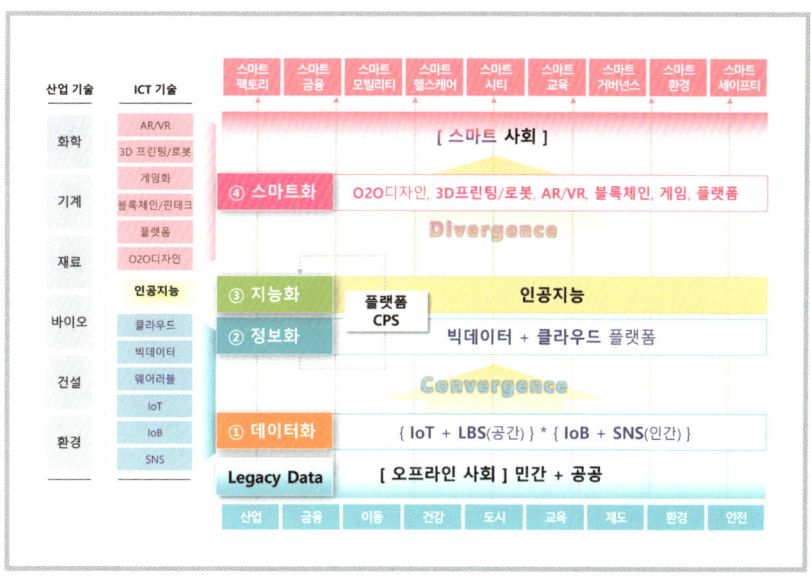

9 Pillar모델과 4단계 스마트 트랜스폼

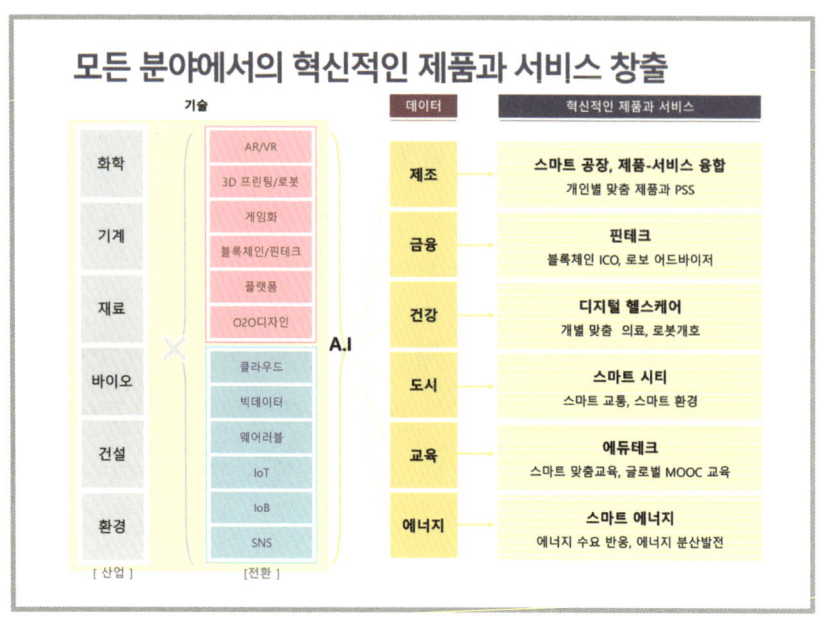

모든 분야에서의 혁신 서비스
자료: 일본 신산업구조비전(2016) 수정

모든 분야에서 기존 기술 및 트랜스폼 기술과 인공지능이 각 분야의 도메인domain 데이터를 활용하면 혁신적인 스마트 산업이 등장한다. 이것이 분야별로 적용되면, 스마트 공장, 스마트 금융, 스마트 헬스케어, 스마트 시티, 스마트 교육, 스마트 에너지 등 혁신적인 제품과 서비스로 구현될 것이다.

•• 데이터화

위 문단에 이어서 1단계인 데이터화는 디지털 트랜스폼 기술로 현실의 공간과 인간의 데이터화가 필요하다. 우선 모든 프로젝트에서는 기존의 레거시legacy 데이터를 모으는 것이 최우선이다.

모든 공장에는 생산 데이터와 품질 데이터가 있고, 모든 영업 부서에는 영업 데이터가 있으며, 도시, 병원, 은행 등에 수많은 데이터가 누적되어 있다. 누적된 데이터를 분류하고 클라우드로 이전migration하는 것이 선행되어야 한다. 다음으로 공간을 데이터화 하는 IoT, LBS와 인간을 데이터화 하는 IoB, SNS를 통해 공간과 인간의 요소와 관계 데이터를 현실 세계에서 가상 세계로 보내야 한다.

요소 데이터와 관계의 데이터로 분류하는 것은 세상을 점과 선으로 바라보는 네트워크 이론에 따른 것으로, 이러한 관점에서 공간의 요소는 IoT, 인간은 IoB로 데이터를 수집하고 관계 데이터는 LBS와 SNS로 수집할 수 있다. 각각의 기술에 대한 구체적인 내용은 3장에서 자세히 정리하고자 한다.

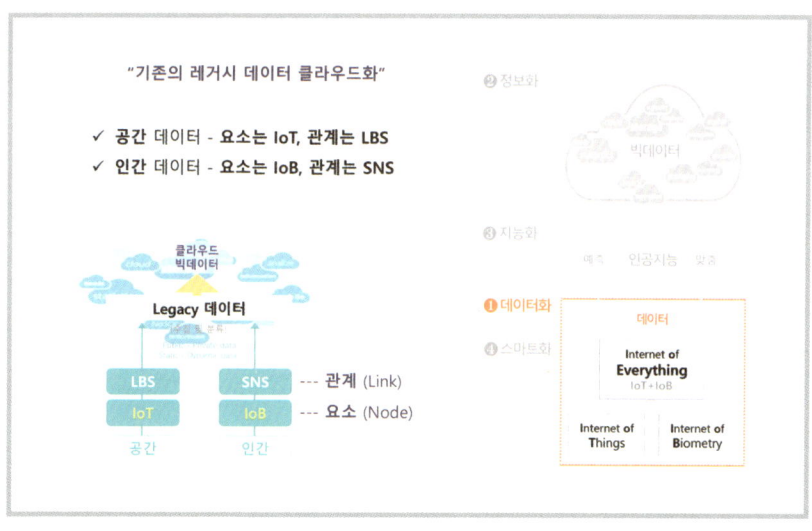

데이터화

∙∙ 정보화

2단계는 디지털 트윈의 정보화 단계로, 이제는 데이터의 호수인 클라우드에 모든 정보가 융합된다. 그 동안은 클라우드 활용규제가 있었으나, '2018.8.31. 데이터 고속도로 선언' 이후 새로운 전환점이 마련되었다. 4차 산업혁명이 시작되면서 개별 온프레미스 서버의 시대는 종말을 고했으며, 생태계를 구축하고 정보의 융합을 위해서는 반드시 클라우드로 이전해야 한다. 이미 인터넷 트래픽의 90% 이상은 클라우드에서 발생하고 있다. 1차 산업혁명은 철도, 2차 산업혁명은 고속도로, 3차 산업혁명은 서버가 인프라였다면, 4차 산업혁명의 인프라는 클라우드로써 현실 세계와 1:1 대응되는 디지털 트윈이 클라우드에서 구현되는 것이다.

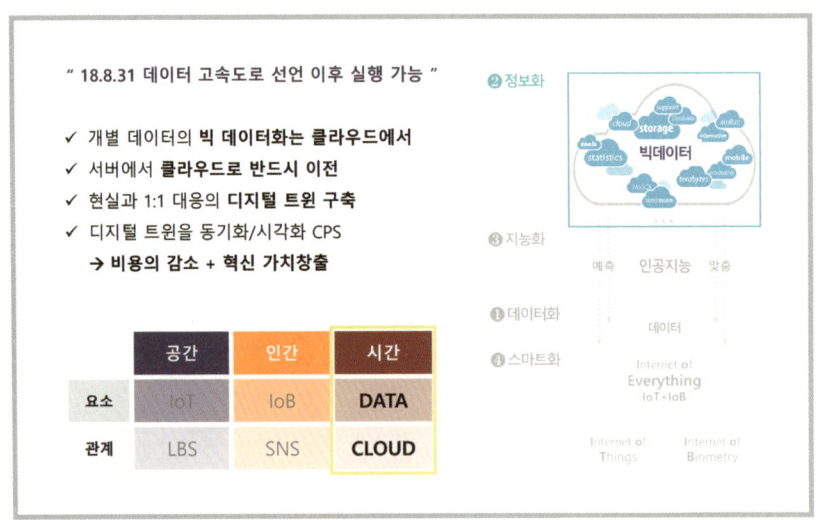

정보화

디지털 트윈을 통해 실시간의 현실의 데이터를 가상으로 구현하고 시각화하며, 비용의 감소와 새로운 혁신을 창출할 수 있다. 현실과 가상의 융합이 4차 산업혁명이지만, 지금까지는 현실과 가상의 세계를 서로 볼 수 없었다. 현실과 가상의 데이터를 시각화하고 동기화하는 것이 디지털 트윈이며, 이를 통해 현실과 가상을 연결하는 것이 바로 CPS^{Cyber Physical System}이다. 예를 들어 원자력 발전소의 파이프라인이 있다면, 어느 파이프를 언제 검사했는지 바로 눈으로 볼 수 있게 시각화하고 데이터가 바뀌면 동기화시켜 바로 CPS에서 볼 수 있게 하는 것이다. 이는 스마트시티, 스마트팜, 스마트공장에서도 동일하며 현실과 가상의 디지털 트윈이 CPS로 연결되는 것이다.

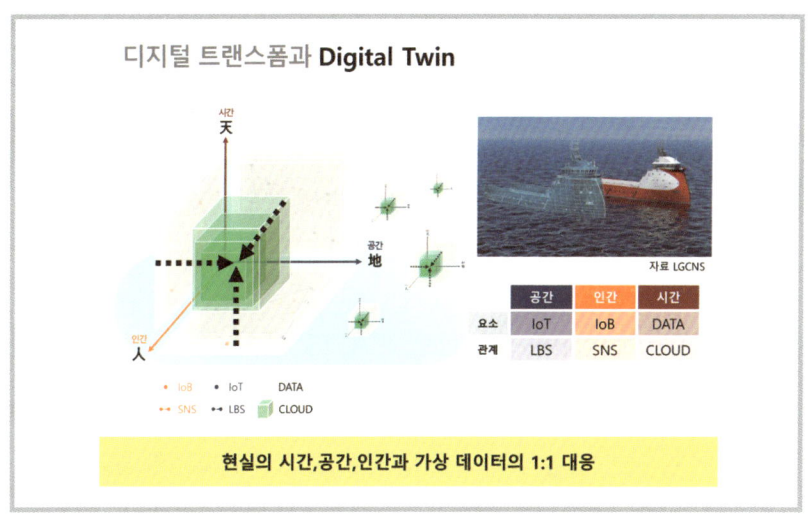

디지털 트윈

•• 지능화

클라우드의 데이터를 지능화하는 단계에서 가장 중요한 것은 인재이다. 핵심은 일반인의 인공지능 대화 능력으로, 수많은 중소기업에 인공지능 전문인을 파견하는 것은 비용과 시간의 측면에서 상당한 기회비용이 발생한다. 따라서 영역 지식domain knowledge을 보유한 100만 현장 인력이 자체적으로 인공지능을 활용할 수 있어야 한다. 지금의 텐서플로우 등에서 나아가 구글 클라우드 ML과 같은 인공지능 활용을 엑셀처럼 손쉽게 사용할 수 있는 정말 쉬운 프로그램이 제공되기 시작했다.

또한 인공지능의 활용 인프라에서 중요한 것은 공유 인프라이다. 인공지능이 빠르게 발전할 수 있었던 것은 Github와 같은 오픈 커뮤니티가 있었기에 가능하였다. 실제 주요 기업들은 자사의 오픈소스를 올리며, 주요 기업들은 스스로 인공지능을 개발하기 보다는 오픈소스를 자신에게 맞추어 활용하고 있다. 따라서 인공지능의 오픈소스의 활용과 공유 문화 확산이 필요하며, 이를 위한 공유 인센티브 제공도 고려할 필요가 있다.

하지만 잊지 말아야 점은 바로 프라이빗 데이터로 차별화를 구현한다는 점이다. 미국의 기업들은 95%는 오픈소스를 쓰고 있으나, 5%의 클로즈드 소스를 통해서 차별화하고 있다. 차별화는 5%로 충분하다는 것이 4차 산업혁명의 데이터 경쟁의 원리이다.

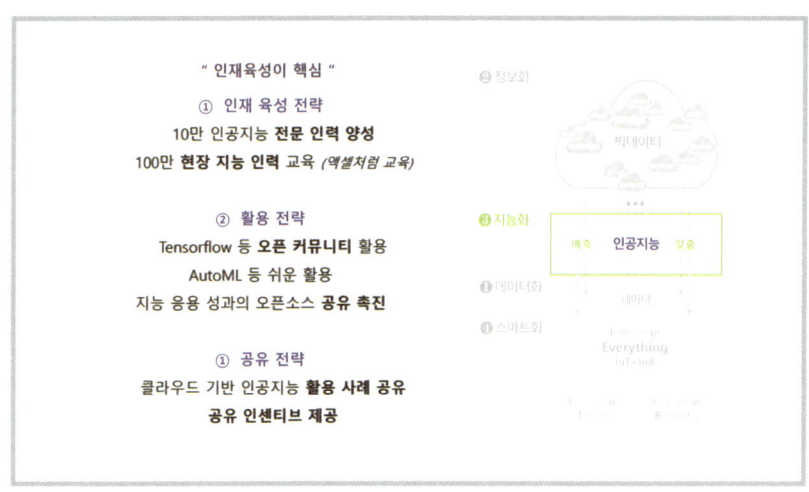

지능화

•• 스마트화

마지막 스마트화는 가상을 현실화하는 아날로그 트랜스폼의 영역으로 시민, 대학, 기업 등의 활발한 참여로 민간 중심의 스마트화가 이루어지면서 롱테일long-tail 기업이 제3자로서 매쉬업mash-up 서비스를 제공한다. 그리고 다양한 롱테일 기업(스타트업)을 뒷받침하는 거대 플랫폼(대기업)이 필요하다. 인공지능과 빅데이터의 플랫폼에서 가상 도서관, 가상 상가, 가상 모빌리티 등 수많은 서비스가 이루어지려면 이러한 아날로그 기술의 보급과 지속적인 발전이 필요하다.

지금까지 제시한 디지털 트랜스폼과 A.I 기술은 기술적 완성도가 높으므로 새로운 개발전략보다 이를 적극적으로 활용하는 전략이 중요하다. 반면에 아날로그 트랜스폼은 기술개발이 이루어지고 있는 단계로, 한국이 주목하고 집중 투자해야 할 필요가 있다.

또한, 온라인 세상에서 오프라인으로 나오는 과정에서 발생하는 오프라인 기업과의 갈등을 조율하고, 현실과 가상을 융합하는 스마트 기업들의 진입장벽이 혁신성장의 승패를 결정할 것이다. 이에 진입장벽 관련 규제개혁의 원칙으로 소비자 이익을 최우선으로 할 것을 제시한다. 신산업의 갈등에 따른 일류 국가의 원칙은 사업자가 아닌 소비자의 이익을 우선시하라는 것이며, 국내의 현실에서 이를 원칙으로 한 규제 샌드박스와 규제 프리존의 활용이 매우 중요하다.

동시에 아날로그 트랜스폼은 가상에서 구현된 최적화된 가치를 현실로 구현한다는 점에 주목하고, 인간의 욕망(시장)의 관점에서 디자인할 필요가 있다. 이를 위해서 필요한 것이 기업가정신이다. 인간의 미충족 욕망을 찾아 기술로 해결하는 일련의 과정은 혁신의 리더십인 기업가정신으로 뒷받침되기 때문이다.

이러한 인간의 다양한 미충족 욕망을 정부 혹은 지자체 차원에서 충족하려는 시도는 원천적으로 불가능하며, 성공사례도 전무하다. 따라서 스마트 시티를 포함한 4차 산업혁명의 스마트 트랜스폼은 민관 주도의 3단계까지의 구현과 민간 주도의 4단계 스마트화 과정으로 대별된다고 할 수 있다. 과거 도시의 도로 건설과 디자인을 정부가 하고 구체적인 사업들은 민간이 하듯이, O2O의 4차 산업혁명에서도 공공의 역할은 데이터 플랫폼 구축까지로 국한되어야 한다. 그리고 플랫폼 인프라를 활용한 실질적 4차 산업혁명의 구현은 기업가정신 활용에 의해 가능해진다. 바로 기업가정신이 스마트 트랜스폼의 화룡점정이다.

스마트화

•• 스마트 트랜스폼의 적용

KCERN의 4단계 DIAS 모델에 입각하여 스마트 시티, 스마트 산업, 스마트 공장의 스마트 트랜스폼 사례를 살펴보자. 각각은 현실과 가상의 도시, 산업, 공장을 기능 분해하여 디지털 트윈을 구축하고 이를 통하여 예측과 맞춤의 가치창출을 통하여 현실의 미스매치를 극복하는 것이 스마트 트랜스폼의 목적이다.

스마트시티 = 현실 도시 + 가상 도시

스마트산업 = 현실 산업 + 가상 산업

스마트공장 = 현실 공장 + 가상 공장…

Smart Transform

3장
6대 디지털 트랜스폼

Smart Transform

공간의 데이터화, 사물인터넷(IoT)과 위치기반 서비스(LBS)

●● 사물인터넷에서 사물지능으로

6대 디지털 트랜스폼의 첫 번째는 공간의 디지털화이다. 데이터화는 인간의 오감과 같은 역할을 수행하는데, 현실 세상을 데이터로 전환하는 것이며, 사물인터넷 기술은 공간의 점에 해당하는 사물을 데이터화하는 것이다.

인류의 역사에서 본격적으로 데이터와 네트워크가 중요한 역할을 담당하였던 시기를 보면 3차 산업혁명의 PC 네트워크가 시작점이었다. PC 네트워크의 등장으로 인간의 효율성이 올라갔으나, 이는 스스로 자기조직화하지 않는 기계적 네트워크였다. 즉, 효율은 증가하였으나, 사회의 근본적인 변화를 촉발하지는 못하였다.

그런데 모바일 네트워크가 등장하면서 인류는 새롭게 진화하기 시작한다. 모바일 네트워크부터는 창발적인 자기조직화가 일어나기 시작하고, 인류가 집단 생명으로 진화하기 시작한 것이다. 그리고 사물인터넷이 등장하면서 사물은 유기적 네트워크로서 창발적인 자기조직화를 시작하면서 사물에서 생명과 유사한 현상들이 나타나기 시작하였다. 사물이 생명을 얻는 과정을 보면 집단 생명의 핵심 원칙이 적용되는데, 이것이 바로 스티브 존슨이 〈이머전스Emergence〉에서 언급한 자기조직화(수많은 개체의 상호작용)이다.[5]

이러한 상호작용을 위해서는 연결과 표준이 중요한데, 시스코는 2010년을 기점으로 스마트폰의 연결성보다 사물인터넷의 연결성이 커졌고, 2020년이 되면 600억 개의 사물이 연결될 것이라 예측하고 있다. 이는 인간의 세포에 해당하는 60조 개의 사물이 연결되면 전체가 하나의 생명처럼 될 것이며, 2045년 싱귤래리티singularity를 주장하는 레이 커즈와일의 근거가 되고 있다.

이 과정을 다시 보면, 세상은 시간, 공간, 인간으로 이루어져 있는데, IoT를 통해 인간은 공간과 상호작용을 시작한다. 인간은 공간에 지능을 주고, 공간은 인간에게 확장된 감각을 제공한다. IoT를 통해 공간과 공간이 상호작용을 하는데, 예를 들어 침대가 센서를 통해서 커피포트에 주인이 일어났다는 것을 알려주는 것이다.

이처럼 이들이 상호작용으로 창발적 진화를 시작하면서 새로운 지능이 생기며, 결과적으로 이러한 천지인 결합에 의한 사물인터넷은 궁극적으로 지능을 가질 것으로 예측된다. 이는 과거 하드웨어와 사물의

---

[5] 스티브 존슨(Steven Johson), 김한영 옮김, 이머전스(Emergence), 김영사, 2004

지능이 분리된 형태였다면, 하드웨어에 사물의 지능이 배태된 형태로 진화하고 있음을 의미한다. 즉 사물인터넷이 지능을 얻음으로써 세상이 자기조직화되며, 이러한 현상을 창발적 지능emergent intelligence의 발현이라 할 수 있다.

이러한 변화는 일상에서도 찾을 수 있다. 네스트Nest는 온도 데이터를 모아서 클라우드에 빅데이터를 만들고, 지능화하여 맞춤과 예측을 통해서 경제적 이득을 얻는다. 따라서 IoT는 사물인터넷으로 끝나는 것이 아니라, 빅데이터 및 인공지능과 연결되어 지능을 가져가는 방향으로 나아가고 있는 것이다. 즉, 사물인터넷은 인간 지능의 오감 역할을 하는 것이므로 Internet of Things 보다 Intelligence of Things가 더 적절할 수 있다.

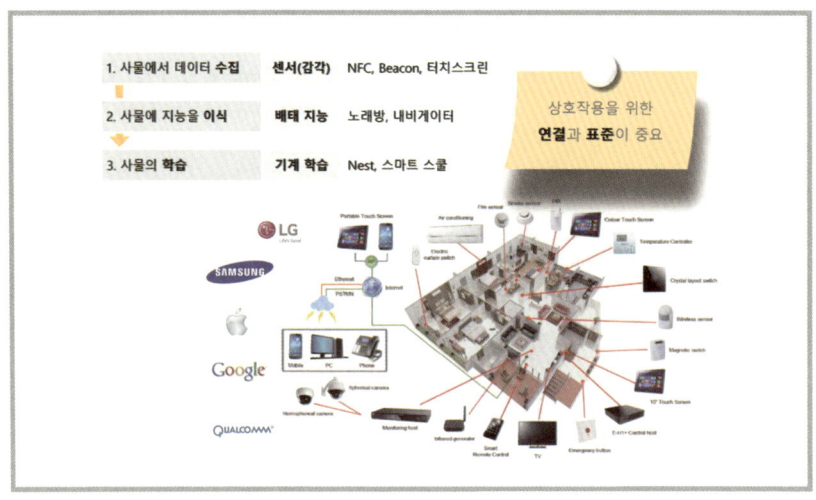

Intelligence of Things

•• IoT의 표준 기술

앞에서 언급한 것처럼 사물인터넷의 상호작용은 매우 중요하며, 이를 위해 표준이 필요하다. 다양한 주체들이 표준을 주도하고자 노력하는 이유도 여기에 있다. 이미 글로벌 시장은 스마트홈이나 스마트팩토리에서 요구되는 기능과 AllSeen[6] 및 OIC[7]와 같은 다양한 로컬 사물인터넷 표준들을 연동시켜 사물인터넷 영역을 확장해주는 인터워킹interworking 기능들을 포함하는 방향으로 발전하고 있다.

특히 사물 인터넷의 주요 표준기술인 oneM2M은 2012년 7월에 브로드밴드 포럼, CEN, CENELEC, 글로벌 플랫폼, 넥스트 제네레이션 M2M 컨소시엄, OMA 등 6개의 산업 표준 단체와 알카텔-루슨트, AT&T, BT 그룹, 어도비, 에릭슨, 도이치텔레콤, IBM, 시스코 시스템즈, 인텔, 삼성그룹, LG, 텔레포니카 등이 주도하고 있다.

또한 국제 표준 개발 글로벌 파트너쉽 프로젝트로 한국, 유럽, 미국, 중국, 일본, 인도 참여하고 있으며, 기업과 표준 기관을 중심으로 구현하고 있다. 한국도 국가 차원에서 OCEAN 오픈소스 활용 등을 통해 전략적으로 oneM2M에 적극적으로 참여하고 있으므로, 한국의 각종 스마트화 프로젝트들은 oneM2M을 표준으로 활용하는 전략이 필요하다(김재호 · 최성찬 · 성낙명 · 윤재석, 2016).

---

[6] AllSeen 얼라이언스는 퀄컴, LG전자, MS, 하이얼 등의 산업체의 컨소시엄으로 AllJohn 플랫폼 구축함
[7] OIC(Open Interconnect Consortium)는 삼성전자와 인텔 주도하고 최근 퀄컴, MS가 합류하면서 OCF(Open Interconnect Found)로 변경함

실제로 KETI는 자체적으로 개발한 Mobius 플랫폼을 다른 국가들의 IoT 플랫폼과 상호연결을 시현하는 KINF 프로젝트를 2014년 12월 프랑스 유럽전기통신표준협회ETSI의 oneM2M Showcase에서 시연하였고, InterDigital(미국), NECLab. Europe과 Fraunhofer FOKUS(독일) 등의 글로벌 연구기관들도 참여하였다.

•• IoST(Internet of Small Things), 소물 인터넷

사물인터넷이 확산되면서 미세먼지 측정과 같은 데이터 트래픽이 높지 않으며 전원공급 없이도 오래 활용할 수 있는 네트워크 기술이 필요해 졌다. LPWAN Low Power Wide Area Network은 낮은 주파수 대역에서

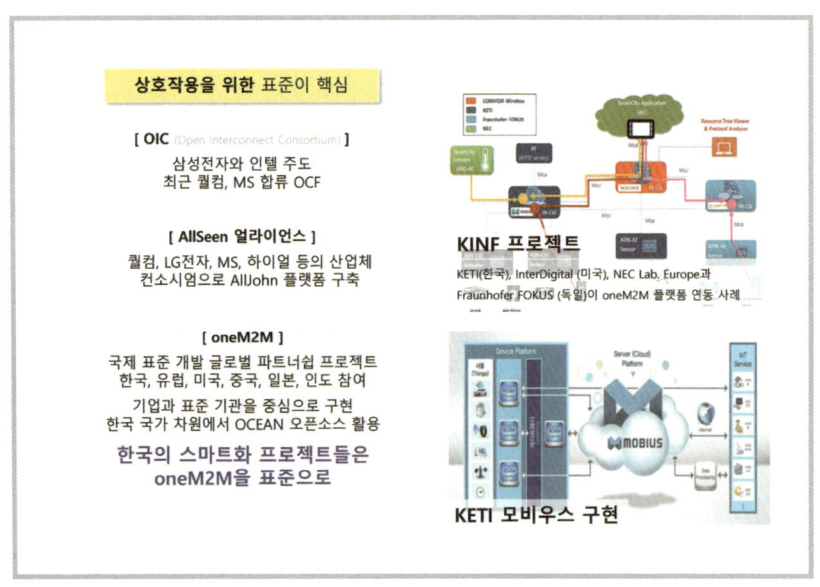

IoT의 표준
자료: 전자부품연구원(2016)

이러한 필요성을 충족할 수 있는 기술이다. LPWAN은 전파 도달 거리가 15km 이상이며, 전력 사용 매우 낮고, 통신 모듈 가격과 사용료가 낮다는 장점이 있다. 이러한 LPWAN은 非3GPP 기술과 3GPP 기술로 분류할 수 있다.

3GPP 기술은 기존 셀룰러 주파수 대역(면허 대역)을 사용하며, 대표적인 기술인 LTE-MTC, NB-IoT는 전송속도는 우수하여 음성이나 저화질의 동영상 전송도 가능하며, LTE-MTC는 1Mbps 이상, NB IoT도 144Kbps가 가능하다. 데이터의 전송량과 속도는 非3GPP보다 높으나 전력소모 면허대역으로 사용료가 LoRa나 시그폭스보다 비싸다.

반면에 非3GPP 기술LoRa, SigFox은 비면허 주파수 대역을 사용한다.

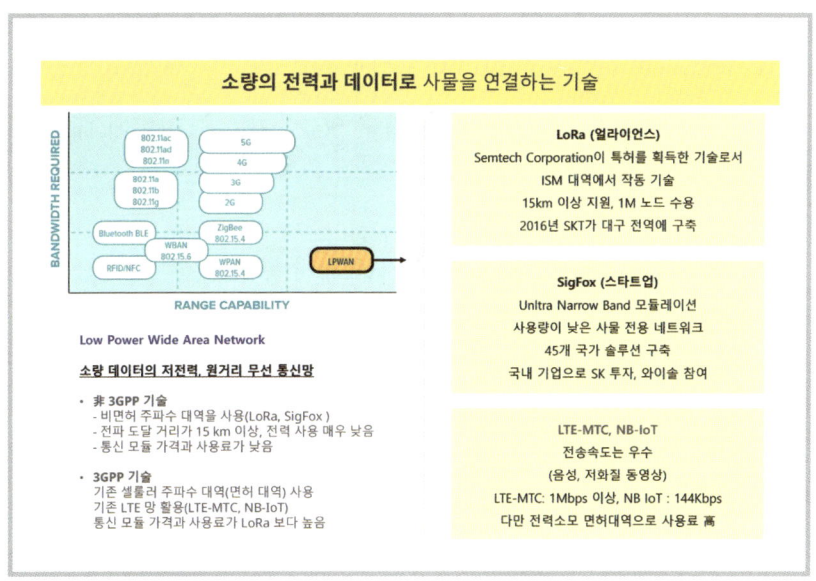

Internet of Small Things
자료: 소프트웨어 정책연구소(2017)

대표기술인 LoRa는 Semtech Corporation이 특허를 획득한 기술로서 ISM 대역에서 작동한다. LoRa는 15Km 이상의 거리를 지원하며, 최대 1백만 노드를 수용하는 것이 목적이다. 가장 대표적인 ISM 주파수는 유럽에서 사용되는 868MHz와 북미에서 사용되는 915MHz이다. 또 다른 기술은 시그폭스SigFox는 프랑스 스타트업이 주도하고 있으며, Ultra Narrow Band 모듈레이션으로 사용량이 낮은 사물 전용 네트워크로서 45개 국가 솔루션 구축에 참여하고 있다. 국내에서 SK가 투자하였으며, 와이솔이 참여하고 있다.

•• 5G(5th Generation)

4세대 이동통신의 다음 단계 기술로서 2019년 4월을 기준으로 한국을 비롯한 몇몇 국가에서 상용화가 시작되었으나 구체적인 기술명칭 대신 5G라는 이름으로 알려져 있다.[8] 특히 한국은 세계 최초로 5G 서비스를 상용화한 선도국가로서, 향후 5G가 가져올 변화에 대해 생각해보자.

5G가 가져올 변화를 보기 위해 지난 세대 통신기술들이 무엇을 바꾸었는지 생각해볼 필요가 있다. 1G는 아날로그 세대로 단순한 음성통화 시대이며, 2G는 문자전송이 가능해진 디지털 세대의 초입이었다. 그리고 3G에서 기본적인 무선 인터넷이 가능해지면서 스마트폰이 도입되었다. 스마트폰이 확산되면서, 포탈과 블로그와 같은 다양한 커

---

[8] 이동통신 표준화기구 3GPP에 의해 뉴 라디오(new radio)란 명칭이 정해져 있다.

뮤니티가 확산되었다. 그리고 4G로 넘어오면서 무선 광대역 통신망을 통해 자유로운 영상 스트리밍이 가능해졌고, 유튜브 및 넷플릭스와 같은 OTT 서비스의 빠른 확산에 기여하였다. 그렇다면 5G 시대에는 어떠한 산업이 부상할 것인가.

5G의 주요 특성으로 대용량데이터 전송을 위한 ①eMBB^{enhanced Mobile Broadband}, 초고속 광대역 이동통신, ②센서 네트워크 등의 초다연결용 mMTC^{massive Machine Type Communications}, 대규모 사물통신, ③자율주행차 등 고신뢰 초지연용 uRLLC^{ultra-Reliable & Low-Latency Communication}, 초고신뢰 저지연 통신을 들 수 있다. 이에 따라 5G는 최대 20Gbps의 초고속 전송, 100kbps 미만의 전송속도에서 100만대를 동시 연결하는 초연결성, 응답속도 1ms와 가용성 99.999% 고안정을 목표로 한다.[9]

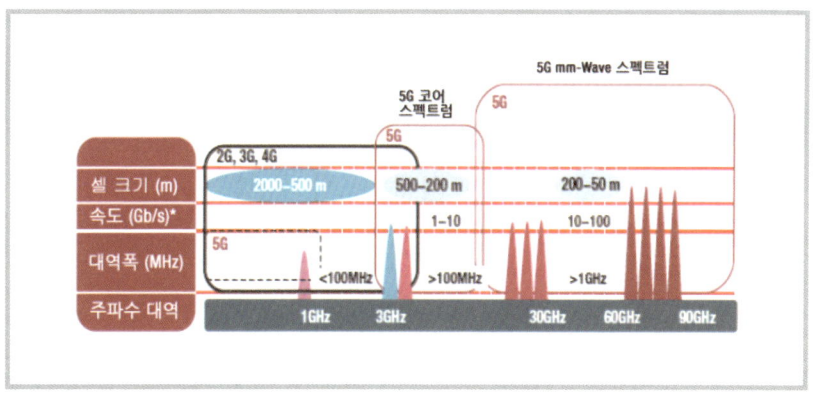

5G의 특성
자료: technology arte

---

9) NIPA(2019), 5G와 초실감 기술이 만드는 新디지털 라이트

5G의 양대 장점인 저지연성과 대용량 데이터 전송 중 저지연성은 통신장애시 예상되는 문제로 인하여 민감 영역에서 사용은 제한될 것이나, 대용량 데이터의 활용은 급속히 확대될 것이다. 특히 증강·가상현실의 부상이 가장 크게 예상되는 킬러 앱이 될 것으로 보인다. 예를 들어 스트리밍 게임 등이 새롭게 부상하고 있는 중이다. 증강·가상현실은 산업과 학습과 엔터테인먼트 등 많은 분야에서 확산되면서 4차 산업혁명의 가장 중요한 자원인 시간의 최대 사용처로 부상할 것으로 필자는 예측한다.

이러한 5G의 특성으로 자율주행, 실시간 원격 수술, 스마트 공장과 같은 서비스와의 접목이 기대되고 있다고 하나 Latency 감소를 통한 실시간 활용은 통신장애의 대안, 이로 인한 손해배상 등의 문제로 한계에 봉착할 것으로 예상된다.

5G에 의한 실시간 운영보다는 클라우드와 엣지edge가 결합된 엣지 컴퓨팅edge computing[10]이 부상할 것을 보고 있다. 5G의 초저지연latencey 특성과 엣지 컴퓨팅을 결합하면 스마트 공장 등의 여러 IoT에서 발생한 데이터를 엣지에서의 안정적 처리와 클라우드에서의 인공지능 활용이 동시에 가능하다. 이러한 클라우드와 엣지는 자율주행, 원격의료, 스마트공장에서의 확산이 기대된다.

즉 5G 시대의 데이터 처리는 대용량의 클라우드와 실시간 엣지의 융합으로 나아갈 것이며, 엣지 컴퓨팅에 대한 추가적인 내용은 인공지능에서 상세히 다루고자 한다.

---

10) 엣지 컴퓨팅(edge computing)은 모든 데이터를 중앙에서 처리하는 클라우드 컴퓨팅과 달리 데이터를 수집하는 개별단에서 데이터를 처리하는 기술이다.

•• IoT의 활용시장

맥킨지는 2025년 IoT의 경제적 파급효과는 대략적으로 대한민국 GDP의 3배~8배 정도의 가치가 만들어진다고 예측하고 있다.[11] 구체적으로 헬스케어에서 1조 달러, 가정에서 3천억 달러, 소매업에서 1조 달러, 사무실에서 1천억 달러, 공장에서 2조 달러, 공사현장에서 5천억 달러, 운송수단에서 5천억 달러, 도시에서 1조 달러, 운송에서 6~7천억 달러로 이를 것으로 전망하고 있다.

구체적인 활용시장으로 스마트 시티를 보면, 스마트 그리드, 재난방지, 교통, 보안/치안, 편의/공공시설 등의 모든 스마트 시티가 구현되는 과정에서 모두 IoT가 활용된다. 특히 IoT 기술은 센서, 게이트웨이, 유무선 기술, IoT 플랫폼, 데이터 분석 기술이 동원되며, 다시 사람들에게 서비스를 제공하는 스마트밴드, 증강/가상현실, 드론, 스마트 헬멧 등으로 연결되어 있다.

이처럼 디바이스와 툴의 융합을 통해 모든 영역이 혁신될 것으로 예측된다. 국내에서도 농업 사물인터넷 스타트업인 엔씽Nthing, 스마트한 유전자 분석을 담당하는 쓰리빌리언3Billion, 시각장애인 점자 스마트 워치를 담당하는 닷Dot, 스마트 예방 웨어러블 두빗Doobit, 스마트 팩토리의 울랄라랩Ulalalab, 피부 분석의 룰루랩Lululab등이 새로운 시장을 개척하고 있다.

---

11) https://mysmahome.com/news/4640/the-internet-of-things-mapping-the-value-beyond-the-hype-2/

•• 위치기반 서비스 LBS

IoT가 공간의 요소를 데이터화한다면, LBS는 공간의 관계를 데이터화하는 기술이다. 특히 스마트폰이 등장하면서 개인의 위치와 장소의 데이터가 병합되면서 GPS 기반의 LBS 기술들이 많이 등장하고 있다.

대표적으로 백화점 근처에 있는 고객들에게 세일 정보를 제공하는 등 수많은 검색 광고들이 위치 기반으로 만들어지고 있으며, 위치 기반의 게임으로는 '포켓몬 고'가 등장하였다. 또한 IKEA는 가상현실을 통해서 마치 현장에 있는 것처럼 위치 기반의 경험 쇼핑을 제공하고, 가상현실과 LBS를 합친 키친 시뮬레이터 같은 것들을 만들고 있다. 집 안에 설치할 새로운 주방 가구를 가상에서 미리 확인해 봄으로써 최적의 상품을 구매할 수 있는 것이다.

이러한 위치기반 기술들로 인간은 공간과의 상호작용을 시작하고 있으며, 대표적으로 비콘beacon이나 지오펜싱geofencing으로 위치를 파악하고, 음파와 QR코드 등으로 상호작용이 가능하다. 비콘은 NFC와 더불어 인간과 공간을 연결하는 도구로써, 고객에게 스마트 거울, 스마트 쇼핑카트, 스마트 계산대, 로봇 종업원 등의 IoT가 가진 인간과 사물을 연결하는 지능 센서에 기반하고 있다.

비콘이 위치정보를 점으로 나타낸다면 지오펜싱은 면으로 위치를 나타내는데, 이를 활용하면 사용자의 반경 몇 m이내에 접근할 경우 전등이 켜지거나 보일러를 사전에 켜는 것이 가능하다.

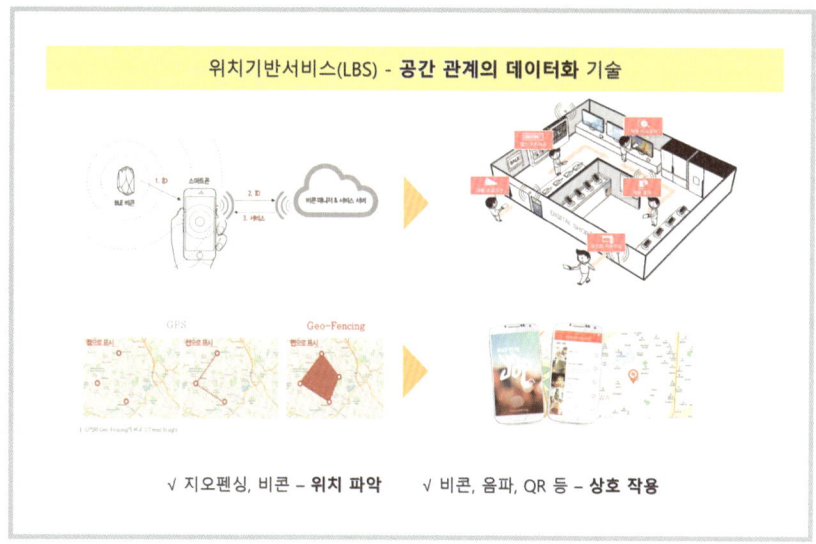

LBS의 정의
자료 :http://iropke.com 수정

•• 위치 기반 서비스의 활용

이러한 위치기반 기술의 적용은 실외에서 실내 공간으로 확장되고 있다. 예를 들면, 애플은 iBeacon을 이용해서 정확한 사용자 방문 정보를 제공하며, 실내 위치를 정확히 파악하면 실내외에 걸쳐 위치 정보 파악이 가능하다. 비록 실내에서는 GPS 신호를 수신하기 어려워 위치 추정이 어려우나 실내도 다양한 LBS_{Location-Based Service}를 제공하기 위한 기술적 수요가 증가하고 있다. 최근 스마트폰의 급속한 확산으로 이를 활용한 실내 위치 기반 서비스를 제공하고자 하는 시도들은 꾸준히 늘어나고 있다. 특히 한국은 실내 위치 정보 파악에 대해서는 세계적인 강자로서 관련 기술의 적극적인 활용이 필요하다.

실내 위치 측정 기술 가운데 라디오맵radio map 구축은 이미 인천국제공항과 사당역을 중심으로 시도된 바 있다(정인훈 외, 2014).[12] 실내위치 측정에서는 Wi-Fi를 활용하는 기술이 많다. Wi-Fi는 기술적인 난이도가 낮고 대부분의 모바일 장비에 탑재되어 있기 때문이다. Wi-Fi를 이용한 측위 기법에는 삼각측량triangulation 기법과 핑거프린팅fingerprinting 기법이 있다. 삼각측량은 3개 이상의 APAccess Point로부터 신호 강도RSS, Received Signal Strength를 측정하고, 이를 거리로 환산하여 위치를 계산한다. 그러나 Multipath propagation 현상으로 실내 공간에서는 잘 작동되지 않는다. 이는 무선 신호들이 실내 공간의 벽(장애물)과 사람에 의한 신호 감쇄·반사·회절 등으로 오차가 발생하기 때문이다. 이러한 오차는 수십 미터까지 발생하기도 한다.

따라서 실내 공간 측위는 핑거프린팅 기법이 많이 사용된다. 이는 실내 공간을 작은 셀cell로 나누고, 각 셀마다 직접 RSS 값을 수집하여 이를 데이터베이스화하는 라디오맵radio map을 구축하는 것이다. 그런 다음 사용자 위치에서 수신된 RSS 값은 구축된 데이터베이스와 비교하여 가장 유사한 신호 패턴을 보이는 셀을 통해 사용자의 위치로 추정한다. 라디오맵을 활용한 실내위치 측정은 무선 네트워크 환경이 좋고, 데이터베이스를 촘촘하게 수집할수록 정확도가 향상되는데, 정확도가 최대 2~3m 까지도 향상될 수 있다.

필자는 스마트 시티 분야에서 실내 위치정보 기술의 활용을 주목

---

12) 정인훈·김종문·최윤수·김상봉·이윤(2014), 한국지형공간정보학회지, Wi-Fi 기반 모바일 디바이스 실내측위 DB를 활용한 라디오맵구축에 관한 연구

하고 있다. 스마트 시티가 확산되면서 내비게이터는 실외에서 실내까지 확장되고 있으며, 실내 정보 확보에 발생하는 비용이 급격히 감소하고 있기 때문이다. 예전에는 정밀한 스마트 공장의 유지 보수를 위해 레이저 스캔과 같은 고비용 기술이 필요했으나, 이제는 디지털 설계 정보인 BIM Building Information Modeling이 구비된 건물은 실내 3차원 공간 정보 제공이 용이하며, BIM이 없는 빌딩은 스마트폰과 드론 등을 활용한 공간 인식 기술을 통해 저비용으로 3차원 실내 공간 정보를 확보할 수 있게 되었다. 즉 실내 내비게이션을 위한 실내 공간 정보는 4차 산업혁명의 스마트폰 기반 공간 정보 획득 기술로도 충분한 시대가 도래한 것이다.

확보된 공간 정보에 각종 기능 정보와 활동 정보를 합하면 이제 스마트한 시공간 융합이 이루어진다. 예를 들어, 빌딩의 입주 기업과 주

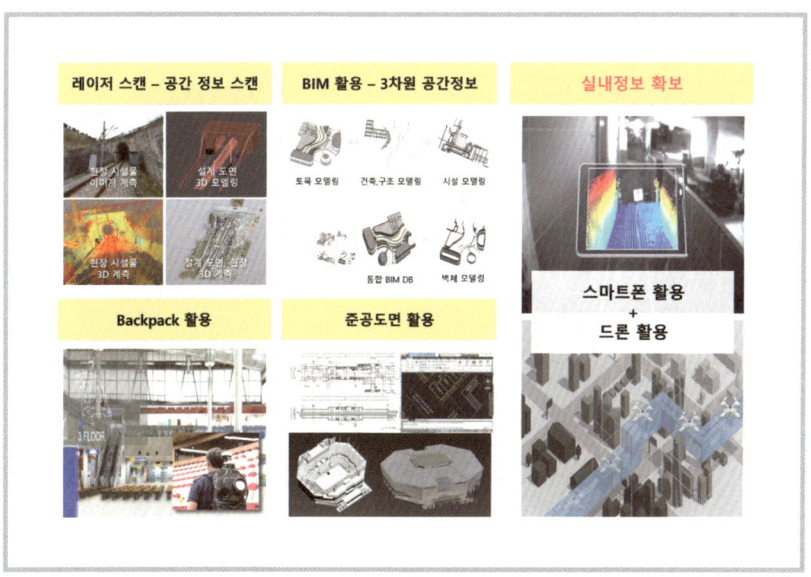

공간 데이터 측정

요 사업 등을 스마트폰 앱으로 실시간 인지할 수 있으며, 증강현실 기술은 이처럼 다양한 정보의 융합 및 활용을 더욱 촉진할 것이다. 궁극적으로 도시의 차량과 사람의 이동과 각종 환경 변화 등 동적 활동 정보까지 융합되면 버추얼 싱가포르와 같은 디지털 트윈의 가상 도시가 구현될 수 있다.

따라서 과거 한국이 기술 부족으로 한계에 부딪혔던 실내 공간 정보 활용 산업을 재시도한다면, 현재 실외에 국한된 내비게이션의 활용도를 극적으로 향상할 수 있을 것이다. 예를 들어 실내 내비게이션은 코엑스와 같은 복잡한 쇼핑몰에서 스마트폰 내비게이터로 내가 찾는 상점이 어디에 있는지 검색할 수 있으며, 원하는 목표지점을 바로 찾아갈 수 있다.

실내 내비게이션을 통해 화재, 지진, 정전 등의 재난에 대한 가장 효율적인 대응책으로 비상구의 위치를 몰라 피신하지 못하거나 소방관들이 건물 내부를 몰라 진입 방법에 혼란을 겪는 일들은 사라질 것이다. 이미 카이스트 연구진이 실내 내비게이션에 대하여 세계 최고 기술을 보유하고 있으며, 대한민국이 실내외를 통합한 내비게이션의 최초 실용화 국가가 되는 도전을 제안해본다.

그리고 도시 전체의 실내외 3차원 공간 정보와 건물 내의 기업들의 기능 정보가 통합된다면 가상현실 기술을 활용한 V-Commerce도 가능하다. V-Commerce을 통해 소비자는 오프라인의 매장에 방문하지 않고도 가상현실에서 쇼핑이 가능하며, 이를 확장하면 관광객들이 한국을 사전에 경험해 볼 수 있는 가상관광 서비스 구현도 가능하다.

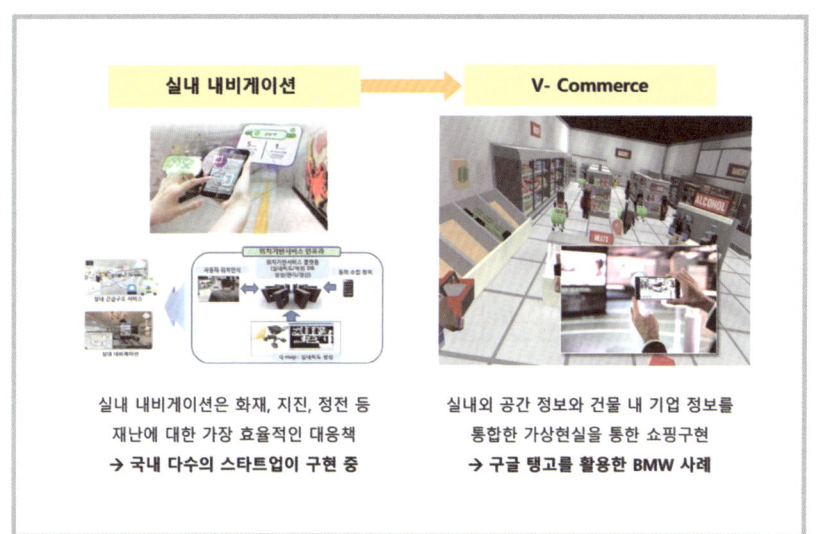

V-Commerce 구현

  국내에서도 위치정보를 활용한 다양한 스타트업들이 출현하고 있다. 나스미디어가 만든 옥외광고 오아시스는 버스 쉘터bus shelter의 위치 정보를 기반으로 광고매체에 광고를 제안한다. 이는 자신의 매장과 관계없는 곳에서 광고하는 것이 아니라 자신의 매장 위치에 근거한 위치 광고 서비스를 제공하는 것이다.

  소셜미디어들도 위치 정보를 결합하는데, 왈라미WallaMe는 특정장소에 내가 벽이나 건물을 촬영하고 여기에 이미지를 추가하면, 수신자는 메시지가 남겨진 위치에서 이미지를 스캔하면 메서지를 확인할 수 있다. 이렇게 되면 여행지에서 바위나 기념물에 칼로 이름을 새기지 않고도 추억이 되는 메시지[13]를 남길 수 있다. 이미 국내기업이 개발한

---

13) 드롭 메시지(Drop Message)는 발신자가 특정 위치에 메시지를 남기면 수신자가 해당 위치를 방문했을 때 이미지를 전달하며, 그룹에도 남길 수 있다.

인셉션은 글 새기기를 통해서 특정 위치에 텍스트, 이미지, 음성까지 남기며, 증강현실 모드에 들어가면 지역별로 다른 사람들이 남긴 메시지도 볼 수 있다.

LBS와 AR의 결합
자료: nasmedia, 인셉션

이처럼 모든 것이 공간과 결합하면서, 인간은 시공간의 한계를 넘어서기 시작하였다. 즉 다른 시공간에 있는 다른 인간들과 소통을 하고 협업할 수 있게 된 것이다. 이외에도 GPS, 비콘에 이어 비(非)가청 주파수도 상품마다 특정 주파수를 만들어야 한다는 문제가 있으나, 티커머스에서는 적합한 대안이 될 것이다.

또한, 여러 가지 기술 중에서 Li-Fi 기술은 대단히 우수한 차세대 빛을 통한 통신 기술로서 실내에서는 부적합할 수 있지만, 비콘과 융합하면 대단한 시너지가 기대된다. 그리고 야외에서 블루투스 4.0, Li-Fi, GPS 등 많은 기술들이 활용될 수 있으며, 가정에서는 QR코드나 비(非)가청 주파수들이 활용될 수 있다.

Smart Transform

인간의 데이터화, 웨어러블과 생체인터넷(IoB)과 SNS

•• 생체인터넷/웨어러블(IoB)

인간을 디지털화하는 요소 기술은 일반적으로 알려진 웨어러블보다 생체인터넷이란 용어를 사용할 것을 추천한다. IoB^{Internet of Biometry}는 생체인터넷을 통해 인간이 모든 활동을 데이터화하는 것을 의미한다. 많은 연구기관에서 스마트폰 다음 단계로 인간 영역이 확장된 웨어러블에 주목하였으나 웨어러블의 성장세는 기대에 미치지 못하고 있다.

이에 대하여 다양한 원인분석이 있으나, 웨어러블의 단점은 소비자가 지속적으로 웨어러블 제품을 착용하지 않는다는 점에 있다. 지금 등장하고 있는 웨어러블 기기들은 착용형에서 의류 일체형을 거쳐 신체 부착형이나 생체 이식형으로 진화할 것이다. 따라서 착용형에 적합한 웨어러블이란 용어는 의류 일체형이나 생체 이식형에는 한계가 있으므로 생체인터넷IoB이란 말이 더 적절하다.

기본적으로 인간의 모든 데이터가 모이면서 현실의 나와 동일한 내가 온라인에도 존재하며, 이를 통해서 현실의 나를 증강하고 최적화가 가능하다. 이는 개인의 디지털 트윈화personal digital twin이며, IoB를 통해 개인은 나의 오감과 결합한 아바타로 슈퍼맨이 될 수 있다. 즉 생체 인터넷으로 인간은 과거의 인간을 넘어 초지식, 동시성, 그리고 초감각을 가진 슈퍼맨이 될 수 있다는 것이다.

IoB
출처: McKinsey(2014), A productivity perspective on the future of growth

•• 웨어러블/생체인터넷(IoB)의 전망과 활용사례

IoB의 활용분야는 다양하다. 헬스케어 제품으로 운동량을 체크하고, 스마트 디바이스로서 스마트키, 신분증, 신용카드와 교통카드, 홈케어 관련 서비스가 가능하다. 그리고 통·번역기, 음성인식, 패션 아이템, SNS와 블로그, 커뮤니케이션, 반려동물과의 대화나 베이비 케어 등 수많은 인간의 증강 역할을 할 것으로 예측된다.

특히 구글 글라스는 상용화에서는 좋은 성과를 거두지 못하였으나, B2B 영역에서 구글 비즈니스로 새롭게 등장하고 있다. 수술실에서 가상현실을 이용한 해부학 교실, 청각장애인 맞춤 서비스, 자폐 장애인 의사전달 서비스, 다이어트 트래킹 서비스 등 많은 분야에서 이미 활용되고 있다. 그리고 기계 조립에서의 최적의 작업 순서 및 정비관련 정보를 제공하고, 스포츠에서는 1인칭 관람, 골프의 스윙 분석, 축구와 미식축구의 전략 및 전술에도 활용되며, 국방에서는 전투모의 훈련, 전술 컨트롤러, 지형 정찰, 사격 정보, 적 정보, 항로 정보를 제공한다. 또한 교육에서는 천체 위치, 시청각 교육, 수화 교육, 그리고 여가·관광은 오페라 번역, 증강·가상현실 게임, 상거래, 관광 안내 등 수없이 많은 일을 할 수 있다.

IoB의 활용사례에서 가장 유명한 기업은 바로 핏빗Fitbit이다. 핏빗은 트래커로 데이터를 수집하고 이를 활용하여 앱으로 건강을 효율적인 관리가 가능한 서비스를 제공하며, 무엇보다 게임 기술과 결합하여 사람들에게 지속적인 동기부여를 하고 있다.

또 다른 기업인 MYO는 근육을 파악하여 근전도 신호를 통해서 실제 게임과 같은 수준의 피드백을 제공한다. MYO는 체온을 모니터링하고, 소비자의 심전도 정보를 제공한다. 그리고 체온과 심박 수와 같은 생체정보를 측정하며, 속도, 거리, 리듬, 그리고 음악을 듣고 전화가 가능한 서비스도 제공한다. 또한, 이어러블earable이나 스마트링smart ring을 통해 많은 생체 정보를 획득하고, 진동 등의 방법으로 소통할 수 있다.

한국의 스타트업인 직토ZIKTO는 킥스타터에서 목표의 164%를 모금했는데, 기존의 웨어러블 밴드와 달리 걸음걸이 교정, 신체 균형 분석, 생체 인증, 일상 모니터링 등을 하고 있다. 그리고 삼성 C-Lab 출신의 스마트벨트 기업인 웰트WELT는 허리띠를 통해서 과식, 칼로리, 걸음수 등을 측정하며, 킥스타터에 펀드 레이징에 성공하였으며 최근에는 빈폴과 면세점에 진출하였다. 또한 알렉스Alex는 거북목을 지켜주는 웨어러블 사업을 전개하고 있으며, 후이노HUINNO도 인공지능을 이용해서 혈압과 심전도를 측정하는데, 한국의 규제 문제로 미국으로 이전하였다가 최근에 국내에서 사업을 재개하였다.

웨어러블 기술은 지속성이란 한계점을 극복하기 위해 전자섬유 소재의 웨어러블 옷이나 스마트 신발처럼 부착형에서 착용형으로 발전하

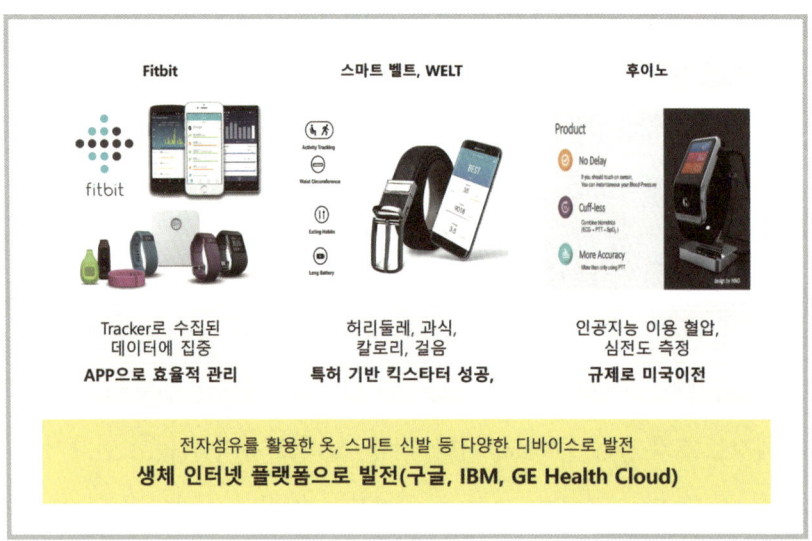

Wearable의 발전

고 있다. 또한, 압력 센서를 이용한 디바이스로 가구 일체형 제품도 가능하며, 핸즈프리 장갑과 진동량 감지 장갑 등도 가능하다. 이처럼 인체의 모든 분야에 걸쳐서 새로운 혁신이 시도될 것이다. 동시에 생체인터넷 플랫폼으로 수집된 데이터가 모이고 제품들이 연결될 것으로 전망된다. 애플, 구글, IBM 왓슨의 Health Cloud, GE의 Health Cloud 등이 대표적인 사례이다. Wearable challenge로 빅데이터를 수집하고 이를 분석한 Actionable Intelligence가 형성되면 이를 통해 실제 헬스 데이터를 상호 연결하여 다양한 문제의 해결이 가능할 것이다.

그러나 IoB는 센서의 다양성, 눈에 보이지 않는 웨어러블의 등장, 교환 가능하고 반응하는 인터페이스, 그리고 현실 세계와 가상 세계의 융합 등이 예측되나 아직은 해결해야 할 과제가 많다. 특히 인체와 직접적으로 연관되어 있다는 비즈니스의 특수성으로 법과 규제가 많다. 과거 휴대폰에 의료 관련 기능의 탑재가 제약적으로 이루어진 이유도 바로 규제로 인한 부분이었으며, 이는 현재에도 마찬가지이다.[14] 보험제도도 IoB의 특이한 현상으로서, 딜라이트 보청기를 싸게 살 수 이유는 보험이 있기 때문에 가능하다. 이는 핏빗도 보험사를 통한 수익 구조를 가지고 있는데, 결과적으로 운동을 많이 하면 할수록 구매자가 오히려 돈을 벌 수 있는 구조인 것이다.

---

14) 2018년 아이폰에 ECG 기능이 탑재되기 위하여 애플이 투입한 법적 노력은 상상을 초월할 정도이다.

•• 소셜 네트워크(Social Network)[15]

인간의 데이터화의 요소가 IoB라면, 관계는 소셜 네트워크로서, 소셜 네트워크는 다양하게 진화하고 있다. SNS의 선도주자인 페이스북을 중심으로 publish, share, discuss, commerce, location, network, games 등 매우 다양한 소셜 네트워크가 등장하고 사람들은 여러 군데에 동시를 가입하고 있다.

현대인의 필수품이 되어버린 스마트폰과 인간이 결합하면서 스마트폰의 아바타를 통해 사이보그 슈퍼맨으로 진화할 것이다. 이제 소셜 네트워크와 결합한 인간이 집단 생명화하는 초인류로 진화할 것이며, 이러한 미래의 인간상에 관하여 필자는 호모 모빌리언스라고 정의한 바 있다.

필자가 소셜 네트워크에 주목하는 것은 이러한 네트워크를 통해 초생명 현상이 만들어지기 때문이다. 대표적으로 집단의 지능이 개체의 지능보다 한 차원 높은 사례를 찾아볼 수 있다. 예를 들어 개미 한 마리, 한 마리의 지능은 낮지만, 이들이 만들어낸 집단의 지능은 놀라운 수준이다. 개미사회를 보면 개미 무덤과 쓰레기장은 가장 먼 곳에 두며, 농사를 짓는데도 노예를 시키고 있다. 낮은 개미의 지능을 고려한다면 개미 개체의 지능이 아니라 개미 집단의 지능으로서 이러한 현상을 보아야 한다.

---

15) 보다 자세한 내용은 호모 모빌리언스(2012)를 참고하길 바란다.

창발과 홀론현상

스티브 존슨은 그의 저서인 〈이머전스〉에서 이러한 집단 지능은 다수의 원리, 단순성, 랜덤한 상호작용, 신호의 패턴화, 상호 교류 등으로 이루어지고 있다고 주장하였다. 개미 집단과 집단 생명은 수많은 개체가 상호작용하기 때문이다.

비단 스티브 존슨만이 아니라 Mark Changizi(2009)도 복잡성 Complexity 저널을 통해 뇌의 구조와 도시의 구조가 굉장히 유사하다는 연구결과를 발표하였으며, 다른 복잡계 연구에서도 인터넷과 개미 집단의 구조도 매우 유사함을 밝혔다. 또한 인간의 신체도 한 개의 수정란에서 60조 개의 세포가 되기까지 전체를 유발하는 뚜렷한 동인이 없다. 즉 스스로 발전하면서 하나의 신체로 발전한 것이다.

이처럼 부분이 전체를 대표하는 창발적 질서를 만드는 자기조직화 과정은 어마어마한 잠재적인 창조역량을 가지고 있다. 그리고 SNS로 스스로를 조직화하는 초인류가 탄생하면서, 인류는 새로운 차원으로 진화하기 시작하였다. 마치 인간의 손바닥 세포 하나만 얻으면 DNA를 통한 신체 전체의 정보를 알 수 있게 된 것처럼 사회에도 부분과 전체가 상호 연동되기 시작한 것이다.

필자가 주목하는 것은 생명체에게만 존재하는 부분과 전체가 연결되는 홀론 현상과 부분에 없는 현상이 전체에서 발현되는 이머전스 emergence 혹은 창발 현상이 집단생명이란 형태로 인간사회에 나타난다는 것이다. 이는 필자가 호모 모빌리언스에서 미래사회를 초생명사회라 명명한 이유이기도 하다.

그리고 집단 생명에서의 인간은 다중인격을 가지게 되며, 미래 세상에서 우리는 한 번의 삶을 살면서 다양한 삶을 동시에 살게 된다. 이는 세상과 내가 융합하는 홀론 현상이 생기면서, 스마트폰과 내가 결합하여 스마트폰 아바타와 결합한 슈퍼맨이 되고, 이러한 슈퍼맨은 전체 도시로 들어가지만 도시 전체는 다시 내 주머니에 들어오게 되기 때문이다. 즉 부분과 전체가 통합되는 것이다.

소셜 네트워크 세상도 복잡계에 따르면 노드node, 점와 링크link, 선로 설명할 수 있으며, 모든 세상은 노드 데이터와 링크 데이터의 집합으로 설명할 수 있다. 그리고 사회는 점과 선으로 설명하면 개개인(점)과 사회관계(선)의 형태로 나타나는데, 이를 통해 개개인을 이해하고 사회관계를 이해하면 전체를 이해할 수 있을 것이다.

Smart Transform

시간의 요소를 디지털화하는 기술, 빅데이터

•• 시간, 공간, 인간의 확장과 빅데이터

스마트 트랜스폼의 1단계가 공간과 인간의 데이터화라면 2단계는 시간의 데이터화인 정보화이며, 시간의 디지털화는 빅데이터(요소)와 클라우드(관계)로 대표된다. 데이터는 시간의 확장으로, 요소인 데이터의 집합이 빅데이터이다.

빅데이터에 대한 이야기를 시작하기 전에 왜 데이터가 폭발적으로 증가했는가에 주목할 필요가 있다. 과거에는 나를 표현할 때 간단한 단편적인 기록 데이터는 분산된 점의 정보였다면, 현재는 life logging으로 내 모든 삶이 기록되고 있다. 예를 들어, 과거 홍길동의 정보는 학벌, 키, 몸무게, 직업 등의 단편적인 것이었다면 지금은 일어나는 시간, 이동하는 수단, 어떤 장소에서 누구와 만나며 어떤 이야기를 나누었는지 등의 모든 내용이 데이터화 되고 있는 것이다.

즉 고정된 개인의 점의 정보가 아니고 시간, 공간, 인간의 모든 데이터가 확장되면서 나의 기록은 시간별로, 공간별로, 소통하는 인간별로 확장되고 있는 것이다. 따라서 시간, 공간, 인간의 데이터가 발산하면서 과거 점의 데이터가 3차원의 방대한 데이터로 만들어지고, 데이터가 폭발하고 다시 융합되면서 3차원 정보화가 진행되는 것이다.

3차원의 정보화가 진행되는 과정을 보면, 점과 선의 데이터가 노드와 링크를 형성하고, 객체인 노드와 관계인 링크를 정적으로 연결한 것을 우리는 프로파일profile이라고 한다. 정적인 프로파일을 대표하는 것이 홈페이지이다. 정적인 관계를 나타내는 것이 전통적 관계이고, 객체인 나의 다이내믹한 삶을 보여주는 것이 블로그이며, 이들의 관계를 나타낸 것이 소셜 네트워크이다. 그리고 이러한 빅데이터는 상호교환하는 Transaction과 Interaction으로 나눌 수 있으며, 이를 구조화하거나 혹은 구조화하지 않은 경우에 따라 각각 Association, Structure, Pattern, Contents로 분류할 수 있다.

이처럼 방대하게 쌓이는 빅데이터의 양volume을 처리하기 위해서는 Hadoop과 같은 분산 데이터 처리 기술이 활용되며, 속도velocity를 해결하기 위해서 In-memory DB가, 다양성variety을 해결하기 위해서 NoSQL 등이 활용되고 있다. 특히 컴퓨팅은 메인 프레임에서 PC를 거쳐서 클라이언트 서버 등을 거쳐서, 이제 네트워크 컴퓨팅, 유틸리티 컴퓨팅, 클라우드 컴퓨팅, 서버리스 컴퓨팅까지 발전했으며, 이에 대한 구체적인 설명은 클라우드에서 다루고자 한다.

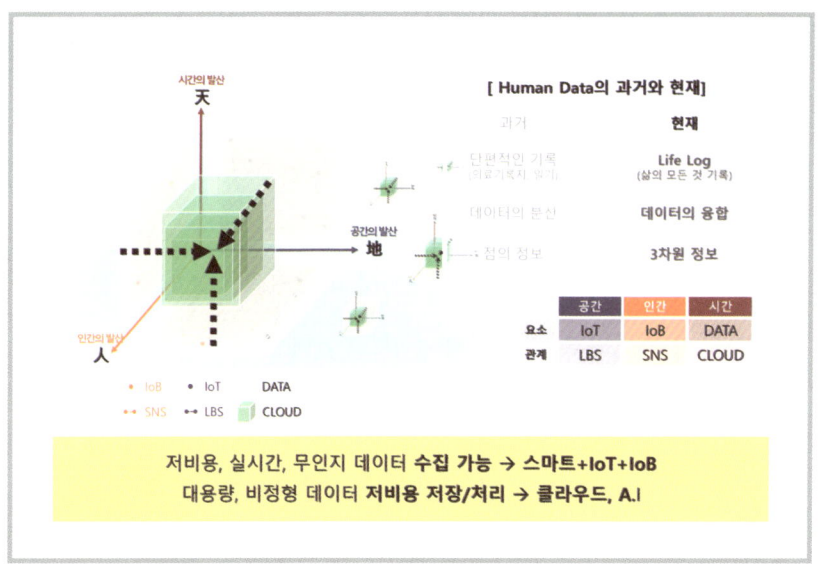

데이터의 구조

●● 빅데이터의 가치와 활용

빅데이터가 시간, 공간, 인간으로 데이터가 발산되면서 빅데이터가 발생하고, 데이터의 수집, 저장, 분석을 통해서 세상에 새로운 가치를 만들고 있다. 특히 빅데이터는 우선 크고volume, 다양하고variety, 빠른 속도velocity로 가치를 만들기 때문에 흔히 빅데이터의 3V라고 불리며, 여기에 데이터가 창출하는 가치value를 더하여 4V라고 한다.

그리고 이러한 빅데이터를 분석하는 자원들은 오픈소스로 제공되는데, 수많은 오픈소스들이 Hadoop과 Spark에서 제공되고 있고, Hive나 R 같은 것들이 대표적인 예이다. 기계학습 알고리즘도 활용할 수 있게 되어 있다. 수많은 기계학습 알고리즘들이 오픈소스로 제공되고 있으며, 인공지능이 급속히 발달하면서 데이터를 통한 가치 획득은 모든 분야로 확산되고 있다.

빅데이터의 궁극적인 가치는 예측과 맞춤을 통한 새로운 가치를 창출하는데 있다. 맥킨지는 방대한 연구를 통해서 헬스케어만으로도 미국에서 3천억 불의 비용 절감을 빅데이터를 통해서 얻을 수 있다고 분석했다. 국내에서도 KCERN(2017)이 빅데이터를 통한 예측과 맞춤으로 한국의 의료비를 10% 이상 줄일 수 있다고 분석한 바 있다.

이제 빅데이터는 4차 산업혁명에서 가장 중요한 산업의 인프라가 되고 있는 것이다. 과거 기업의 가장 중요한 자산이 설비와 토지였다면, 4차 산업혁명 시대에서는 데이터가 가장 중요한 자산이 된 것이다. 실제 인공지능 산업에서 대부분의 인공지능 알고리즘들은 개방되면서 알고리즘만으로는 차별화 요소가 되기 어렵다. 주요 기업들이 알고리즘을 개방하면서도 데이터를 개방하지 않는 이유도 여기에 있다. 앞으로는 데이터가 바로 차별화의 요소가 되기 때문이다.

산업에서는 이미 빅데이터를 활용하면서 산업의 지각변동이 시작되었다. 빅데이터 분석으로 용의자 수가 축소되어 쉽게 체포할 수 있으며, 넷플릭스는 데이터 분석을 통해서 맞춤 VOD 서비스를 제공하고 있다. 아마존은 데이터 분석을 통해 소비자가 구매하기 전에 물류를 최적화 장소로 이동시키고 있다. 이러한 모든 과정은 데이터를 수집하고, 클라우드에 빅데이터를 만들고, 인공지능이 최적화시키면 예측과 맞춤이 가능해지는 4단계 과정과 일치한다.

이러한 4단계 과정에서 데이터 수집원천을 보면, 구글은 검색 데

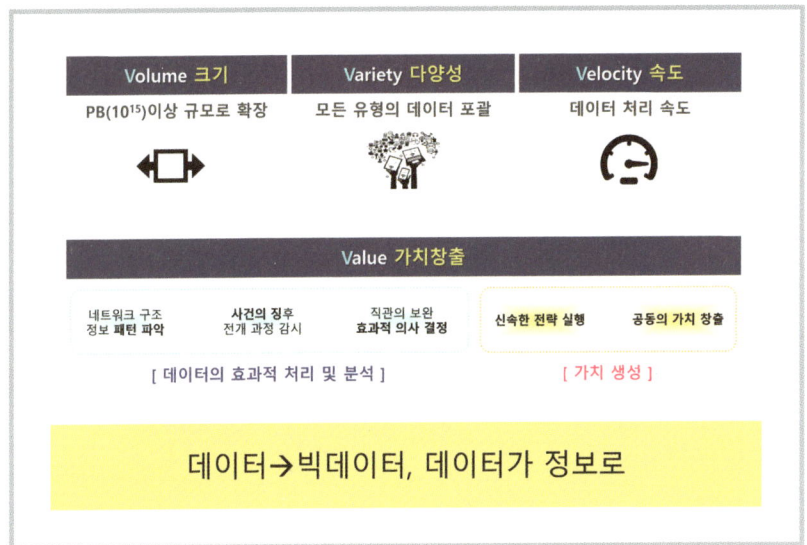

빅데이터의 4V

이터, 아마존은 거래 데이터, 페이스북은 소셜 데이터를 확보하였으며, 데이터 획득의 핵심이 되고 있는 것이 표준과 IP이다.

거대 ICT 기업이 빅데이터를 구축하면서, 후발주자인 한국이 빅데이터 산업의 촉진을 위한 최우선 고려 사항은 개방 정부의 진정한 추진이며, 이를 위해 우선 정부의 공공데이터 개방이 필요하다. 이 분야에서도 미국과 영국은 세계에서 가장 큰 오픈 데이터를 운영하고 있으며, 90% 이상이 민간 클라우드에 개방되어 있다. 동시에 국가 안보와 개인 비밀을 제외한 모든 데이터 규제는 positive에서 negative로 가야하며, 공공기관의 망 분리보다 데이터 분리가 우선되어야 한다.

또한 아직은 미흡한 빅데이터 구축을 위해 민간데이터도 공유를 촉진하는 정책이 필요하다. 영국은 'Better Choice, Better Deals'라는 민간데이터 공유를 장려하고 있다. 그리고 야후나 버클리, 스탠퍼드는 민간 차원에서 데이터를 공개하며, 2018년 8월에 구글도 데이터 공개를 선언했고, 국내에서는 LG CNS가 민간데이터를 공개하고 있다.

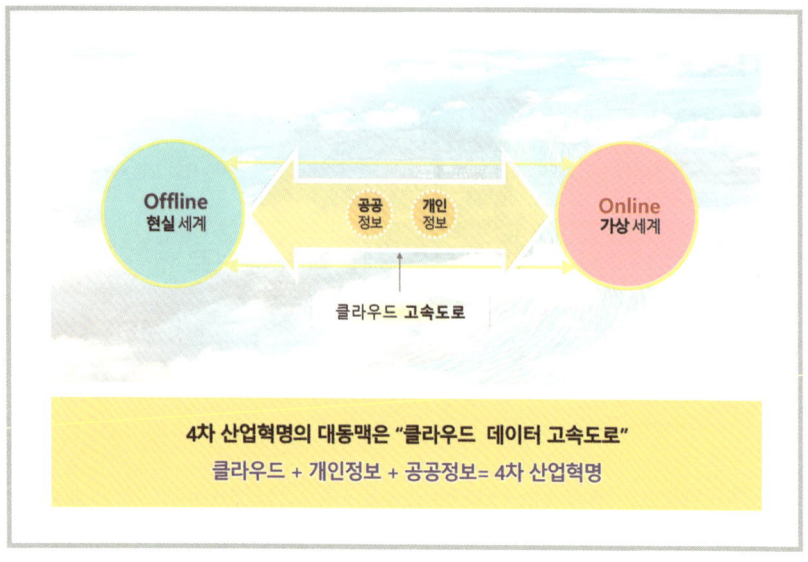

디지털 트윈

Smart Transform

시간의 관계를 디지털화 하는 기술, 클라우드

•• 클라우드의 정의

클라우드는 바로 전기나 수도와 같은 유틸리티로서 필요에 따라

클라우드란?

활용하는 IT 자원이다. 전기를 예로 들면, 예전에는 자가발전기가 있었지만, 지금은 송전선을 통해 필요한 만큼 전기를 쓰고, 전기료를 내고 있다. IT 시스템도 개별적으로 온프레미스on-premises에서 사용하던 것을 전기처럼 사용하고, 이용한 만큼 비용을 지불하는Pay-as-you-go 시스템이 클라우드이다. 즉, 클라우드는 가상화로 IT 자원을 필요에 따라 유연하게 쓸 수 있도록 하는 것이다.

IT 자원에는 하드웨어, 소프트웨어, 응용의 3가지 요소가 있으며, 이에 대응한 클라우드 서비스로 IaaSInfrastructure as a Service, PaaSPlatform as a Service, SaaSSoftware as a Service가 있다. 예를 들어 물리적 서버, 운영체제, 데이터베이스, 웹 서버를 기업마다 따로 갖춰야 할 필요 없이 클라우드로 공유한다. 공통부분에서 하드웨어에 해당하는 인프라는

구분	서비스 내용	서비스 종류	벤더
클라우드 응용SW SaaS	별도 설치 없이 네트워크를 통해 소프트웨어를 서비스 형태로 제공 (응용 SW)	Billing, Collaboration, Content Management, CRM, Document Management, ERP, Financials, Healthcare, Human Resources, IT Services Management, Personal Productivity, Project Management, Sales, Security, Social Networks, Etc	드롭박스, 구글 드라이브, 구글 앱스, 아마존 클라우드 드라이브, 네이버 엔드라이브, 민트, 세일즈포스, 에어비앤비 등
클라우드 플랫폼 PaaS	소프트웨어를 개발하기 위한 플랫폼(OS, WEB, WAS, DBMS, Framework 등)을 서비스형태로 제공	Big Data as a Service, Business Intelligence, Database, Development&Testing, General Purpose, Integration, Etc	NIA의 파스-타, 마이크로소프트 애저, IBM 블루믹스, 바스아이오, 헤로쿠, 파스닷컴(페이스북 인수), 킨베이, 구글 앱 엔진
클라우드 인프라 IaaS	서버, 스토리지, 네트워크 등 인프라 자원을 서비스형태로 제공	Backup&Recovery, Cloud Broker, Compute, Content Delivery Networks, Services Management, Storage, VDI(DaaS), Etc	아마존 AWS, KT 유클라우드, 네이버 엔클라우드, LG U+ 클라우드엔, SK 티클라우드, 호스트웨이 플렉스 클라우드, 랙스페이스, 리노드, 디지털 오션, 카페24 클라우드 호스팅, 스마일서브 클라우드 브이(구천데디), 아파치 오픈스택

클라우드의 분류

IaaS^{Infrastructure as a Service}, DB와 같은 공용 미들웨어는 플랫폼으로서 PaaS^{Platform as a Service}, 애플리케이션은 SaaS^{Software as a Service}로 부르고 있다. 그리고 이제는 하드웨어, 미들웨어, 애플리케이션의 구별 없이 필요한 만큼 쓰는 아마존의 람다와 같은 서버리스^{serverless}로 진화하고 있다.

•• 클라우드를 통한 산업의 혁신

클라우드로 IT 자원은 공유하고, 각자는 핵심 역량에 집중한다. 이것이 4차 산업혁명의 기본 사상으로 이제는 IT를 몰라도 IT를 활용한 글로벌 사업을 전개할 수 있게 되었다. 공통적인 IT 자원과 서비스는 클라우드 사업자가 제공하고, 개별 기업은 핵심 역량에 집중하는 가벼운 사업이 생태계를 만들어지고 있는 것이며, 린-비즈니스^{lean business} 시대가 부상하는 이유다. 에어비앤비, Coursera, 넷플릭스, 어도비와 같은 회사들이 글로벌화를 빨리 진척시킬 수 있었던 이유도 클라우드 서비스를 통해 자기들의 핵심 역량에 집중하고, 나머지는 모두 클라우드 서비스 사업자에게 맡겼기 때문에 가능하였다.

이제 클라우드는 필요에 따라 언제든지 확장하고 유연하게 쓸 수 있도록 IT 자원을 분할과 연결을 통해서 가상화한 것으로, 키워드는 최소 단위의 분할과 온디맨드의 유연한 초연결 구조를 만들어가고 있다. 분할과 연결로 하드웨어, 미들웨어, 애플리케이션을 각각 가상화하는 것이 클라우드의 개념이며, 가상화를 통해 필요에 따라^{on-demand} 유연하게^{elastic} 연결해서 쓸 수 있는 구조^{agility}로 가는 것이 클라우드의 기본

구조이다.

최근에는 가상화 서비스가 OS까지 공유하는 컨테이너 서비스로 발전하고, 컨테이너의 마이크로 서비스를 필요에 따라 연결할 수 있는 쿠버네티스와 같은 오케스트라이제이션으로 진화하고 있다. 이제는 메모리를 얼마를 하고, CPU를 얼마나 빌리고, 네트워크를 얼마나 빌리고, 이런 것들을 따로따로 빌릴 것 없이, 필요한 만큼 쓰자는 서버리스로 모든 IT가 클라우드와 가상화로 가고 있는 것이다. 이는 모든 자원을 최소 단위로 분할하고 유연하게 연결되는 구조를 구현되면서 IT 자원도 온디맨드로 구현하어 서비스로 제공되는 것이다.

이러한 클라우드 서비스를 전통적 분류에 따른 편익을 살펴보면, IaaS는 CPU, 메모리, 네트워크 등 인프라인 하드웨어를 공유하여 비용을 줄이는 것이다. 그리고 PaaS는 DB와 OS 등 공유 미들웨어 플랫폼

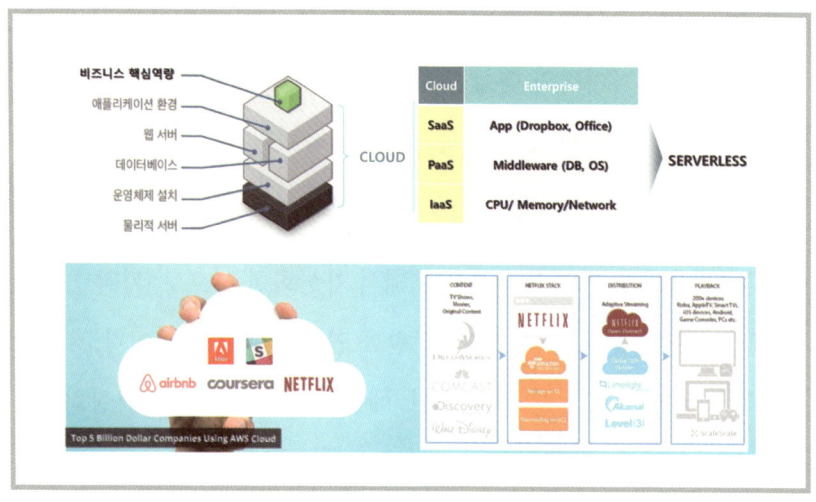

클라우드 구조와 활용

을 공유하여 효율을 올리고, SaaS는 드롭박스와 Salesforce와 같이 최종 소프트웨어 서비스를 클라우드 기반으로 공유하는 것이다. 과거 온프레미스 서버에서는 개별 기업이 하드웨어, 미들웨어, 애플리케이션을 모두 관리하였다면, 클라우드를 공유하면서 개별 기업은 핵심사업만 할 수 있게 된 것이다.

하드웨어를 클라우드에서 사용하면 비용이 1/3로 감소한다. 평균 트래픽과 최대 트래픽이 3배 차이 나는데, 피크 비용이 아니라 평균 비용만 지불하면 되기 때문이다. 이는 actual demand와 fixed capacity의 차이를 보면 문제가 명확해지며, 최고치peak에 맞춘 최대 역량을 갖고 있으면 불필요한 자원이 낭비된다. 그러나 클라우드를 활용하면 필요에 따라서, 온디맨드로 유연하게 쓸 수 있으므로 비용이 감소하는 것이다.

PaaS에서의 공유 소프트웨어 비용 절감이 두 번째 이점이다. 몽고DB와 같은 오프소스 DB 등은 물론, 텐서플로우 등 인공지능도 클라우드에서 활용되면, 인적 비용, 인증 비용 등이 감소하다. 그런데 비용 절감보다 더 중요한 것이 가치 창출이다. 기회비용의 감소하고, 이를 혁신을 통한 가치 창출에 투입함으로써 융합을 통한 신사업들이 만들어지는 것이다.

따라서 클라우드를 사용함으로써 공유의 비용 절감과 더불어 남들과의 쉬운 융합으로 차별화되는 가치가 증대하며, 클라우드를 기반으로 산업 융합 혁신이 창출된다. 클라우드를 단순하게 IaaS 단계의 버추얼 컴퓨팅과 저비용 스토리지와 같은 비용과 스피드의 관점으로 바라보는 것을 넘어서고 있다.

또한 PaaS에서는 development와 operation이 융합되는 DevOps tooling으로 개발 환경과 사용 환경을 융합하면서, 새로운 서비스 론칭 시간을 줄이고, 웹과 모바일 앱이 동시성을 얻고, 기본 분석 툴을 공유하게 된다. 그리고 비즈니스에 인공지능 같은 cognitive application과 IoT 같은 신기술들을 클라우드에서 쉽게 활용할 수 있다. 이러한 플랫폼과 DevOps툴과 개방 혁신 생태계 속에서 기업의 혁신이 쉽게 만들어지고 있는 것이다.

이것이 바로 혁신의 최대 원천이 클라우드라고 불리는 이유이며, 클라우드 정책이 공급자가 아니라 수요자의 시각에서 클라우드 산업정책에 접근해야 하는 이유이다. 클라우드는 산업 규모에 비하여 지렛대 효과가 수십 배에 달하는 산업으로서, 클라우드 서비스 제공 산업은 2,000억 달러 규모이나, 경제에 미치는 지렛대 효과는 수십조 달러에 달할 것으로 추정되는 근거이기도 하다.

•• 클라우드 산업의 현황과 진화방향

클라우드의 분류는 서비스만이 아니라 도입 유형에 따라 특정 조직 내에서만 활용되는 프라이빗 클라우드, 일반 사용인 퍼블릭 클라우드, 두 개를 혼용하는 하이브리드 클라우드가 있다. 그리고 클라우드 도입유형에 따른 분류는 다양해지고 있는 추세이다.

최근 기업들에게 2개 이상의 퍼블릭 클라우드를 활용하는 멀티 클라우드가 급속히 확산되고 있다. 마이크로소프트와 아마존, 세일즈포스닷컴 등 여러 벤더가 제공하는 클라우드를 두 개 이상 쓰면서, 최대의 효과와 더불어 특정 클라우드의 종속성을 탈피하고자 한 것이다.

또한 자체적인 기업서버가 필요한 경우는 Pragmatic 하이브리드 클라우드로 전통적인 기업 데이터 센터와 퍼블릭 클라우드를 연계해서 온프레미스 기업의 클라우드 마이그레이션을 쉽게 만들어주고 있다. 마이크로소프트 하이브리드 클라우드 플랫폼 Azure Stack은 이러한 에지 솔루션, 다양한 요구, 온프레미스의 이전 모델을 제공하고 있다.

MSP를 활용한 클라우드로 이전
자료: 베스핀글로벌 홈페이지 수정

이처럼 기업의 내부 상황에 따라 다양한 클라우드 활용전략이 가능하며, 이에 따라 내부 시스템이 다양화 되면서 이를 전문적으로 지원하는 기업들도 나타나고 있다. 이러한 기업들을 클라우드 매니지드 서비스 기업MSP이라고 하며, 이들을 활용하여 시중의 다양한 클라우드 서비스를 필요에 따라 조합하여 활용할 수 있다. 동시에 기존에 존재하던 내부의 전산팀은 서버의 관리에서 다양한 클라우드 서비스 관리 및 운영으로 업무의 변경이 발생하고 있다.

이러한 클라우드 서비스의 발전방향을 보면, 결국 개별 서비스의 비효율과 집중 서비스의 경직화를 넘어서는 느슨한 연방 구조가 미래 클라우드 서비스의 구조가 될 것으로 예측한다. 마이크로 서비스는 독립적으로 제공되고, 이들 간의 소통은 간단한 산업 표준화된 언어Rest API등로 연결되는 구조로서 거버넌스 문제를 해결하는 것이다.

최근 부상하는 아마존 웹 서비스AWS의 서버리스 모델인 람다Lambda는 마이크로 서비스화를 활용하여 API Gateway와 Rest API로 들어온 리퀘스트로 Lambda가 트리거링 되면, Lambda가 알아서 처리하고 있다. PaaS에서도 수많은 서비스가 마이크로 서비스화 되는 도커docker 위에 컨테이너container들이 올라가면, 이런 컨테이너들을 orchestration 하는 프레임워크로서 Kubernetes가 활용되는 것도 동일한 흐름이다.

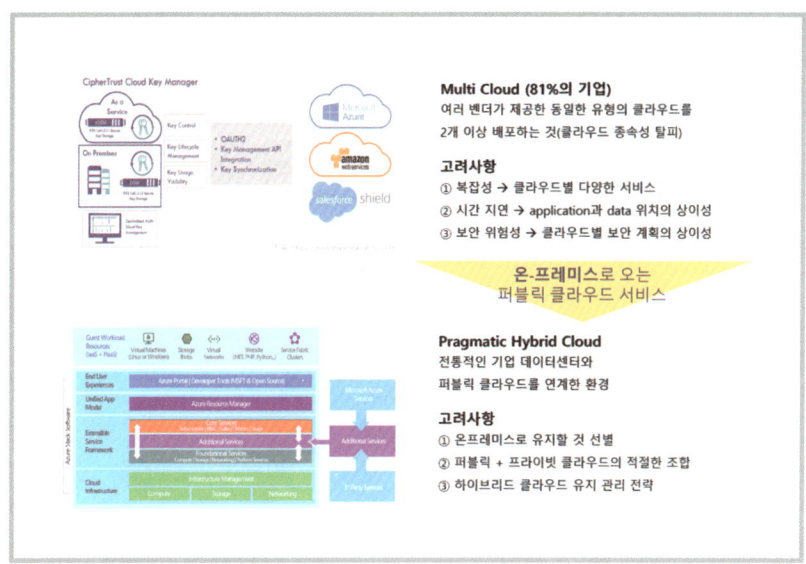

하이브리드 클라우드

    이처럼 모든 IT 자원은 클라우드에서 공유하고 나의 핵심 역량에만 집중하여, 95% 공통 영역은 공유하고, 5%의 차별화로 경쟁하는 새로운 개방 산업 생태계의 법칙이 작동하고 있다. 이미 클라우드 시장은 2017년도 7.7 제타바이트를 넘어 2018년에는 10 제타바이트에 육박할 것으로 전망된다. 세계 시장 규모도 2017년에 2700억 달러에 달하며, 더욱 중요한 것은 클라우드의 공급 시장이 아니라, 클라우드를 활용한 시장 규모가 어마어마한 규모로 증가하고 있다는 점이다.

    따라서 클라우드 성장이 4차 산업혁명의 바로미터이며, 이에 전통적 데이터 센터는 위축되고 있다. 프라이빗 클라우드 시장도 점차적으로 위축되면서 퍼블릭 클라우드가 빠르게 확장되고 있다. 이에 반해서 한국의 클라우드 사업자는 매우 영세하며, 한국에서 가장 큰 사업자인

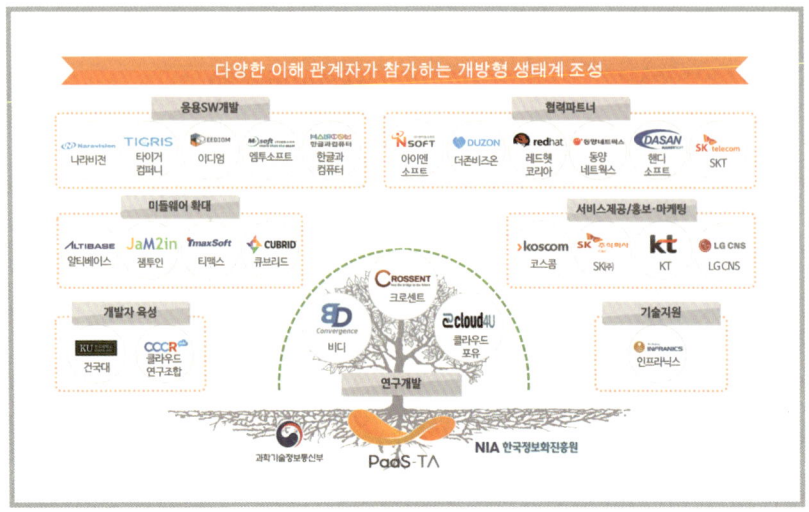

파스타를 통한 생태계 조성
자료: NIA(2018)

KT의 연 매출도 2,000억 규모에 불과하다. 한국은 게임 소프트웨어가 세계 업계 1위 업체에 거의 근접한 수준인데, 클라우드는 이에 반도 미치지 못하며, 클라우드에 관하여 무정책, 무시장, 무기업이라고 할 수 있다. 따라서 클라우드 활용을 촉진하고 다양한 이해관계자가 참여하는 클라우드 개방형 생태계 조성이 필요하다.

●● 클라우드와 보안

클라우드의 보안성을 확인할 수 있는 것은 바로 금융회사들이 클라우드, 하이브리드 클라우드와 퍼블릭 클라우드로 급속히 이동 중이라는 점이다. 금융에서 보안사고는 굉장히 치명적인데, 금융 서비스가 잘못 이루어지면, 그 피해를 전부 다 금융 회사들이 책임지라고 하는 것이 바젤협약의 기본 정신이기 때문이다. 그런데 이러한 금융회사조차 클라우드를 도입한다는 것은 이제 보안 문제가 해결되어 간다는 것을 의미한다.

보안에 대하여 정리하면, 기술적 보안, 물리적 보안, 복합적 환경의 보안이 있다. 이러한 보안의 위험요소는 하드웨어에 있는 가상의 하이퍼바이저를 통해서 들어오거나, 아니면 버추얼 머신을 통해서 들어오면서 많은 형태의 진화하는 보안 위협들이 있다. 이에 대하여 CSA Cloud Security Alliance는 2017년도에 보안 위협 요소로서 12가지 요소를 제시하였다. 그리고 이에 대안은 내부자 접근 차단, 즉 TNO Trust No One로, 블록체인과 SHA-256으로 사용자 인증 등 완벽한 보안을 추구하며, 제도적 조치로서 미국의 FedRAMP나 ISO 27001과 같은 글로벌 인증과 내부 보상 제도와 보험 등으로 보안을 뒷받침하고 있다.

여기서 더욱 중요한 것은 기업들이 보안을 위해서 클라우드를 사용하고 있다는 점이다. 금융에서 거래 관련 서비스는 PCIDSS를, 헬스케어 서비스는 HIPAA 인증을 받아야 한다. 그런데 관련 인증을 받은 클라우드 서비스를 활용하는 기업은 관련 인증이 면제된다. 즉, 스타트업이 인증을 받은 클라우드를 활용하면 글로벌 인증을 받는 것을 생략할 수 있으며, 국내 기업의 글로벌화가 촉진되는 것이다. 민간 기업의 글로벌 클라우드 사용이 필요한 이유가 바로 여기에 있는 것이다.

●● 디지털 트윈과 CPS(Cyber Physical System)

이상으로 디지털 트랜스폼 기술들을 활용하여 가상세계를 구축하는 것이 디지털 트윈이며, 이를 통해 현실과 가상을 연계하는 것이 CPS Cyber Physical System이다. 데이터화 단계로 수집된 주요 데이터를 클라우드에서 빅데이터로 축적하고 이를 현실과 1:1로 대칭된 가상세계를 구축하는 것이 디지털 트윈이다. 디지털 트윈이 중요한 이유는 데이터로 구축된 가상세계를 활용하기 위해서는 이에 대한 이해가 필요하며, 이를 위해 이를 시각화하고 보여주는 것이 필요하다.

CPS는 디지털 트윈으로 구현된 가상세계를 활용하여 현실에서 구현하지 못한 다양한 시뮬레이션으로 최적화된 가치를 현실로 구현하는 과정이다. 그리고 이러한 과정에서 활용되는 것이 데이터를 분석하는 인공지능과 최적의 가치를 구현하는 아날로그 트랜스폼 기술이며, 이를 다음 장에서 살펴보도록 하자.

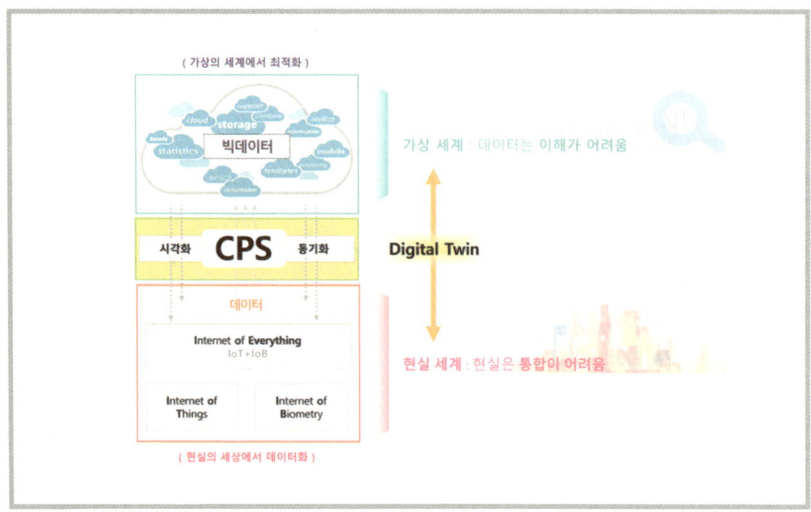

디지털 트윈과 CPS

Smart Transform

4장 인공지능

Smart Transform

디지털 트랜스폼과 아날로그 트랜스폼의 연계, 인공지능

4차 산업혁명은 현실을 가상으로 바꾸는 디지털 트랜스폼과 가상 세계에서 인공지능을 통해 최적화한 예측과 맞춤으로 현실을 스마트

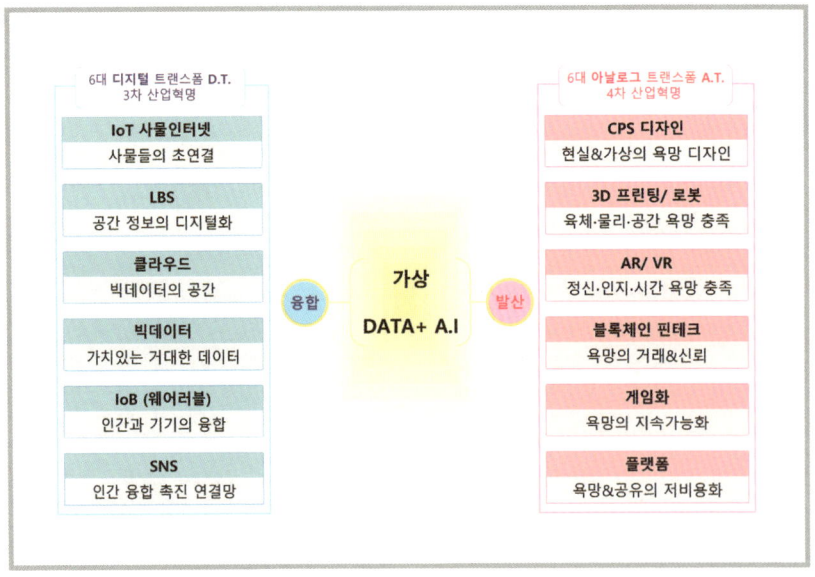

AI, 디지털 트랜스폼과 아날로그 트랜스폼의 연결

화(최적화) 하는 아날로그 트랜스폼이 결합한 스마트 트랜스폼으로 이루어진다. 즉, 인공지능이 현실과 가상을 데이터를 통하여 연계하고, 이를 분석하여 예측과 맞춤으로 최적화하는 것을 담당한다. 4차 산업혁명에서 인공지능이 블록체인과 핵심 기술로 부상하는 이유가 바로 여기에 있다.

Smart Transform

인공지능의 역사

•• 2번의 빙하기와 3번의 부활

　인공지능 기술을 소개하기에 앞서 인공지능의 역사에 대하여 논의해보고자 한다. 인공지능 연구의 본격적 시작점은 1956년에 열린 다트머스 콘퍼런스Dartmouth Conference이다. 당시 인공지능은 '20년 이내에 사람이 하는 일은 무엇이든 할 수 있을 것', '한 세대 안에 대부분의 문제를 해결할 것' 등의 큰 기대를 받았으나, 계산과 논리체계, 그리고 데이터 부족의 한계가 있었다. 그 결과 인공지능 연구는 첫 번째의 시련을 맞이한다.

　침체기였던 인공지능 연구는 1970년대에 들어서면서 전문가 시스템expert system이라는 개념을 도입하여 '인간이 룰을 만드는 방식을 응용하자'는 시도가 있었고 1980년대에 신경망 연구가 등장하면서 다시 세상의 주목을 받는다. 그러나 이러한 방식도 알고리즘의 한계, 데이터 부족, 계산 능력의 부족으로 실패하면서 인공지능은 두 번째 빙하기를 맞이한다.

그러나 인공지능은 2006년에 힌튼 교수가 제한된 볼츠만 머신 Restricted Boltzmann Machine 기반의 딥러닝 deep learning 알고리즘 개발에 성공하면서 세 번째 부활을 맞이한다. 2010년 힌튼 교수가 지도학습으로 고양이와 개를 구별한 2년 후인 2012년에 인공지능은 비지도 학습 unsupervised learning16)으로 처음으로 고양이와 개를 구별하였다. 그리고 2016년 인공지능과의 바둑 승부에서 인간을 이겼으며, 로봇 분야에서

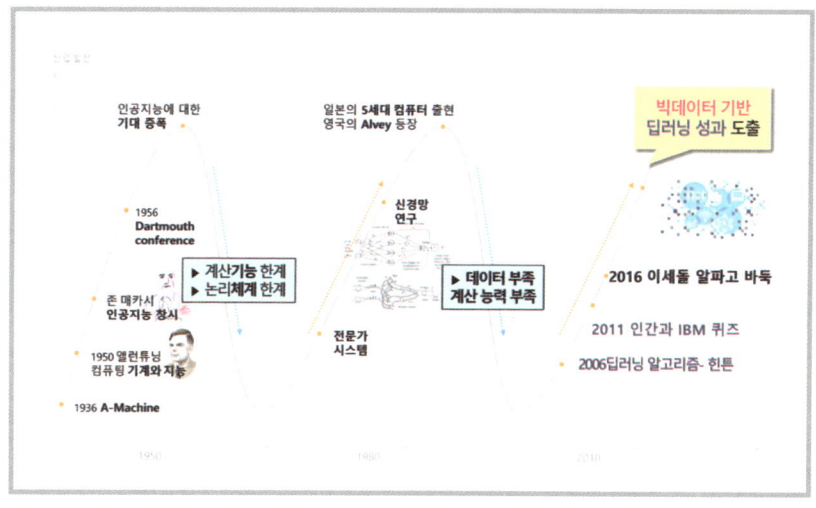

인공지능의 역사
자료: NIA(2011) 수정

---

16) 비지도 학습은 기계학습의 일종으로 데이터가 어떻게 구성되어 있는지 알아내는 문제의 범주에 속한다(위키피디아). 구체적으로 비지도학습은 데이터의 차원을 축소하거나 분류하는데, 차원축소는 특성이 많은 고차원의 데이터를 필수적인 요소만 선별하여 추출하거나 압축하는 것이며, 분류는 유사한 데이터를 그룹화 하는 것이다.

도 보스턴 다이나믹스가 로봇 이동에 대한 획기적인 새로운 알고리즘을 딥러닝으로 구현하는데 성공하였다.

●● 인간을 넘어서는 인공지능

이제 인공지능은 부분적으로 인간의 역량을 넘어서고 있다. 얼굴인식에 대해서는 휴먼 레벨human level이 97.5% 수준인데, 이미 주요 회사들의 인공지능 인식도는 99.7%를 넘어서고 있다. 물체인식object classification도 인간의 인식수준인 94.9% 수준을 넘어섰으며, 전 세계 이미지 올림픽이라 일컫는 이미지넷 컴피티션에서 오차율이 3.57%로 인간 수준을 넘어섰다.

여기서 주목할 것은 2011년 이후 딥러닝의 계측이 19→22→152 레이어까지 급속히 증가하고 있다는 것으로, 이는 컴퓨팅 기술의 진보가 초고속으로 이루어지고 있음을 의미한다. 또한 딥러닝은 영상에 이어서 음성에서도 괄목할만한 성과를 내고 있는데, 전문가 시스템 기반의 MS의 스카이프 음성인식 오차는 12%에서 10년간 개선되지 못하였으나 2010년 딥러닝 적용이후 오차율이 3% 이내로 줄어드는 성과를 내고 있다.

이제 인공지능은 인간의 8가지 감정에 대해 90% 이상 인식하는 수준에 있으며, 이를 적용한 로봇 소피아는 사우디에서 로봇 시민권을 받기도 하였다. 2018년에는 이미지가 아닌 동영상을 실시간으로 인식하고 분석하며, 이러한 발전 속도로 5년 뒤를 예측한다면 인공지능이

인공지능의 활용

4차 산업혁명의 미래 동력인 이유를 알 수 있다.

•• 인공지능 발전의 3가지 원동력

인공지능이 이처럼 빠르게 발전하게 된 원동력은 세 가지로 정리할 수 있다. 토론토 대학의 힌튼 교수의 딥러닝 알고리즘 개발과 강력한 병렬 컴퓨팅의 GPU 기술을 통해 실제 계산이 가능해 졌는데, 이는 인공지능을 학습시킬 충분한 빅데이터 축적이 어우러진 결과이다. 그리고 인공지능의 연구와 산업발전에는 개방 혁신 생태계가 중요한 역할을 하였다. 오랜 시간 걸려서 심사 후 등재되는 전통적 방식에 의지하지 않고 빠르게 연구 결과를 우선 공유하고 실시간으로 평가받는 온

인공지능 발전의 원동력

라인 아카이브arXiv.com, 자신이 개발한 소프트웨어 코드를 공유하는 깃허브GitHub, 텐서플로우와 같은 오픈소스 개발 커뮤니티는 인공지능의 초고속 발전을 견인하고 있다.

Smart Transform

인공지능의 주요 기술

•• 딥러닝의 원리

인공지능의 세 번째 부활을 이끈 딥러닝이 출현하기 전까지 인공지능은 Rule Base의 전문가 시스템expert system을 기반으로 하였고, 오차율이 10% 이내로 줄지 않는다는 한계가 있었다. 이는 인간이 만든 규칙이 모든 상황에 적용되지 않으며, 언어의 해상도보다 현실 사회가 훨씬 복잡하기 때문이다. 이후 귀납적 방법back propagation을 통해 귀납적 추론을 하는 data driven 학습이 딥러닝의 기반이 되는 데이터 기반의 머신러닝machine learning이 등장한다.

우리가 고양이와 강아지를 아이들에게 가르칠 때, '털의 모양이 이렇고 그리고 이빨, 발톱이 이렇고'라며 하나하나 가르치는 것보다 아이들이 고양이, 강아지와 접촉하면서 학습하게 하는 것이 훨씬 효과적이다. 같은 방식을 도입하여 데이터를 바탕으로 인공지능을 학습시키는 것이 머신러닝 알고리즘이다. 즉, '이건 강아지이고 이건 고양이야'라는 학습 데이터를 넣으면 딥러닝 학습으로 모델을 스스로 구현하고, 이러한 과정에서 만들어진 알고리즘 모델에 테스트 데이터를 넣으면 예측의 결과가 나오는 방식이다. 즉, 데이터를 통해서 학습하여 새로운 데이터의 예측을 만들어 내는 것으로, 학습 데이터를 통해 스스로 알고리즘을 만들어나가는 것이다.

머신러닝의 더욱 발전된 형태가 딥러닝이다. 딥러닝의 원리는 인간의 신경세포 neuron, 뉴런의 연결구조 와 동일한데, 인간의 뇌에는 1,000억 개의 뉴런들과 각각의 뉴런들이 가진 1,000개의 시냅스가 구성하는 총 100조 개의 연결망을 가지고 있다. 뉴런이 각각의 시냅스에서 들어온 데이터에 가중치를 주고 결과를 예측하는데 확률벡터가 활용되며, 적절히 가중치 weighting 를 더하면 합성곱 convolution[17] 이 나오게 된다. 이러한 결과 값이 일정 경계 이상이 되면 '이것은 고양이고, 이것은 개야'라고 결정하는 것이다.

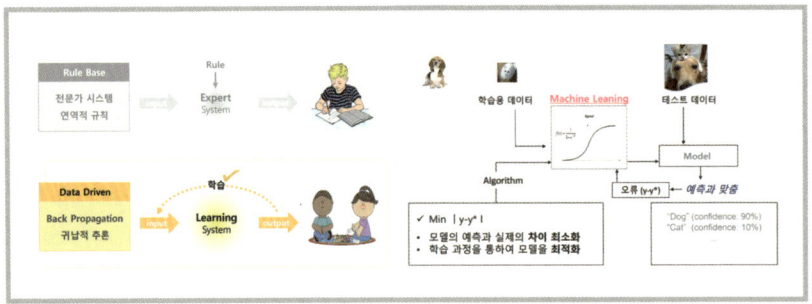

딥러닝의 원리

---

17) 하나의 함수와 또 다른 함수를 반전(reverse) 이동(shift)한 값을 곱한 다음, 구간에 대해 적분하여 새로운 함수를 구하는 수학 연산자

여기서 들어온 입력별로 가중치를 얼마나 줄 것이냐, 바이어스를 얼마나 줄 것인지를 정하는 것이 학습 과정이다. 그러나 1957년 로젠블라트가 이미 이러한 뉴런과 유사한 단층 퍼셉트론 이론을 내놓았지만, 인공지능 선구자인 민스키가 단층 퍼셉트론으로는 XOR 함수 구현이 수학적으로 불가함을 증명하여 퍼셉트론 이론은 잊혀졌다. 이후에 딥러닝의 발견으로 로젠블라트의 생각이 옳았음이 증명되기까지 50년의 시간이 걸린 것이다.

XOR 구현을 위하여 경계선이 두 개 있으면 되지 않겠느냐는 다층 multi-layer 구조 아이디어의 도출로 다층 구조 퍼셉트론인 딥러닝 구조가 탄생한다. 두개의 선을 만들려면 입력과 출력 양쪽 사이에 계층을 만들면 되고, 좀 더 세밀하게 구분하려면 중간 계층을 하나 더 만들면 된다. 이처럼 필요에 따라 점점 층을 늘려 다층 구조를 만들면 아주 정밀한 분류체계를 만들 수 있는 원리로서 딥러닝의 깊다 deep는 의미는 다층 구조의 깊이를 의미한다.

그러나 딥러닝 구조를 만들려면 입력에 대한 출력이 최적화되는

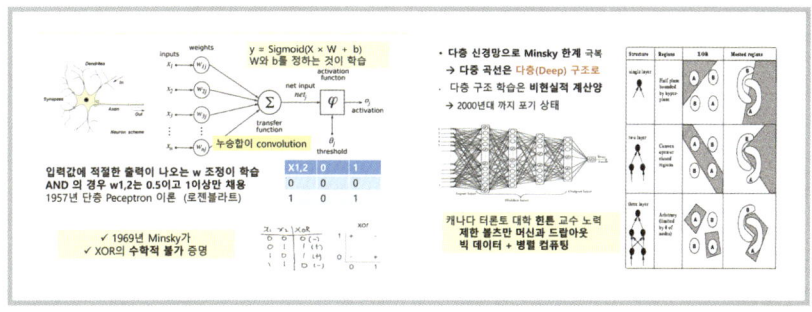

퍼셉트론
자료: 신경세포와 퍼셉트론(1957), 장병탁 자료 수정

가중치를 모든 입력별로 최적화해야 한다. 단수가 늘어날수록 지수함수exponential function적으로 계산량이 증가하므로 2000년대까지 어마어마한 딥러닝의 계산을 포기하였다. 그러나 캐나다 힌튼 교수의 제한된 볼츠만 머신과 불필요한 연결망을 없애는 드롭아웃drop-out 아이디어로 딥러닝은 계산 가능한 수준으로 들어오게 된다. 2018년에는 드롭아웃 기술 자체를 인공지능이 해결하는 단계에 돌입하고 있으며, Auto-ML의 일부분이 되고 있다. 동시에 많은 것을 계산할 수 있는 병렬 컴퓨팅, GPU 기술이 등장하고, 많은 데이터를 가지고 학습시켜줄 수 있는 빅데이터가 등장하면서 딥러닝은 더욱 발전하게 되어, 2012년에 처음으로 힌튼 교수가 고양이와 개를 지도학습으로 제대로 구분하는 것에 성공한 것이다.

Deep Neural NetworkDNN의 하나의 뉴런과 시냅스 구조가 하나의 퍼셉트론이라면, 이것이 실제 인간의 뇌에서 점을 인식하고, 선을

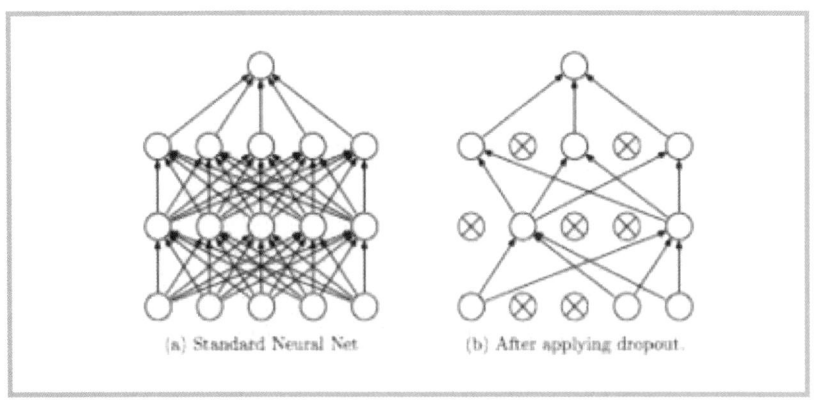

드롭아웃(Drop Out)
자료: Srivastava et al. 2014

인식하고, 면을 인식하고, 대상을 인식하는 여러 개의 계층layer으로 구성된 구조와 유사하다.

딥러닝에 이어 다양한 인공지능 기술들이 개발되고 있는 중이다. CNN Convolution Neural Network은 주로 영상 분석에, RNN Recurrent Neural Network은 음성 분석에 활용되고, 동영상은 두 개를 합친 R-CNN이 적용된다. 인간의 언어의 능력에는 해마의 단기기억과 대뇌피질의 장기기억이 연계된다는 점에서 장단기 기억을 연계하는 LSTM Long-Short Term Memory이 활용되고 있다. 그리고 특정 환경에 과도하게 적응하는 오버피팅 over fitting을 방지하기 위한 드롭아웃 기술도 적용되고 있다. 또한 문법으로 언어를 배우면 80% 수준까지는 빠르게 도달하나, 이후 발전에는 한계가 있다는 원리를 적용하여, 일정 부분까지는 문법으로 커리큘럼 학습을 하는 등 여러 가지 인공지능 기술들이 등장하고 있다.

다양한 인공지능 기술

이처럼 발전한 인공지능 기술의 대표적인 분야는 영상, 음성, 자연어 처리가 있다. 처음에는 영상과 음성을 인식하며 오감 인식과 생성을 담당하였고, 빅스비, Siri와 같은 비서 지능/추천 지능 등이 등장하면서 인지 능력과 추론 능력을 담당하게 되었다. 페퍼와 휴보 등이 대표적인 사례로, 로봇은 인공지능의 예측 결과를 행동으로 구현하게 될 것이다.

인공지능 활용분야로는 인식perception, 비서지능 및 추천cognition만이 아니라 창조Generative Adversarial Networks, GAN도 가능하다. 앞서 설명한 CNN과 RNN 등을 활용하여 영상과 음성을 인식하고 데이터를 통하여 패턴을 찾아 예측이 가능하며, GAN을 활용하여 부족한 데이터를 학습하여 새로운 결과 값을 창출할 수 있다. 특히 GAN은 새롭게 주목받고 있는 기술로서 이에 대한 구체적인 설명은 뒤에서 자세히 살펴보자.

인공지능의 활용분야

인공지능의 진화

인공지능은 데이터로 학습하므로 인공지능 발전의 한계는 데이터이므로 데이터를 확보하는 연구가 중요하다. 동시에 알고리즘을 잘 만들어 데이터 학습량을 줄이는 연구도 필요하므로, 결국 인공지능 연구의 방향은 "데이터를 어떻게 더 만들 수 있을 것인가?"와 "학습 모델을 어떻게 더 잘 만들 수 있을 것인가?"로 귀결된다. 마지막으로 인공지능의 활용이 중요해지면서 이를 어떻게 활용하며, 특히 인간과 인공지능이 어떻게 협력할 것인가가 중요한 문제로 부각되고 있다.

데이터의 진화

데이터 증가는 소량의 데이터로 더 많은 데이터를 만드는 딥 강화학습인, DRL(Deep Reinforcement Learning)이 중요하다. DRL은 아타리 게임에서 인공지능이 스스로 데이터를 만드는데 기반을 두고 있다.[18] 주어진 게임 환경(environment)과 게임 주체(agent)가 특정한 행동을 수행하여 리워드(게임점수)를 얻고 상태(state)가 변한다. 이러한 과정이 확률적으로 만들어지면서 마르코프 의사결정 과정을 형성하고 이에 따라 데이터를 스스로 만들어나가도록 하는 것이다. 이는 지도 학습과 비지도 학습의 균형으로 제한된 데이터를 스스로 학습하는 과정을 통해 만들어가는 것인데, 데이터의 부족을 극복하는 대안으로 주목받고 있다.

---

[18] Playing Atari with Deep Learning https://arxiv.org/abs/1312.5602

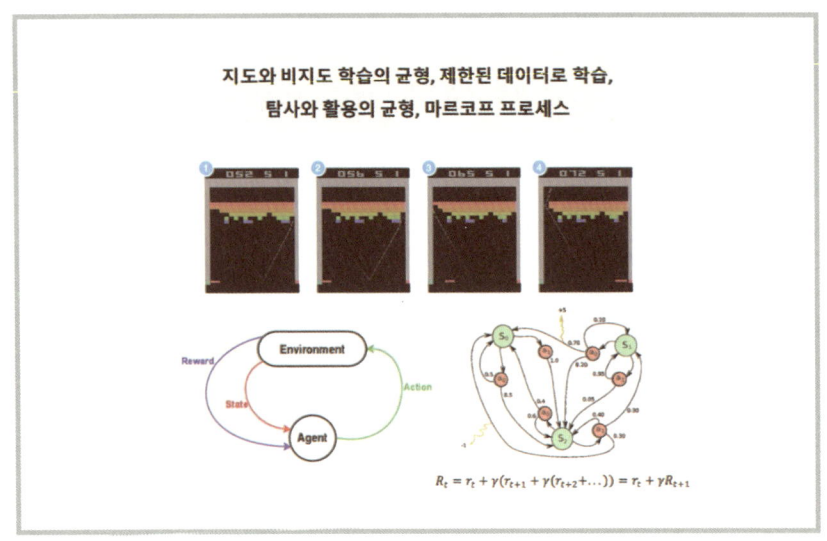

아타리 게임
자료: Playing Atari with Deep Learning

학습 결과를 모듈화해서 전달하는 것은 앤드루 응 교수가 연구 중인 transfer learning이라고 명명된 린 증강 학습 lean&augmented data learning이 있다. 이는 기존 학습 결과를 반복해서 다른 사람이 배울 필요가 없고, 다른 모델로 학습을 이전하자는 아이디어로 ImageNet과 같은 대형 데이터 셋으로 사전 학습된 것을 그대로 transfer learning을 하는 것이다.

● 알고리즘 모델의 진화

알고리즘 진화로서 딥러닝의 퍼셉트론 개념을 넘어서 좀 더 매크로 한 모델을 만드는 캡슐 네트워크에 힌튼 교수가 집중하고 있다. 사람의 인지능력을 보면 사물을 입체적으로 인식할 수 있다. 이러한 단

알고리즘의 진화

순 객체와 복잡 객체를 공간 계층화하면 러닝의 효율을 50% 올릴 수 있다는 것이다. 동시에 데이터의 절반만 가지고도 학습을 할 수 있다는 장점이 있지만, 아직은 속도가 느리다는 한계점이 있다.

비록 완벽하진 않으나 캡슐 학습은 힌튼 교수의 연구를 바탕으로 인공지능에 새롭게 기여할 분야로 보인다. 이외에도 전례가 없는 문제에 대한 대응과 블록체인으로 데이터의 신뢰도를 올리는 것이 딥러닝의 향후 연구 방향이 될 것이다.

● 인지에서 창조로, GAN

데이터를 스스로 만들어 내는 GAN Generative Adversarial Network, 생산적 적대 신경망으로 인공지능은 인지에서 창조로 역할을 확대하고 있다. GAN의 원리는 생성자 generator와 감별자 discriminator라는 상반된 목적을 가진

121

2개의 신경망의 경쟁을 통해 실제 데이터에 유사한 결과물을 창출하는 것이다. 구글포토가 수집한 방대한 양의 사람들의 실제 얼굴 DB를 활용하여 랜덤하게 새로운 이미지를 만든다는 것이 대표적 사례이다.

감별자는 콘텐츠를 랜덤하게 생성자가 만든 것과 실제를 구별하여 '이것은 실제가 아니야'라고 부정하여 생성자의 성능을 향상시키는 방식이다. 생성자는 만들고 감별자는 거르면서, 현실과 유사한 가상물을 생성하여 현실에는 없는 새로운 콘텐츠를 창조하는 것이다.

GAN을 통하여 실제 데이터를 추상화 시켰다면 이제는 새로운 데이터를 만들어갈 수도 있다. 예를 들어, 시티맵에서 도시 디자인을 도출해 낼 수 있고, 건물 스케치만 집어넣으면 건물을 구체적으로 디자

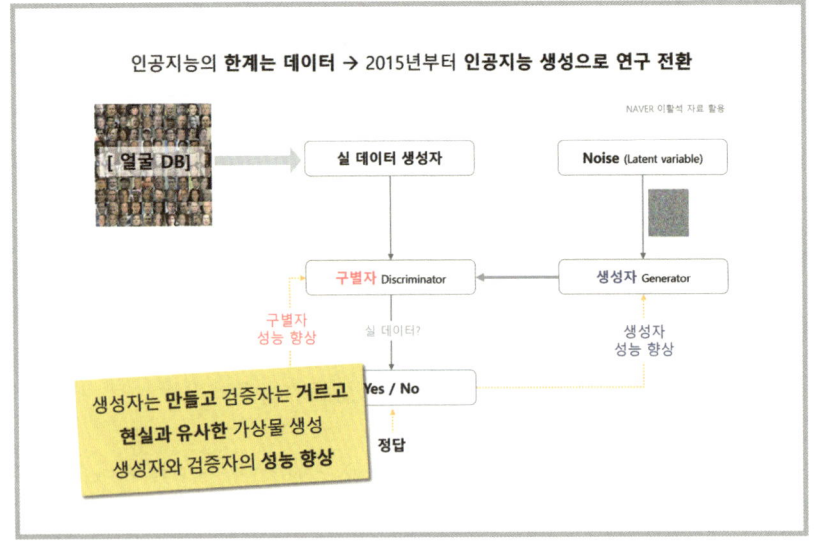

GAN의 출현
자료: Naver 이항석 자료 활용

인하고, 흑백 사진을 컬러사진으로 전환도 가능하며, 스케치만으로 실제 다양한 가방 디자인을 완성할 수 있다.

또한 Unsupervised Conditional Generation에서는 두 개의 GAN 모델로 상호 반복함으로써 새로운 창조도 가능하다. 두개의 GAN으로 하나는 얼룩말, 하나는 조랑말을 가지고 반복하면서 얼룩말을 조랑말로 바꾸고, 조랑말을 얼룩말로 바꾸어 존재하지 않는 명사들을 만들어 낼 수 있다. 이미 구글은 인공지능 화가 AICAN의 전시를 열고 실제 그림을 판매하기도 하였다.

이외에도 GAN을 통해 은하계와 화산의 사진을 재현하였으며, 구글 워드렌즈가 딥마인드와 같이 인수한 Whalebook은 고래를 보고 분석하여 스스로 고래를 그려냈다. 이제 GAN으로 이미지를 생성할 수

GAN의 활용
자료: Naver 이항석 자료 활용

있게 되면서 일일이 디자이너들이 디테일을 그릴 것 없이 입력만 하면 디자인이 나오게 된다. 즉 스케치만 주면 다양한 디자인을 만들어낼 수 있게 된 것이다.

Smart Transform

인공지능의 활용전략과 사례

인공지능의 빠른 기술적 진보로 인하여 인간은 인공지능을 어떻게 활용할 것인지 고민할 필요가 있다. 필자는 여기에 대하여 두 가지 방향을 제시하고자 한다. 첫 번째로는 인공지능을 이해하면서 활용하자는 것과 두 번째는 인공지능을 이해없이 손쉽게 활용하자는 것이다. 전자는 설명 가능한 인공지능XAI; Explainable AI이, 후자는 프로그램 없이 인공지능을 엑셀처럼 쉽게 사용하는 연구auto learning가 부상하고 있다.

●● 인간과 소통

왓슨에 2011년에 인간이 참패하고, 알파고에 이세돌 구단이 애석하게 패했지만, 인공지능이 무슨 생각으로 그 수를 놓았는지는 설명할 수 없었기 때문에 설명 가능한 인공지능의 필요성이 인식되었다. 미래에는 반복되는 일은 로봇이 하고, 창조적인 일은 인간이 하게 될 것으로 예측되면서, 로봇과 인간이 공존하는 사회를 위해 모라벡 패러독스의 해결을 위해서는 소통이 필요하다.

예를 들면, 트레이닝 데이터를 가지고 '이것이 고양이다.'라는 식으로 트레이닝을 하면, 왜 그것을 고양이라고 생각했는지는 설명되지 않는다. 그러나 러닝을 하게 되면 '발톱이 이렇게 생겼고 털이 이렇게 생겼다' 등 결과로 고양이인 이유를 설명할 수 있다. 즉, 소통할 수 있으면 협업이 가능해지기 때문에 Explainable AI가 등장하는 이유가 바로 여기에 있다. 이미 Deep Explanation, Interpretable Models, Model Induction에 대한 많은 연구가 발표되었으며, HCI와 psychology에서도 인간과 협업하기 위한 여러 가지 연구가 진행되고 있다. Deep Explanation은 딥러닝이 굉장히 정확한 반면, 인간이 이를 이해하기는 어려웠기 때문에 정확한 딥러닝을 설명하기 위해 등장하였다.

또한, 현재 인공지능 기술 가운데 옛날부터 쓰이던 Decision Trees는 해상도는 무척 낮지만, 인간이 쉽게 이해할 수 있으므로 딥러닝에서 설명 가능한 특징features을 끄집어내 Decision Trees와 같은 설명 가능 모델로 만들기도 한다. 이러한 과정을 거치면서 Explainable AI와 인간은 소통, 협업을 통해 예측할 수 있게 되었다. 국내에서도 카이스트의 예종철 교수의 연구 결과는 딥러닝이 헹켈 행렬 기저 함수로 표시되고 예측 및 최적화가 가능하다는 것으로, 데이터의 양과 딥러닝의 depth를 얼마로 할 것인가를 최적화하는 연구가 진행 중이다.

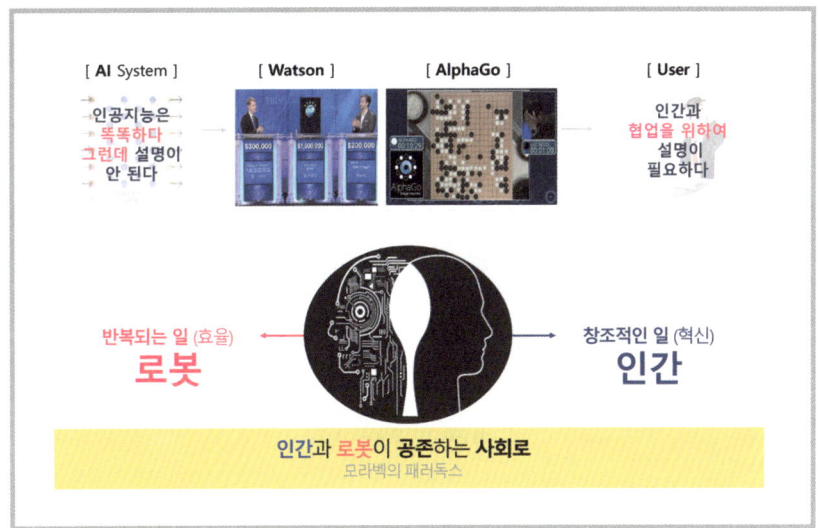

모라벡의 패러독스
자료: Naver 이항석 자료 활용

•• 인공지능의 활용 인프라 구축

인공지능의 활용을 위해서는 교육이 필요하다. 현재 인공지능을 배울 수 있는 경로로는 구글의 텐서플로우가 대표적이며, 이외에도 마이크로소프트의 Cognitive Toolkit을 비롯한 여러 개방 생태계가 있다.

텐서플로우는 머신러닝 알고리즘 모델을 훈련하는 구글의 개방 생태계로 데이터 기반의 플로 그래프 data flow graph 라이브러리를 제공하는데, 노드는 수학 연산, 에지의 다차원 배열을 텐서 tensor 라고 한다. 텐서보드에서 운영 정보의 모니터링과 최적화와 디버깅을 하고, 그래프 상세 정보와 매개변수 통계를 제공하며 텐서플로우 서빙에서 운영한다. 데이터로부터 학습하고 나서 실제 데이터를 기반으로 결과를 반영하는 구조이다.

그러나 텐서플로우 학습은 일반인들이 배워서 활용하기 어려우므로, 스스로 학습능력learn how to learn을 배우는 메타 학습AutoML이 등장하고 있다. 기존 텐서플로우의 데이터 acquisition, exploration, preparation, engineering, model selection, model training, hyper parameter predictions 등을 건너뛰고, 입력과 예측된 결과만 제시하면 중간 과정은 스스로 알아서 처리한다. 이는 복잡한 파이썬 프로그램이 필요 없는 미래의 인공지능 모습이라고 할 수 있으며, 이것이 인공지능 활용을 위한 현장 교육의 핵심이다.

아프리카에서 서식하는 야생동물의 행대가 어떤가를 알기 위해 사진을 AutoML에 입력하여 분석 조사한 결과, 스스로 배워서 이후에는 움직이는 모습으로 어느 동물인지 알 수 있게 되었다. 연구실에서 대자연까지 누구나 쓸 수 있게 한다는 것이 구글의 목표이다.

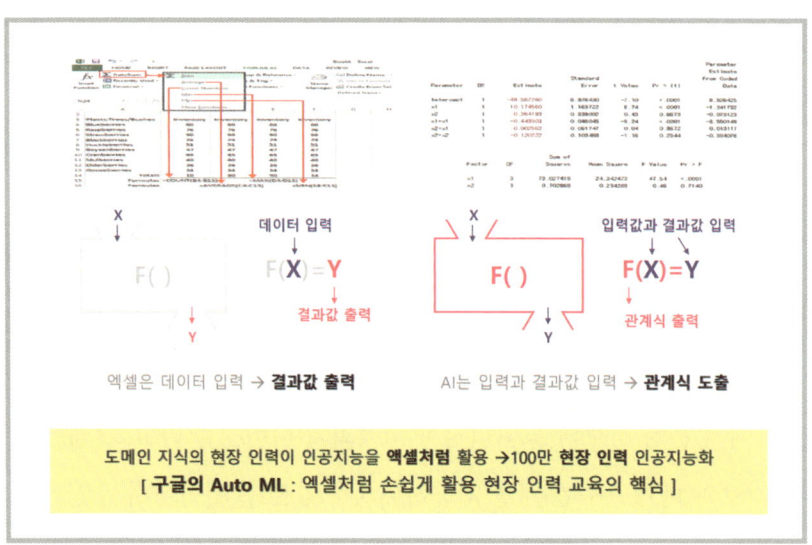

Auto ML의 원리

한국의 T3Q라는 벤처기업은 엑셀과 같은 방식으로 인공지능을 사용하는 사업을 전개 중이며, 현재 유사한 사업체들이 속속 등장하고 있다. T3Q의 사례를 좀 더 살펴보면 치아교정과 두부 계측점 자동추적에 인공지능을 접목하였으며, 손해보험사 자동차 식별에도 적용 중이다.

이를 동일하게 공장, 영업, 업무, 헬스, 모빌리티, 에너지와 환경, 농업, 콘텐츠 등의 다양한 분야에서 활용할 수 있다. 해외에서도 페툼Petuum이라는 스타트업이 금융과 의료에 전문적으로 인공지능을 표준화된 블록딜을 구성하고, 이를 레고처럼 조합하여 쓸 수 있는 AI 플랫폼을 만들고 있다.

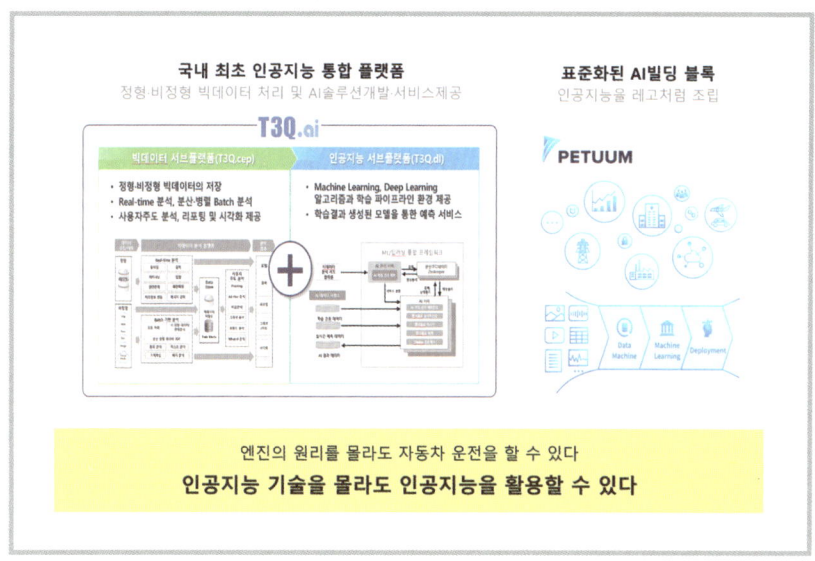

인공지능 활용 프로그램
자료: T3Q

궁극적으로 인공지능 활용은 엑셀 수준에 접근하게 될 것이며, 도메인 지식이 있는 현장 인력이 쉽게 사용할 수 있게 될 것이다. 또한, 현장의 전문인력이 손쉽게 인공지능을 쓸 수 있도록 관련 인프라가 구축되고 있다.

2018년 5월에 발표된 A.I R&D 정책에 따르면, 정부는 AI 프로젝트 교육을 통하여 응용분야의 인공지능 프로젝트에 4년간 20억 이상을 투입할 것이라고 한다. 여기에는 AI 실무교육을 위해 특화된 비즈니스 교육에 매년 600명을 선발하고, 민간 액셀러레이터를 활용하여 150명을 교육하는 계획이 포함되어 있다. 이외에도 MOOC의 활용 확대를 위해 70개 강좌를 개설하고, 대학의 AI 강좌 확대를 지원하면서 전남대를 비롯한 몇몇 대학에서도 AI 교육이 점차적으로 확대되고 있다.

또한 지역차원에서도 서울시는 KAIST와 협력하여 양재 R&CD 센터를 설립하고 인공지능 개발 인력과 활용인력을 양성하고 있으며, 광주에서도 GIST와 과기부가 협력한 인공지능 연구센터 설립이 확정되었고, 대구에서도 NIA가 인공지능 활용 플랫폼을 운영하고 있다. 그리고 민간에서도 솔트룩스와 같은 AI 전문기업이 인공지능 교육 사업에 뛰어들었으며, 패스트 캠퍼스, DS School과 같은 에듀테크 기업들도 다양한 교육을 제공하고 있다.

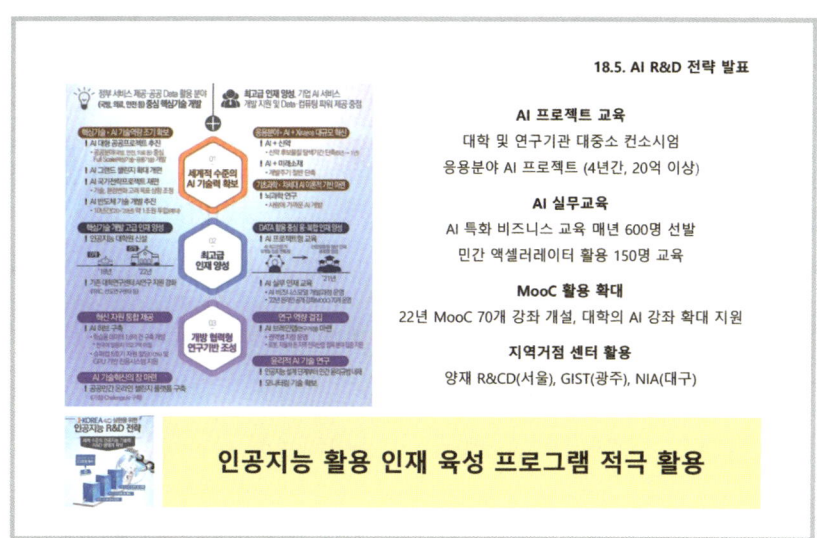

인공지능 활용 정책

인공지능 활용 분야

비서 인공지능과 융합혁신

3차 산업혁명이 만든 인터넷의 연결로 데이터가 누적되고, 누적된 데이터가 구조화되면서 지능이 만들어지므로, 데이터란 지능의 구조화라고도 할 수 있다. 이를 사회 전체로 대입하면, 시장 경제는 공급과 수요가 시장을 매개로 연결된 굉장히 복잡한 구조이기 때문에 시장의 선택은 고비용 구조였다. 이는 대부분 기업이 마케팅에 많은 투자를 하였으나, 인터넷으로 연결비용이 극적으로 감소하면서 새로운 전환점이 마련되고 있다.

여기에 지능 혁명이 들어오면서부터 선택 비용 또한 감소하기 시작하였다. 현재는 웹 검색의 시대에서 앱 추천의 시대로 가는 중이며, 검색과 추천이 합쳐져서 시장 비용이 급속히 감소하고 있다. 공급 쪽에서도 지능이 활용되어 B2B 인공지능인 IBM 왓슨이나 구글 클라우드, 아마존 웹서비스 같은 것을 통해 지능적인 공급 시스템을 갖추기 시작하였다. 이제 소비자들은 수요에 융합지능을 갖추고, 챗봇 등과 스마트폰의 인공지능 비서들이 등장하면서 수요공급 시장이 지능으로 융합 혁신social innovation을 하는 4차 산업혁명이 시작되었다고 할 수 있다.

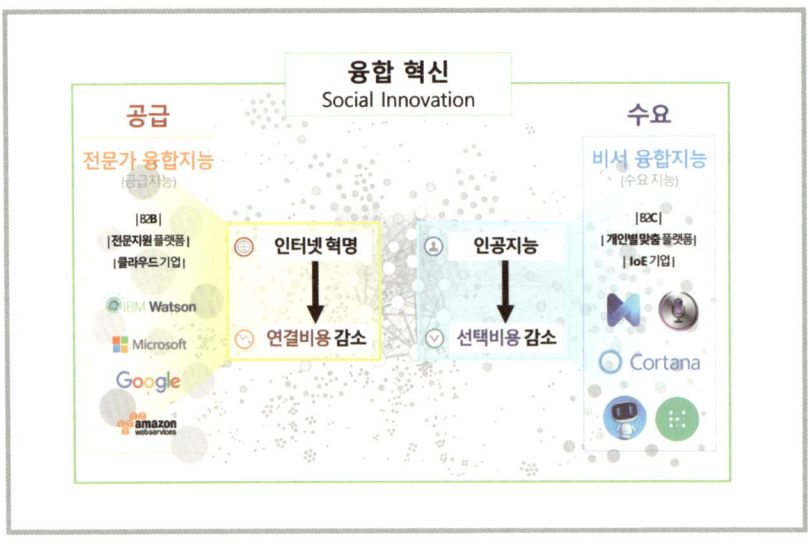

인공지능을 통한 융합 혁신

● 다양한 인공지능 서비스

인간을 도와주는 비서 인공지능을 보면, 융합 지능에서 제일 먼저 등장한 것이 인공지능 스피커들이다. 이미 시장에는 다양한 챗봇들이 등장하였고, 특히 아마존 에코와 네이버 클로버가 부상하고 있다. 인공지능 비서도 Siri를 포함해 MS의 Cortana, 구글 Assistant가 등장했고, 빅스비는 카카오와 결합하고 있으며, SNS에서도 페이스북이 물품 구매, 전달, 식당 추천 등을 인공지능을 바탕으로 수행하고 있다.

인간이 해야 할 수많은 판단 역할을 인공지능이 도와주면서 챗봇 경쟁이 심화되고 있다. 2017년 CES에서 수많은 회사가 알렉사를 탑재하여 나왔고, 2017년 1분기에 아마존이 압도적인 시장점유율을 기록하면서 2017년은 아마존 알렉사의 시대라고 할 수 있었다. 그리고 2018년 불과 1년 만에 구글이 앞서고 있는데 이는 데이터의 힘이며,

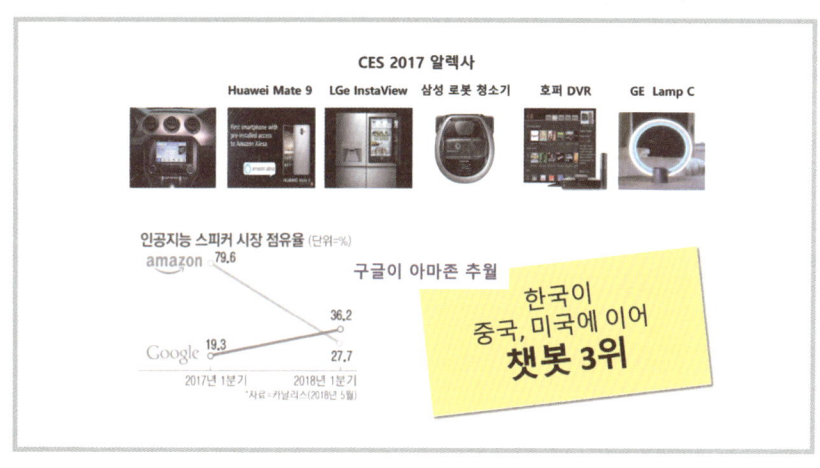

AI 스피커

한국도 이러한 시대 변화에 발맞춰 챗봇 소비 3위로 부상 중이다. 이미 인공지능은 가정에도 활용되면서, 구글의 Home, 애플의 Homekit, 엘지의 Smart ThingQ, 삼성의 Smart Things 등이 스마트홈을 지향한다.

또한 인공지능을 활용한 다양한 로봇들이 등장하고 있는데 그 예로 아마존의 물류 로봇 키바와 한국 달콤커피에서 사용하는 로봇 바리스타 비트가 있으며, 이외에도 호텔 로봇, 공항 안내 로봇, 청소 로봇 등 사용 영역도 다양하다. 리테일 쪽에서도 아마존고[Amazon Go], 피자와 드론 배달 로봇, 그리고 우리의 성별, 동선, 특이사항 이런 것들을 전부 분석하는 아우라 비전의 AI 리테일 같은 것이 등장하고 있다.

의료 분야에서도 음성 인식 기반의 원격진료를 하고, 음성 인식 기반의 의료 정보 서비스를 제공하고 있으며, 교육에서 인공지능이 등장했는데, 아프리카의 교사 부족 문제를 야네투[YaNetu]가 교육용 태블릿으로 해결해가고 있다. 세계에서 가장 우수한 출판사 중에 하나인 Inkitt는 책을 24권 출판했는데, 그중 22권이 50위권 이내 베스트셀러가 되었다. 그리고 저자 인세는 온라인은 25%, 오프라인은 51%로 많이 주는데, 편집자는 특정인이 아닌 독자와 인공지능이 편집자이다. 즉 인간과 인공지능의 협업 시대가 시작되면서 AI as a Service[AaaS]가 구현되고 있는 것이다.

AI as a Service[AaaS]에서 인공지능 알고리즘 개발 그 자체보다는 인공지능을 어떻게 활용할 것인지와 그 사업 기회를 도출하는 것이 더욱 중요하다. IBM 셰프 왓슨은 본아뻬띠와 손을 잡고 인공지능 기반의 인지 컴퓨팅 요리를 제공하는데, 갖고 있는 정보, 날씨, 재료들을 분석해서 새로운 요리법을 제안하고 있다. 의료인을 도와주고 지금까지 직접 진단하던 것들을 메디컬 어시스턴스가 등장해서 대부분 문제를 사전 정리하여 업무의 80% 이상이 줄어 저녁이 있는 삶이 가능해지고 있는 것이다. 또한 Global trade logistics에서도 세계 최대 해운회사인 머스크사와 IBM이 하이퍼레저를 바탕으로 블록체인 기반의 인공지능 물류 시스템을 구축하고 있다.

이외에도 항공 분야에서는 운항 자료를 가지고 시간, 연료 등을 절약하고 있으며, 자연어 처리 기술로 콜센터를 운영한 기업사례를 보면 문제 해결률은 85% 상승하고, 문의 이메일은 22% 감소하는 성과를 달성했으며, 감정적 단계까지 고객 응대에 활용하고 있다. 또한 로봇 저널리즘, 인공적인 로봇은 물론이고 물류를 자동화하였더니 오류 비

AI as a Service

용이 대략 10~20% 감소하였다. 로봇 저널리즘 분야에서도 이미 수많은 증권 분석 기사를 로봇이 쓰고 있으며, 국내에서도 파이낸셜뉴스와 서울대 HCI+D 랩이 이를 시작하였다.

다음소프트는 로보어드바이저Roboadvisor로 시뮬레이션한 결과, 동일한 기간동안 미국 S&P500 지수보다 월등한 성과를 보였다. 구글의 AI는 시인으로 데뷔하여 보고서뿐만 아니라 시와 소설도 쓰고 있으며, 이미 튜링 테스트[19]를 거쳤다. 특히 인공지능은 음악과 미술도 가능한데, 사람이 입력하면 그것을 다시 정리하는 방식으로, Neural synthesizer이란 기술을 가지고 구글 브레인과 딥마인드를 했더니, 30만 개의 지금까지 없던 음이 만들어졌다.

국내에서도 장병탁 교수팀에서는 만화영화의 스토리를 만들고 장면들을 분석해서 새로운 만화영화를 쉽게 만드는 방법과 맞춤 만화영화를 보는 사람들이 선택할 수 있는 시나리오를 만들 수 있는 기술이 개발 중이며, 만화 자동 채색도 당연히 가능하다. 이러한 만화 자동 채색을 통해서 많은 만화 제작의 비용과 시간을 줄일 수 있고, 저해상도를 고해상도로 바꿀 수도 있다.

나아가 인공지능은 음성을 합성하고, 음악을 작곡하고, 비디오의 소리를 복원할 수 있으며, 유명 화가 클림트의 작품을 따라 하고, 글을 쓰고, 손글씨도 쓸 수 있다. 이미 붓을 든 인공지능 아론, 작곡

---

[19] 기계가 인간과 얼마나 비슷하게 대화할 수 있는지를 기준으로 기계에 지능이 있는지를 판별하고자 하는 테스트

하는 인공지능 클리타, 춤추는 로봇 키봇, 그림을 음악으로 전환하는 Pictomusic 등이 등장하고 있지만, 아직 저작권 문제가 남아있다. 또한 인공지능은 이제 인간 고유의 영역으로도 들어와서, 인간이 깜빡하는 원인으로 예상되는 불필요한 정보를 지워서 새로운 해마(저장공간)를 마련하려는 뇌의 프로세스(인간의 블랙박스 신경망)를 활용하여, 생체학 컴퓨팅에 사용될 것으로 기대되고 있다. 이를 이용하여 인간의 언어를 그대로 해석하고 인지하는 기술로 발달하고 있으며 뇌의 작용을 넘어 체세포 단위까지 발달하고 있다.

그리고 존스홉킨스대학에서 수성 겔을 이용하여 변이, 성장하는 소프트 로봇을 개발했는데, 미세한 손끝 떨림에 느껴지는 압력과 긴장

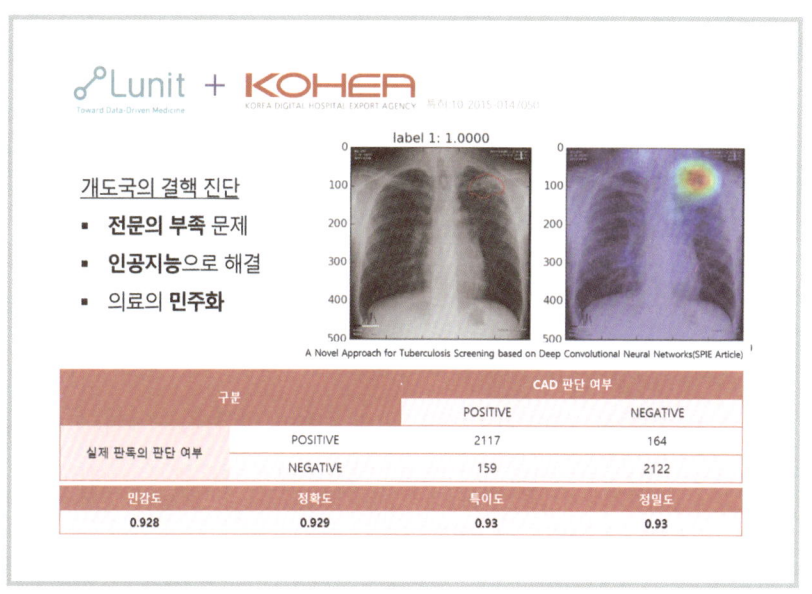

인공지능을 활용한 폐렴 진단
자료: KOHEA(2015)

감의 경험을 흉내 내어 외과수술 등 산업적 형태로 사용할 예정이다. 국내에서는 VUNO가 심전도로 빈맥성 부정맥을 예측하였고, 개도국의 결핵 진단을 위해서 한국디지털병원수출조합이 Lunit과 함께 전문의 부족 문제를 해결할 결핵을 진단하는 패키지를 개발했는데, 현재 93% 정확도를 보이고 있다.

이외에도 인공지능은 다양한 산업에서 활용되고 있다. 인공지능은 텍스트를 읽기도 하는데, 구글 썬루프팀에서 구글 어스의 지도를 가지고 depth 센서를 활용하여 3차원 모델을 만들어 신경망 모델로 분석한 후, 태양광 패널로 얼마나 에너지를 만들 수 있는지 분석해 절약 효과를 예측하기도 한다. 그리고 인구 통계로 선거 결과를 예측하는데, 예를 들어 자동차를 보고 세단과 픽업트럭의 수를 비교하여 해당지역의 선거결과를 예측하기도 한다. 또한, 딥러닝 네트워크를 스스로 만드는 딥러닝 네트워크가 출현하여 딥러닝으로 점탄성 계산을 수행해 지진예측이 가능하고, 계산 시간을 50000% 향상시킬 수 있다.

- **인공지능과 감성 컴퓨팅**

인공지능의 감성 컴퓨팅affective computing도 지금 개발 중인데 감성 컴퓨팅의 핵심기술은 딥러닝, 인공지능, 뉴럴 네트워크, 빅데이터이며, 스피치, 감정 탐지, 보디 제스처가 감성 컴퓨팅의 3대 분야이다. 이러한 감성 컴퓨팅을 하기 위해서 구글 브레인 프로젝트에서는 이미지로 감정을 인지하는 시도를 하였다. 이외에도 레노버의 에어클래스Air Class는 웹캠 기반으로 학습자의 학습 집중력을 모니터링하고, 톤 애널라이저Ton Analyzer는 고객 텍스트를 통해 감성을 분석하기도 한다.

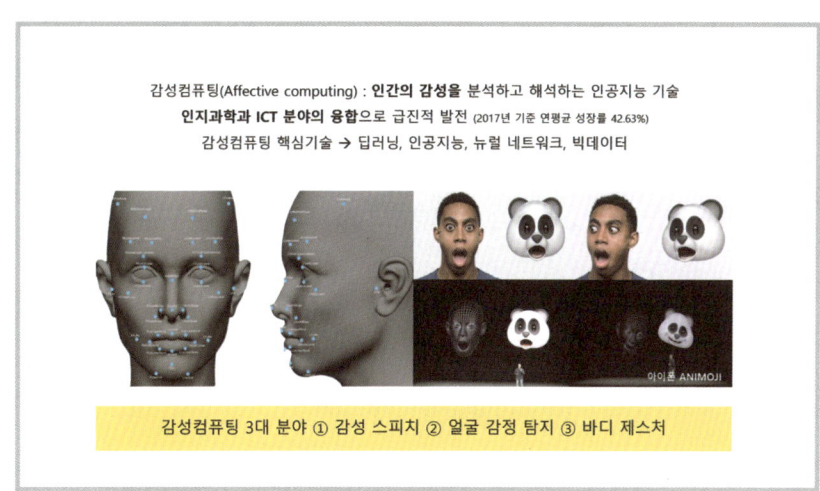

인공지능과 감성 컴퓨팅

　인공지능은 점점 인간과 기계의 경계를 허물어 나가고 있으며 생체와 같은 자생력을 가지며, 부드러운 피부, 신체적 변이, 질감의 차이, 자연언어, 건망증 같은 실수를 하기도 한다. 인공지능이 발전하면

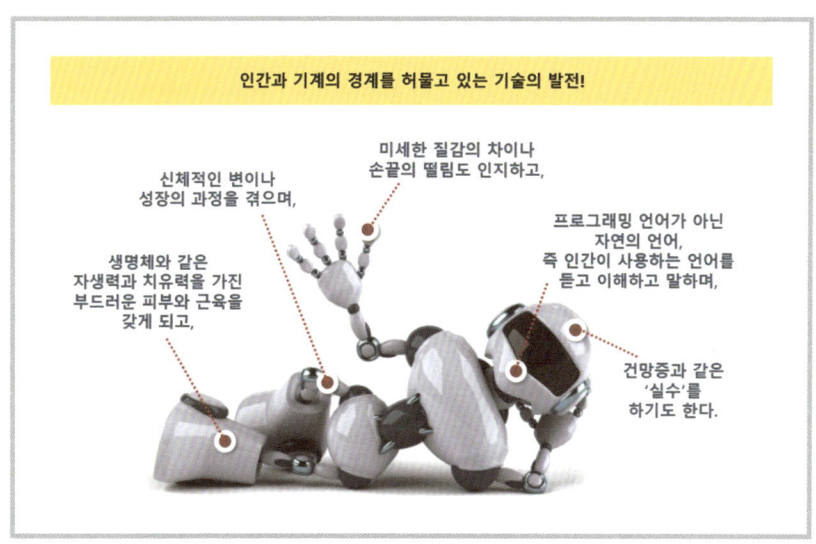

감성 컴퓨팅의 발전

서 고도의 정확성과 정밀함, 극한 환경의 작업에 적용, 일상에 주는 편리성, 조직력과 빠른 정보 접근, 반복 노동의 효율성, 의학적 작용, 휴식 불필요 등에 강점을 보이고 있다. 그리고 인공지능이 가지고 있는 상상력 부족, 윤리적 논란, 인간 노동 대체, 고비용은 향후에 풀어야 할 과제로 남아있다.

인공지능과 보안

그러나 인공지능 기술의 발전이 항상 긍정적인 요소만을 가져오는 것만은 아니다. 인공지능이 대두되면서 전통적인 보안의 문제가 발생하고 있다. 해커들보다 늦은 대응, 해커기술의 발전, 보안기술의 접근의 어려움, 데이터 부재 등의 문제들은 사람이 대응하기에는 한계가 있어, 인공지능이 스스로 공격을 미리 예측하고 탐지하고 대응할 수 있는 시스템이 필요하다.

이미 2016년부터 급속히 머신러닝 기술이 Cyber security에 적용되고 있다. 전통적인 보안 데이터들, 매일 올라오는 보안 이벤트, 그 중에 보고된 취약점 등 이처럼 인간에 의해 생성된 지식을 인간이 모두 감당하는 것은 한계가 있으므로 인공지능의 활용이 필요하다. 침입 탐지 및 대응, 악성코드 분석, SW 취약점 점검, 앤드 포인트 보안 및 자동화, 선제적 방어, 속도 향상, 비용 절감 등은 인간이 아닌 인공지능의 도움을 받는다면 한 차원 높은 보안이 가능하다.

이러한 보안시스템 구축은 데이터 입력 관점에서 악성코드 샘플, SW 취약점 룰, 수집 데이터, 학습 데이터를 인공지능이 분석해서 솔루션별로 인공지능 기술을 적용한 악성코드 탐지 및 차단, 악성코드 분석 및 리포팅, SW 취약점 진단 및 제거, 이상 행위 탐지 및 대응도 가능하다. 실제 CISCO는 AI를 활용한 'AMP Advanced Malware Protection'라는 기술을 개발하였다. 해당 기술은 악성코드 행위를 분석해주는 시스템으로서 약 700여 개나 되는 행위요인을 다룬다. IBM도 '왓슨 포 사이버

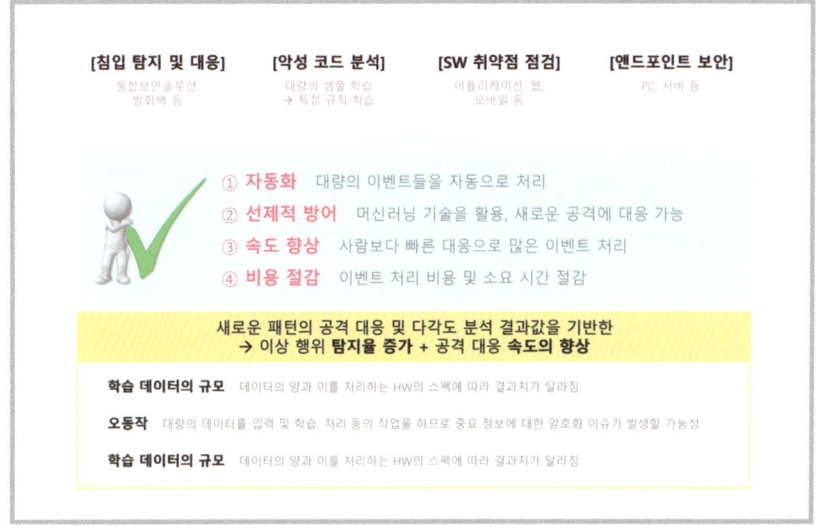

인공지능과 보안

시큐리티 Watson for Cyber Security'를 통해 보안 운영자가 시스템과 대화하면서 사이버 공격 현황을 쉽게 파악할 수 있는 솔루션을 제공하고 있다. 그리고 AI 알고리즘 '휴리스틱 Heuristic'을 적용한 '사이버 게놈' 기술도 주목을 받고 있다. 사이버 게놈은 악성코드의 공통 패턴을 학습해 신규 악성코드를 탐지하는 기술로서 신규 악성 공격에 대한 대응력을 높인다.

●● 하드웨어 엣지(edge)와 소프트웨어 클라우드(cloud)

인공지능이 다양한 분야에서 범용적으로 활용되고 있지만 모든 데이터가 한 곳(클라우드)에 집중되면서 데이터의 병목현상과 네트워크가 끊긴 경우를 대비한 플랜 B가 필요하다. 즉 전체가 모인 가상 세계의 클라우드만이 아니라 말단edge의 현실에서도 인공지능이 필요성이 대두된 것이다.

이러한 논리는 인간에게도 마찬가지이다. 인간의 지능은 뇌뿐 아니라 몸 전체에도 분산되어 있으며, 말단edge에서 인공지능을 소프트웨어로만이 아닌 하드웨어로도 구현할 수 있도록 하자는 것이 엣지 컴퓨팅Edge computing이다. 클라우드 쪽에서는 양자 컴퓨팅이, 하드웨어 쪽에서는 칩이 주도할 것으로 예상되며, 인간 두뇌에 해당하는 칩까지 가는 것이 궁극적인 목표이다.

이미 글로벌 기업들은 인공지능 칩 개발에 도전하고 있다. IBM은 2014년에 트루노스를 발표하면서 관련 연구를 선도하였고, 이후에 구글은 AI 반도체 TPU를 개발하고, MS가 브레인웨이브Brainwave의 외부사업화를 통해 클라우드에서 엣지의 영역으로 확장하고 있다. 반면 애플은 자체적으로 개발한 A11 Bionic Chip을 iPhone X에 탑재하면서 엣지단에서 역량을 강화하고 있다. 또한 소프트뱅크는 영국의 CPU 반도체 기업 ARM을 인수하고 NVIDIA에 투자하면서 AI-chip사업을 가속화하고 있다. 특히 NVIDIA는 자율주행 부분에 전력을 기울이고 있으며, NVIDIA DRIV라는 AI 자동차 플랫폼을 구축하였고 전 세계 225개 기업이 이 플랫폼을 채택하였다.[20]

엣지 컴퓨팅 주도권 경쟁에 클라우드 서비스 사업자와 통신사들도 뛰어들고 있다. 아마존과 MS는 AWS Greengrass, MS Azure IoT Edge를 런칭하였다. 이는 자신들의 구현한 클라우드 서비스를 로컬 네트워크를 통해 개별 단에서 쓸 수 있도록 지원하는 서비스이다. 그리고 버라이즌 AT&T도 5G MEC(Multi-access Edge Computing)를 구축하여 기존의 4단계로 이어지던 데이터의 처리를 2단계로 단축하였다.

국내에서도 삼성전자가 엣지X 파운드리(EdgeX Foundry) 표준 개발에 합류하였으며, 엑시노트 9810을 개발하면서 삼성전자도 데이터 회사임을 천명하였다. 그리고 최근에는 엑시노트 9820을 개발하여 갤럭시S10에 이를 탑재하였다. 비단 대기업만이 아니라 국내 벤처기업인 네패스가 만든 NM500은 576개 뉴런을 가지고 있으며, image/video recognition을 별도의 프로그램 없이 바로 시행할 수 있다. 또한 이러한 인공지능칩은 지금의 인공지능처럼 막대한 전력 소모를 최소화하기 위해 유기 칩으로 진화해야 하며(뉴로모픽칩), 크기도 모든 디바이스에 사용 가능한 1mm 이하로 지속적으로 발전할 것이다. 개별단에서 이러한 인공지능 칩이 개발된다면 가전과 디스플레이가 발전된 한국의 전자산업에 새로운 기회를 만들어줄 것이다.

---
20) https://www.nvidia.com/ko-kr/about-nvidia/ai-computing/

•• 인공지능의 3대전략

인공지능의 기술발전과 다양한 분야로의 확산에 대응하여 인공지능을 어떻게 활용하고 개발할 것인지에 대한 3대 전략을 제시하고자 한다. 인공지능을 접목한 시장의 변화가 전체 시장의 50%에 육박할 것으로 예측되면서, 자체적인 기술개발보다 활용에 집중할 필요가 있다. 특히 주요 알고리즘이 오픈소스로 공개되면서 이를 적극적으로 활용하되 차별화를 위한 데이터 확보 전략이 필요하다.

공유문화가 확산되지 않은 실리콘밸리와 비교하여 한국은 이를 촉진할 방안이 필요하다. 그리고 인공지능 활용 사례를 공유하고 인공지능을 학습할 데이터 공유를 촉진하기 위해 공유기업에 대한 인센티브가 필요한 시점이다.

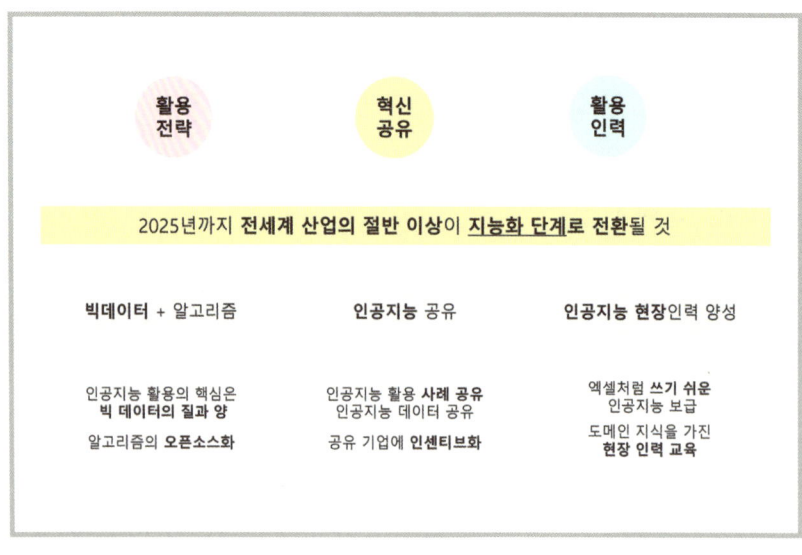

인공지능의 3대 전략

마지막으로 정부와 민간에 인공지능 활용과 개발 인력 육성을 위한 다양한 교육 인프라가 형성되고 있으나, 산업 전반에 적용되기에는 매우 부족하다. 인공지능을 손쉽게 활용할 수 있는 프로그램 확산과 도메인 지식을 가진 현장 인력을 위한 교육 확산이 병행되어야 한다.

Smart Transform

5장
6대 아날로그 트랜스폼

Smart Transform

욕망을 디자인하는 기술, O2O 서비스 디자인

●● 4차 산업혁명과 경험경제 시대의 도래

요즘 산업혁명에 대해 다룬 책들이 넘친다. 그 많은 책들이 공통적으로 다루는 내용 중 하나는 산업혁명이 있을 때마다 경제의 중심축이 매번 이동해왔다는 것이다. 1, 2차 산업혁명을 통해 농업경제에서 산업경제로, 3차 산업혁명을 통해 산업경제에서 서비스경제로 이동했고, 최근 들어서는 4차 산업혁명을 통해 서비스경제에서 경험경제로 경제의 중심축이 이동하고 있다.

그런데 위 책들에서 다루지 않고 있는 내용이 있다. 4차 산업혁명에서는 기술과 욕망의 헤게모니가 변화하고 있다는 내용이다. 산업이란 생산(기술)과 소비(욕망)가 비즈니스로 연결되어 순환하는 것을 의미한다. 이전까지는 기술의 발전이 산업혁명을 주도해 왔다. 인간의 보편적인 욕망들을 충족시켜줄만한 기술들이 부족했기 때문이다. 하지만 이제 기술은 차고 넘친다. 일반 대중들이 그 발전 속도를 미처 따라가지 못할 정도이다.

경험경제 시대에 산업계가 던져야할 핵심질문은 더 이상 '무엇을 해야 하는가?'가 아니다. '왜 해야 하는가?'를 생각해야 한다. 앞으로는 인간의 욕구를 파악하는 역량이 비즈니스의 핵심이 될 것이다. 우리가 O2O 서비스 디자인에 주목해야 하는 이유다.

•• 경계를 초월한 경쟁에서 살아남는 방법

디자인이 무엇인지 한마디로 설명할 수 있는가? 아마 디자인이 무엇인지에 대해 명확히 정의내릴 수 있는 사람은 극히 드물 것이다. 이럴 때일수록 본질에 집중하면 시야가 명확해진다. 우리는 왜 디자인을 하는가? 디자인의 목적은 무엇인가?

제품 디자이너건, 서비스 디자이너건 고객의 욕망을 보다 더 잘 최적화시키기 위한 결과물을 내기 위해 고민한다. 제품 디자인은 제품을 최적화시키기 위한 활동이고, 서비스 디자인은 서비스를 최적화시키기 위한 활동이다. 그렇다면 O2O 서비스 디자인은 무엇일까? 인간의 욕망을 현실과 가상의 융합을 통해 최적화시키는 것을 O2O 서비스 디자인이라 한다. 현실과 가상이 융합하면 제품과 서비스의 경계는 모호해지고, 최적화 시켜야할 고객의 욕망만 남는다.

이제 만들면 팔리던 결핍의 시대를 넘어 과잉의 시대가 되었다. 소비자들이 추구하는 욕망도 점차 저차원의 것에서 고차원의 것으로 발전하고 있고, 욕망의 변화속도 또한 빨라지고 있다. 고도화된 소비자들의 요구를 신속하게 파악하여 대응할 수 있는 제공자들만 살아남을 수 있는 시대인 것이다. 이제는 절대 전후좌우만 보고 경쟁해서는 안된다. 경쟁자는 다양한 차원에 존재한다. 그들과의 생존경쟁에서 승리하기 위해서는 기존의 경쟁 패러다임에서 탈피해 시대에 맞는 방식으로 경쟁력을 확보할 필요가 있다.

O2O 서비스 디자인의 시작은 개인과 사회가 무엇을 필요로 하며, 무엇을 욕망하는지 파악하는 것이다. 오븐을 예로 들어보자. 오븐을 구입하려는 사람들이 가진 욕망은 무엇일까? 식재료를 보다 잘 굽기 위함인가? 그렇다면 식재료를 잘 굽고자하는 근본적인 이유는 무엇인가? 소비자는 식재료를 좀 더 간편하면서도 맛있게 요리하기 위해 오븐을 구입한다. 좀 더 나은 식사에 대한 욕망을 해소하기 위해 오븐을 구입하는 것이다.

만약 오븐을 생산하는 업체들이 앞으로도 오븐 자체의 기능향상과 원가절감에만 초점을 맞춰 기술개발을 한다고 가정해보자. 개발된 오븐들은 기존의 것보다 좀 더 높은 온도를 내고, 좀 더 간편하고, 좀 더 안전할 것이다. 그러나 만약 오븐 제조사들끼리 기능향상과 원가절감 경쟁을 하는 도중에 실용성 높은 Food 3D프린터가 출시된다면 어떨까? 소비자가 원하는 음식을 단 한 번의 클릭으로 요리해주는 이 3D프린터는 오븐의 기능은 없지만 오븐이 차지하고 있는 시장을 점차 잠식해나갈 것이다.

넷플릭스는 자신들의 경쟁자를 레스토랑과 놀이터로 정의 내렸다.

나이키는 자신들의 경쟁상대로 아디다스가 아닌 닌텐도를 지목했다. 나이키와 닌텐도는 언뜻 보면 무관해보이지만 좀 더 나은 여가시간을 보내고자하는 인간의 욕망을 해결하려 한다는 점에서 공통점이 있다. 소비자들이 닌텐도 게임에 빠져 집에만 머물러 신발을 신는 일이 적어진다면 굳이 새 나이키 신발을 사지 않게 될 것이다.

공급과 기술이 넘치는 오늘날에는 언제 어디서 파괴적 혁신이 일어날지 모른다. 기존의 경쟁 패러다임에 의한 스펙경쟁, 가격경쟁에만 매몰되었다가는 어느새 예상치 못한 경쟁자가 나타나 소비자를 빼앗아갈지 모르는 일이다. 소비자가 갈망하는 근원적인 욕망을 파악하고, 이를 최적화시키기 위한 방법들을 끊임없이 고민해야 한다. "필요한 건 세탁이지 세탁기가 아니잖아요."라는 백준상 울산과학기술원 디자인 및 인간공학부 교수의 말은 이러한 경쟁의 본질을 가장 잘 표현하고 있다. 세탁기 제조사는 같은 세탁기 제조사들과의 경쟁만 신경 쓸 것이 아니라 모바일을 통해 세탁물 세탁 서비스(수거, 세탁, 세탁 후 배달)를 제공하는 스타트업과도 경쟁해야 한다는 것이다.

과거에는 문제해결을 위한 방법이 한정적이었지만 기술의 급속한 발전으로 인해 문제해결 방법들도 다양해지고 있다. 그 결과 기성 기업보다 더 나은 방법을 제공하기 위한 시도가 산업 곳곳에서 출현하고 있다. 신규 도전자들은 기존 기업들과는 다른 새로운 방법으로 고객들의 마음을 재빠르게 사로잡아야 하는 반면에 기성 기업들은 새로운 도전자의 공격에서 자신의 비즈니스를 수성해야 한다. 그 결과 더 이상 제품과 서비스, 온라인과 오프라인의 경계가 사라지고 있으며, 과거의 산업 패러다임에서 탈피해 끊임없이 혁신이 요구되고 있다. 혁신의 방향은 현실과 가상의 경계를 초월하고, 고객의 욕망을 중심으로 비즈니스를 일구어 나가야 한다.

그러면 우리는 어떤 방식으로 스마트 트랜스폼을 추진해야 할까? 마땅한 가이드라인은 있는 것일까? 이런 고민을 하고 있을 독자를 위해 몇 가지 사례와 함께 스마트 트랜스폼을 추진하고자할 때 참고할 수 있는 KCERN의 'O2O 서비스 디자인 8단계 프로세스'를 제시해 보고자 한다.

●● 사례로 살펴보는 O2O 서비스 디자인

● 패션산업을 혁신한 Inditex(Zara)

Inditex를 창업하여 Zara를 세계적인 패션 브랜드로 키워낸 아만시오 오르테가는 패션산업을 생선장사에 비유했다. 패션산업은 산업특성상 재고의 가치가 시간흐름에 따라 급속도로 낮아진다는 특징이 있다. 소비자들이 트렌드에 굉장히 민감하기 때문이다. 유행이 지난 제품은 상한 생선처럼 가치가 낮아진다.

오르테가는 소비자들이 최신유행을 선도하는 의류를 원한다는 욕망을 발굴했다. 게다가 소비자들은 남들과 같은 옷을 원하지 않았다. 길가다가 같은 옷을 입은 사람과 마주쳤을 때의 민망함을 상상해보아라. 이러한 소비자의 욕망을 만족시키기 위해서는 고객반응을 실시간으로 수집하여 제품에 즉각 반영할 수 있는 시스템이 필요했다. Zara는 이러한 시스템을 선도적으로 도입했다. 매장에 배치 된 POS^{Point of Sales}를 통해 판매되는 제품, 반품되는 제품 등 소비자데이터를 실시간으로 수집했고, 수집 된 데이터는 본사의 디자이너에 의해 실시간으로 제품에 반영시키도록 했다.

Zara는 패션산업의 기존 방식과 다르게 소품종 대량생산하지 않았다. 제품별로 한정된 수량을 생산했고, 한번 생산된 제품과 동일한 제품은 재생산하지 않았다. 제품의 생산, 판매점 분배, 배치 등을 전부 데이터에 의거해 추진했고, 재고최적분배시스템에 의해 재고발생도 방지했다. 실제로 Inditex의 한국지사인 주식회사 자라리테일코리아의 경우 본사에서 받아온 제품의 99%가 매장에서 판매된다고 한다. 본사의 수요예측이 그만큼 정확하다는 것이다.

2000년을 기점으로 패션산업의 중심축은 명품에서 패스트패션으로 이동했다. 정보의 공유·확산 속도가 빨라지면서 유행이 변하는 속도도 빨라졌는데, 기존 명품기업들은 이 속도를 따라가지 못했다. 이런 욕구변화에 적절하게 대응하여 성장한 것이 Zara같은 패션기업이다. 반면 이런 변화를 무시한 명품기업들은 몰락했다. 현재까지 생존해있는 버버리, 구찌, 루이비통 같은 명품기업들은 소비자의 욕망변화에 맞춰 자신을 혁신한 기업들이라는 점을 기억해야 할 것이다.

● 운동화를 혁신한 나이키

나이키는 자신의 경쟁상대로 닌텐도를 지목했다. 나이키는 고객들의 활동적인 야외활동을 위한 상품라인을 가지고 있는데, 여기서 주목할 점은 고객들의 야외활동이 줄어들면 제품소비도 함께 줄어든다는 점이다. 닌텐도나 넷플릭스 같은 기업들은 지난 몇 년간 고객들의 실내 활동시간을 성공적으로 늘려왔다. 기존의 방식으로는 나이키가 닌텐도, 넷플릭스 같은 기업들과의 고객 시간확보 전쟁에서 승리할 수 없다.

그래서 나이키는 피트니스 트래커와 달리기 APP을 출시했다. 고객들이 야외활동에서 얻고자하는 것은 무엇인가? 대부분 즐거움과 건강을 얻기 위해 야외활동을 할 것이다. 나이키는 고객의 즐거움 건강관리 효율을 증가시키기 위해 고객의 달리기 기록을 측정, 코칭, 경쟁할 수 있도록 지원하는 APP과 피트니스 트래커를 출시한 것이다.

나이키 APP에서는 달리기 기록이 추적 및 저장되고, 전문코치 및 운동선수들의 오디오 가이드가 맞춤제공 된다. 또한 정기적으로 진행하는 다양한 도전과제들에 참여할 수 있고, 기록에 따라 트로피와 배지가 수여된다. 리더보드에서 친구들과 서로 경쟁할 수 있고 달리기 중 친구들과 서로 응원하면서 즐겁게 운동할 수 있다. 소비자 욕망의 핵심인 즐거움을 극대화시키기 위한 변화인 것이다.

또한 나이키는 출시 될 제품 디자인 결정에 소비자를 참여시키는 이벤트를 확대시키고 있다. Bespoke ID라는 온라인 커스터마이즈드 서비스를 통해 고객이 원하는 디자인의 신발을 주문제작하는 것도 가능하다. 다양화 된 수요를 놓치지 않기 위한 시도이다.

● 주차장을 혁신한 파킹클라우드(주)

한국의 유망 스타트업인 파킹클라우드(주)는 사업초반엔 오프라인 부문에 주력하다가 2014년부터 스마트 주차 플랫폼 '아이파킹' 개발을 시작했다. '아이파킹'은 주차장의 검색, 출입, 결제, 관리 등을 스마트화한 서비스이다. 파킹클라우드(주)는 주차를 쉽고 편하게 하고자하는 운전자의 욕망과 주차장 관리를 저비용으로 편하게 하고자하는 주차장 소유주의 욕망을 스마트 기술을 중심으로 잘 풀어낸 사례이다.

운전자는 주차장 위치 검색, 가격 비교, 실시간 주차가능 공간 확인, 예약, 결제 등 모든 것을 APP에서 해결 가능해 편리하다. APP에 결

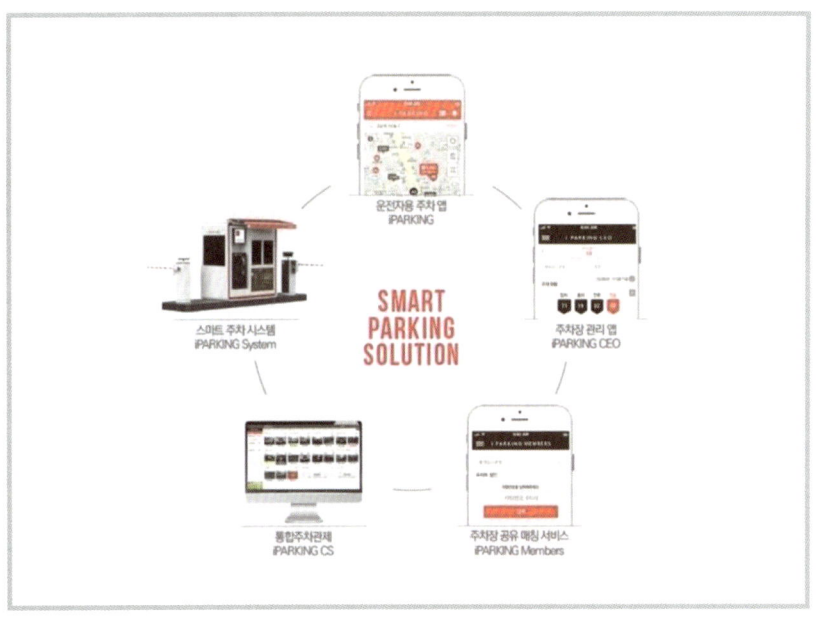

파킹 클라우드
자료: 파킹 클라우드 홈페이지

제정보를 미리 등록해 두면 고속도로 톨게이트 하이패스처럼 주차요금이 자동 계산돼 입출차시 주차권 발권과 결제과정을 생략할 수 있다. 주차장 소유자는 APP을 통해 매출과 입출차 현황을 실시간으로 파악가능하며, 아이파킹 솔루션으로 인해 주차장을 무인으로 관리할 수 있게 된다. 또한 모바일 플랫폼을 통한 프로모션으로 고객들을 유인할 수 있기 때문에 매출상승 효과도 있다.

아이파킹이 적용 된 주차장에는 클라우드 서버와 연결된 무인정산기와 차량인식기가 설치되어 있다. 고객의 정보가 실시간으로 온라인으로 보내져 분석되고, 그 결과 고개에게 최적의 서비스를 제공할 수 있게 되는 것이다. 또한 아이파킹에는 파킹클라우드가 독자 개발해 국내특허 등록 및 PCT 국제특허 출원을 완료한 스마트 주차 솔루션 '파킹패스' 시스템이 적용되어 있다. 특허로 서비스를 차별화 하고 있는 것이다.

고객들이 원하는 것은 '주차'다. 파킹클라우드는 이점을 잘 알고 있다. 스마트 솔루션에서만 그치지 않고 O2O 발렛서비스 도입, 주차지원로봇 개발 등 더 나은 주차를 위한 시도를 계속하고 있는 것이 그 증거이다. 4차 산업혁명이라는 큰 흐름에 뒤쳐지지 않기 위해 기술만 적용한다고 문제가 해결되지 않는다. 파킹클라우드처럼 고객욕망의 본질을 정확히 파악하고, 그에 대한 솔루션을 계속해서 고민해야 할 것이다.

●● O2O 서비스 디자인을 위한 8단계 프로세스

Step 1. 기회의 포착

O2O 서비스 디자인은 비즈니스 기회를 포착하는 것에서 시작된다. 비즈니스의 근간이 되는 소비자의 욕망을 발굴하고, 사업화가 가능한지 판별해야 한다. 스마트 트랜스폼은 기업에게 고객관계 확대, 차별화를 통한 점유율 확대, 신시장 개척 등의 동기요인도 제공하지만 시장진입 리스크, 기술구현의 불명확성 같은 저해요인도 함께 제공한다. 창출될 가치와 투입비용을 계산하여 사업성이 있다고 판단되어야 다음 단계로 진행 가능하다.

사업성 검토 시 규제에 대한 검토도 함께 추진해야 한다. 한국 대부분의 법률에는 허용되는 것 외 그 밖의 것을 전부 규제하는 포지티브 규제가 적용되어 있다. 규제로 인해 흔적도 없이 사라진 스타트업 사례가 넘친다. 전문가와 함께 철저히 검토해야 할 것이다.

또한 이 단계에서는 사회·정치적 환경도 함께 고려해야 한다. 합법적인 서비스일지라도 기존의 기득권과 이익이 충돌되어 갈등이 초래될 수 있다. 이해관계자 간 갈등해결 방안이 없다면 갈등조정에만 상당한 시간을 뺏길 수 있다. 대표적인 사례로 카풀 앱과 택시업계의 충돌을 들 수 있다.

Step 2. 디지털 트윈 설계

디지털 트윈은 오프라인과 온라인이 1:1로 대응되어 끊임없이 현실을 최적화 시킨다는 점에서 의미가 있다. 디지털 트윈 설계 시 기업은 첫 번째로 현실의 어떤 영역에 디지털 트윈을 설계할지 결정해야 하고, 두 번째로 오프라인에서 어떤 데이터를 수집할지 명확히 정의내린 뒤, 효과적인 데이터 수집방법을 강구해야 한다. 이때 외부에서 데이터를 구입하는 것도 하나의 방법이다.

데이터는 분석 편의성을 위해 표준화 된 형태로 수집·관리할 필요가 있으며, 이는 클라우드에 보관되어야 한다. 이제 개별 온프레미스 서버의 시대는 종말을 고했다. 정보의 융합을 위해서는 반드시 클라우드에서 데이터를 다뤄야한다.

Step 3. 제품과 서비스 청사진 구축

Step 1, 2에서 큰 그림을 그렸다면 이제는 주요 터치포인트에서 고객들에게 어떻게 접근해서 어떤 영향을 줄 것인지 구체화하는 단계이다. 여기서 중요한 것은 공급자 중심이 아닌 소비자 중심으로 청사진을 구축해야 한다는 것이다. 온라인과 오프라인의 융합모델에는 복수의 스마트 기술이 적용되는 경우가 대부분이므로, 설계자 편의에 따라 서비스를 설계하는 우를 범하기 쉽다.

기존 서비스 디자인에서 활용 되고 있는 페르소나, 블루프린트 같은 방법론들은 프로세스나 고객집단의 특성 등 보이지 않는 것을 실체화시켜 고객 중심 디자인을 가능케 한다는 점에서 의미가 있다. 지금부터 O2O 서비스 디자인 시 유용하게 활용될 수 있는 주요 방법론들에 대해 소개하고자 한다.

A. 페르소나(Persona)

인간이 가진 욕망은 다양하다. 맛있는 음식을 원하는 단순한 욕망도 무수히 세분화할 수 있다. 게다가 이 세분화 된 욕망들은 각각의 개성도 가진다. 완전히 일치하는 지문이 없듯 완전히 동일한 욕망도 존재하지 않는다는 것이다. 그렇다면 디자이너는 누구의 욕망을 기준으로 서비스를 설계해야 할까? 이런 혼란 속에서 디자이너를 구제해줄 방법론이 바로 페르소나 기법이다.

페르소나란 목표 고객집단 속 다양한 고객들을 유형별로 나누고, 이를 대표하는 가상의 인물 창조해내는 기법을 의미한다. 이는 수집한 고객 데이터들을 바탕으로 작성되는데, 보다 더 실제인물처럼 표현하는 것이 중요하기 때문에 시각적 묘사에서 과거 이력에 이르기까지 온갖 수단을 동원하여 구체화시켜야 한다.

페르소나는 일반적으로 경영학에서 다루는 시장 세분화와는 다른 개념이다. 세분화 된 시장은 인격을 가지지 않지만, 페르소나에는 인격이 부여된다. 디자이너는 각각의 페르소나가 가진 욕망들에 대해 상상하고, 이를 만족시키는 방향으로 컨셉을 개발하면 된다.

B. 고객여정맵(Customer Journey Map)

고객여정맵은 시간의 흐름에 따라 변화되는 고객의 경험과 감정을 시각화한 것이다. 고객이 제품이나 서비스를 이용할 때 발생하는 일련의 행동 과정을 시간 축으로 가시화하고, 각 과정별 고객이 느끼는 감정을 정량화하여 표시한다. 터치포인트(고객과 제공자간의 접점)에서 발생하는 고객경험을 측정하여 개선이 필요한 부분pain point을 찾거나 고객 맞춤형 서비스를 제공할 수 있다는 점에서 유용하다. 고객의 유형을 먼저 이해한 뒤 유형별 가정을 세우고, 고객 데이터를 분석하여 터치포인트를 중심으로 고객여정맵을 작성하면 된다.

C. 이해관계자맵(Stakeholders map)

이해관계자맵은 서비스 이해관계자를 정의하고 그들 간의 관계를 파악하여 시각화하는 방법이다. 고객여정맵이 서비스를 고객경험 중심으로 시간흐름에 따라 가시화하는 방법이라면 이해관계자맵은 서비스를 구성하는 이해관계들을 시각화 하는 방법론이다.

이해관계자맵은 서비스를 시스템 관점에서 분석함과 동시에 서비스 상황에 대한 이해를 도와준다. 이해관계자 간 관계를 이해하고 조정하는데 효과적으로 사용될 수 있으며, 상호 관계에 대한 이해를 향상시키고 서비스 기획과 모니터링, 서비스 개선 등에 유용하게 사용될 수 있다.

여기서 중요한 것은 이해관계자 간 갈등을 어떻게 해결할 것인가 이다. 이해 관계자 간의 충돌은 이익의 불일치에서 비롯된다. 즉 전체의 이익과 이해관계자들의 이익을 일치시키기 위한 정책설계가 필요하다. 피해집단에 대한 보상구조는 상황에 따라 개별보상이 될 수도 있고, 안전망 제공이 될 수도 있다.

D. 서비스 블루프린트(Service blueprint)

서비스 블루프린트는 고객여정맵의 연장선상에 있는 방법론이다. 고객여정맵이 고객의 경험과 감정만을 시각화 했다면, 서비스 청사진은 서비스 과정별 제공자가 취하는 조치들과 고객경험을 연관시켜 작성한다. 이때 고객과 제공자 간의 상호작용과 직접적으로 관련된 전방업무뿐만 아니라 보이지 않는 후방업무도 함께 고려한다. 즉 서비스의 모든 요소를 조직 내외부의 이해관계자가 쉽게 이해할 수 있도록 시각화한 서비스의 마스터 플랜이라 할 수 있다.

Step 4. 제품과 서비스에 적용할 요소기술 탐색·활용

디지털 트랜스폼 요소기술과 아날로그 트랜스폼 요소기술 중 적합한 기술을 취사선택하여 적용하면 된다. 여기서 중요한 것은 핵심 요소기술의 경우 직접 연구개발을 진행해 IP를 확보해 놓는 것이 좋다는 것이다. AI나 클라우드 같은 플랫폼 기술은 개발에 막대한 시간과 자금이 소요되기에 외부 플랫폼을 이용하는 것이 좋지만 데이터 획득 및 서비스화에 대한 기술은 비즈니스의 근간이 되기 때문에 반드시 권리화 해놓을 필요가 있다. 구글이 32억 달러에 인수한 네스트NEST의 경우도 300여개의 데이터 획득과 서비스화에 대한 특허를 보유하고 있었다.

Step 5. 클라우드 및 AI 알고리즘 선정

현실과 가상을 연계하기 위해서는 클라우드와 인공지능 알고리즘의 활용이 필수적이다. 단 클라우드와 AI 알고리즘은 외부 글로벌 기업의 것을 적극 활용하는 방안을 추천한다. 특히 주요 AI 알고리즘 대부분은 오픈소스로 개방되어 있으니 활용만 하면 된다.

개방되어 있는 인공지능 알고리즘으로 구글의 텐서플로우가 대표적이며, 마이크로소프트의 Cognitive Toolkit을 비롯한 여러 개방 생태계가 존재한다. 현재 인공지능의 쉬운 활용을 돕는 서비스들이 많이 출시되고 있다. 궁극적으로 인공지능 활용은 엑셀 수준에 접근하게 될 것이며, 도메인 지식이 있는 현장 인력이 쉽게 사용할 수 있게 될 것이다.

Step 6. 표준과 오픈소스 활용 극대화

기업의 경쟁우위를 자원기반 관점에서 바라본 이론 중 VRIO 모델이 있다. 기업 보유자원이 지속적 경쟁우위를 가지기 위해서는 ① 가치valuable, ② 희소성rare, ③ 모방 불가능성imitability, ④ 조직organization과 같은 속성을 가져야 한다는 것이다.

우리는 VRIO적 속성을 가진 자원 외에는 외부자원을 적극 활용할 필요가 있다. 중소·벤처기업의 기술과 자금은 매우 한정되어 있다. 우리는 이 문제를 외부 플랫폼 기업들의 서비스를 활용함으로써 해결할 수 있다. 기업은 시장에서 제공되는 클라우드와 AI 알고리즘을 활용하여 서비스 구현에 필요한 자원 중 90% 이상을 공유자원으로 충당가능하다. 클라우드와 AI 알고리즘 활용을 위해서는 호환성 문제로 인해 데이터의 표준이 필요한데, 이때 표준은 각 산업마다 동일하게 이루어진다. 이 단계에서는 표준 생태계 모델화 자원공유를 통한 효율화가 병행되어야 한다.

가격cost을 결정하는 요소들인 반복되는 역량들은 이제는 오픈소스로 대체한다. 다 같이 삽질을 할 필요는 없지 않은가. 호환성과 표준화를 통해서 비용을 최소화할 수 있다. 호환성으로 공유하지 않고 단독으로 모든 문제를 해결하겠다고 하는 과거 패러다임의 기업들은 미래 원가 경쟁에서 뒤쳐지게 된다. 새로운 혁신 지향적인 원가 경쟁이 되어야 한다.

Step 7. 특허기반 차별화 영역 구축

개별 기업들은 생존을 위해 특허기반의 차별화가 필수적이다. 95%는 남들과 협력하더라도 자신만의 것을 최소한 5%는 확보해야 한다. 특허 혹은 플랫폼 기반의 차별화이다. 그래야 비즈니스의 지속가능성이 보장된다. 글로벌 기업의 영업력과 자금동원력을 능가할 자신이 없다면, 개별 기업들은 데이터 획득과 데이터 활용을 통한 차별화 서비스 창출 영역에 집중해 관련 IP를 획득하는 것이 현명한 전략이 될 것이다.

Step 8. MVP로 시장검증

마지막으로 시제품을 통해 시장반응을 확인하고 피드백을 반영하여 결과물을 개선해나가는 단계이다. 여기서 중요한 개념은 'MVP'와 'Lean', 2가지 키워드로 요약할 수 있다. MVP는 'Minimal Viable Product'의 약자이며, 최소한의 노력을 들여 만든 시제품으로 시장반응을 검증하는 개념이다. 여기서 Minimal Viable은 '검증'에 소요되는

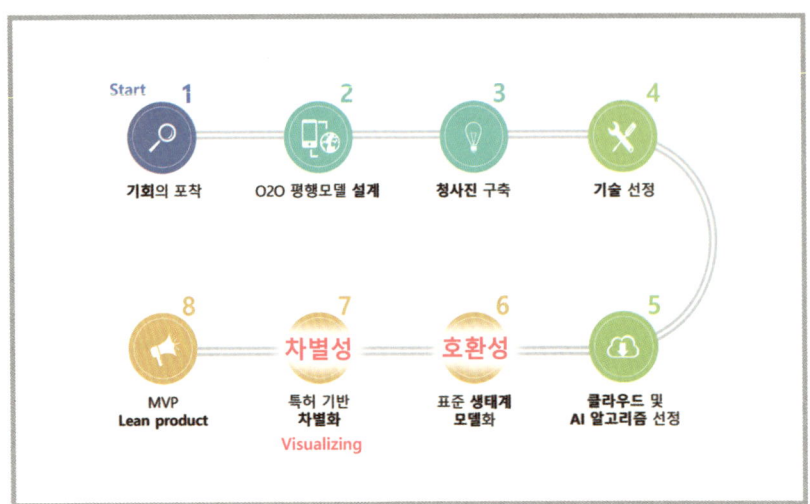

O2O융합의 서비스 디자인

노력의 최소화이지, 제품 자체를 Minimum으로 만들자는 관점은 아니다. 두 번째로 'Lean'은 아이디어와 가설을 기반으로 고객 반응을 빠르게 검증하고, 그 결과에 따라 Pivot 하는 유연함을 뜻한다. 바로 Learn by Doing이다. 처음부터 완벽한 것을 만들려고 하지 말라는 것이다. 인간의 미충족 욕망의 파악은 계속 어려워지는 반면 기술구현은 쉬워지고 있기 때문이다. 최근 Lean Startup과 DevOps(개발과 운영의 통합)도 이러한 관점에서 확산되고 있다.

Smart Transform

물리적 욕망을 구현하는 기술, 3D프린팅과 로봇

●● 3D프린팅

● 3D프린팅의 개념 및 의의

스마트화 단계는 가상을 현실화하는 아날로그 트랜스폼 영역에 속한다. 이 단계에서 3D프린팅과 로봇은 물리/정신 욕망을 구현할 때 적용되며, 하드웨어의 소프트웨어화를 통해 하드웨어의 재도래를 보여준다. 3D프린터는 육체적·물리적·공간적 욕망 충족의 서비스를 사이즈와 디자인의 다양화를 통해 형상화시켜 준다.

3D프린팅의 공식적인 표기는 '적층제조' 혹은 '적층조형AM, Additive Manufacturing'이며 프린팅 방식에 따라 소재를 층 별로 쌓아 입체 형태로 만드는 기술이다. 기존은 2D프린터는 앞뒤(x축)와 좌우(y축)로만 운동하며 결과를 만들어내었다. 이에 상하(z축)를 추가하여 입체 형태를 만들 수 있게 한 것이 3D프린터이다.

기존 제조 방식인 절삭가공은 원재료의 95%가 버려지기 때문에 환경 친화적이지 않고 소모적이다. 또한 대량 생산은 유리하지만 비용 문제로 소량 생산에는 불리하다. 반면에, 미래 제조 방식인 적층가공은 필요한 만큼 원재료를 사용하여 효율적이고 환경 친화적이다. 3D 프린팅 방식은 적층가공으로, 3D프린팅은 절삭가공에서 적층가공으로 추세를 변화시켰다.[21] 또한 대량생산과 소량생산의 비용이 일정하고 소량생산시 현저한 비용 절감의 효과를 볼 수 있다. 이를 쉽게 설명하기 위해 공 모양 물체의 생산을 예를 들면 다음과 같다. 절삭가공은 복합구조의 구현이 불가능하기 때문에 공안의 공을 만들어내지 못한다. 그러나 적층가공은 쌓아 올리는 기술로 공 안에 공을 구현할 수 있다.

3D프린터가 주목 받는 이유는 먼저, 3D프린터에 관하여 기술보유 기업의 특허가 만료됨에 따라 이를 발전시키거나 새로운 방식의 기술개발의 진입장벽이 낮아졌기 때문이다. 또한 여러 분야에서 디자인의 고도화로 인한 개인 맞춤에 대한 수요의 발생으로 3D프린터로만 가능한 디자인들이 각광받고 있다. 더불어 기존 생산 시스템으로는 생산 불가능한 구조의 제품이 제작 가능하게 되면서 생산이 불가능했던 새로운 분야의 산업이 창조될 수 있게 되었다. 3D프린팅 기술은 기존의 대량생산 시스템의 약점에서 벗어나 시간·노동의 경제적 비용 문제를 해결할 수 있다.[22]

---

21) 이민화(2015), "기술트렌드와 미래전략" 포럼 영상 참조
22) 현은령, 김인애(2018.12), "3D프린팅을 활용한 패키지디자인 확장 사례", 한국디자인문화학회지

특히, 제품의 제작부터 유통까지의 시간을 혁신적으로 단축시켜 다종다양한 물건을 생산할 수 있게 한다. 즉, 생산자나 소비자 모두 선택의 폭이 넓어진 것이다. 마지막으로, 환경 문제에 대응해야 하는 현대 사회에서 3D프린팅은 필요한 만큼 원재료를 사용하여 효율적이고 환경 친화적이며 이에 따라 제품의 경량화가 이루어질 수 있다.

● 3D프린터 방식 및 소재

3D프린터의 조형 방식은 다음 그림과 같이 크게 8가지이다. ① FDM 용융수지 압출 조형 방식 ② SLA 광경화 수지 조형 방식 ③ SLS 선택적 레이저 소결 조형 방식 ④ DMT 레이저 직접 금속 성형 방식 ⑤ LOM 기계 접합 조형 방식 ⑥ PolyJet, MJM 잉크젯 + 광조형 혼합 방식 ⑦ 3DP 파우더 분사 방식 ⑧ DLP 마스크 투영 이미지 경화 방식이 있다. 이 중에서 와이어를 녹여 쌓아올리는 방식의 FDM 프린터가 가장

기술유형	조형방식
SLA (Stereo Lithography Apparatus)	광경화 수지 조형 방식
SLS (Seletive Laser Sintering)	선택적 레이저 소결 조형 방식
DMT (Laser-aided Direct Metal Tooling)	레이저 직접 금속 성형 방식
LOM (Laminated Object Manufacturing)	기계 접합 조형 방식
Polyjet (Photopolymer Jetting Technology) MJM (Multi Jet Modeling)	잉크젯 + 광조형 혼합 방식
3DP (Three Dimensional Printing)	파우더 분사 방식
FDM (Fused Deposition Modeling)	용융수지 압출 조형 방식
DLP (Digital Light Processing)	마스크 투영 이미지 경화 방식

3D프린터 조형방식
자료: KB금융지주경영연구소(2013) 재구성

보편적으로 사용되고 있는데, 그 이유는 프린터의 가격이 저렴하게 책정되어 있기 때문이다.

3D프린터에 사용되는 소재는 다음 표와 같이 액체, 분말, 고체로 나눠 분류할 수 있다.

재료	재료종류	조형방식	시스템 예
액체	액체 형태의 재료	레이저나 강한 자외선을 이용 재료를 순간적으로 경화하여 형상 제작	미국 3Dsystem의 SLA
분말	미세한 플라스틱 분말, 모래, 금속 가루 등	분말 재료를 가열 후 결합하여 조형하며, 자료 형태에 따라 접착제나 레이저를 사용	미국 3Dsystem의 SLS 독일 EOS의 SLS
고체	와이어, 필라멘트 형태의 재료	열가소성 재료를 열로 녹인 후 노즐을 거쳐 압출되는 재료를 적층하여 조형	미국 Stratasys의 FMD
고체	왁스 성질을 가진 패럿 (작고 둥근 알갱이)	재료를 헤드에서 녹여 노즐을 통해 분사	이스라엘 Objet사의 Polyjet 시스템
고체	얇은 플라스틱 시트나 필름 형태의 재료	플라스틱 시트를 접착하면서 칼을 사용해 절단 후 적층하여 조형	미국 Helsys의 LOM

3D프린터 활용 소재
자료: KB금융지주경영연구소(2013) 재구성

•• 3D프린팅 표준

위와 같은 3D프린팅 기술은 1980년도에 관련 기술이 소개된 이후 여러 기술이 개발되고 도태되는 과정을 통해 현재 표준화를 위한 논의가 시작되어 국내의 경우 국가표준원이 ISO TC261 Additive Manufacturing에

2014년부터 참여하여 진행하고 있으며 2018년 7월에 3D프린팅 관련 국제표준ISO/ASTM 52910이 다음과 같이 발표되었다.[23]

카테고리	정의
Binder Jetting	additive manufacturing process in which a liquid bonding agent is selectively deposited to join powder materials
Directed Energy Deposition	additive manufacturing process in which focused thermal energy is used to fuse materials by melting as they are being deposited
Material Extrusion	additive manufacturing process in which material is selectively dispensed through a nozzle or orifice
Material Jetting	additive manufacturing process in which droplets of bulid material are selectively deposited
Powder Bed Fusion	additive manufacturing process in which thermal energy selectively fuses regions of powder bed
Sheet Lamination	additive manufacturing process in which sheets of material are bonded to form an object
Vat Photopoly merization	additive manufacturing process in which liquid photopolymer in a vat is selectively cured by lightactivated polymerization

3D프린팅 국제표준(ISO/ASTM 52910)
자료: International Organization for Standardiza tion, SO/A STM 52910:2018, ISO/ASTM International 208, pp.01- 24, 2018

•• 3D프린팅 시장 동향

3D프린팅 시장의 제일 큰 시장은 출력과 설계 및 디자인인데, 실제로 프린터, 출력기기 자체의 시장은 생각보다 크지 않다. 3D프린팅 제작 생산물의 가치로는 소수의 산업 및 연구기관에서 사용되던 응용분야가 교육, 여가, 제조업까지 이르면서 다양성이 증대되고 있다. 3D

---

[23] International Organization for Standardization, SO/A STM 52910:2018, ISO/ASTM International 208, pp.01- 24, 2018

프린팅 관련 2차 서비스 시장이 CAD 디자인을 비롯한 환경을 겨냥한 서비스를 지공하는 다양한 기업의 등장으로 활성화가 예상된다. 결국 우리가 집중해야 하는 것은 3D Printing이 아니고 3D Printed로, 3D 프린팅으로 무슨 상품을 혹은 어떤 서비스를 만들지 고민하는 것이다.

그리고 아이디어를 디자인한 것들이 공유되고 거래되면서 3D프린팅 설계나 제작은 직접 할 필요가 없게 된다. 이렇게 디자인 플랫폼에서 다운로드하고 프린터에 걸고 있는 것을 실행하고 있는 대표적인 3D프린팅 플랫폼에는 Shapeway와 메이커봇의 Thingivers가 있다. 그렇다면 과연 3D프린팅에서 한국의 경쟁력은 어디서 발생될 수 있을까? 앞서 이야기했듯이 출력기기 자체의 시장에서 고가 프린터는 미국이, 저가 프린터는 중국이 선두하고 있다. 따라서 이보다는 서비스 디자인과 이에 대한 특허에 초점을 맞추는 것이 정답으로 보인다.

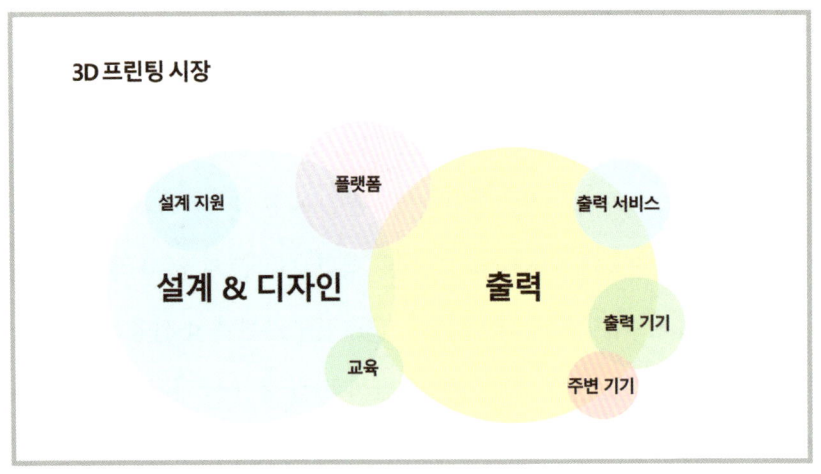

3D프린팅 시장 규모

◦◦ 3D프린팅 관련 주요 업체 동향

3D프린팅 업체는 제조분야와 SW분야 업체로 구분하여 볼 수 있다. 제조업체로서는 미국의 3D Systems와 Stratasys가 가장 대표적인 업체이다. 두 제조업체는 관련 업체들을 M&A를 통해 기술을 확보하고 성장한다. 3D Systems와 Stratasys 기업 및 다른 제조업체의 동향은 다음 표와 같다.

업체명(국가)	특징
Stratasys (미국)	3D프린팅 시장의 대표주자로 리더, FDM, PolyJet 원천 기술을 보유한 글로벌 점유율 1위 기업(28%)임. 주로 M&A를 통해 기술 확보함
3D Systems (미국)	3D 시스템즈는 제품 사업은 크게 제품판매와 소재 판매 2가지로 구분되며, 2016년 이후 이익률이 높은 소재사업 분을 중요시하고 소재사업으로의 집중지원 및 사업 영역을 헬스케어 서비스 사업에 집중함
Organovo (일본)	인공간, 신장 생산에 성공하였으며 인공장기 판매, 제약 업체화의 파트너십을 통해 수익 창출 중이며 세계 3D 바이오 프린팅 1위 기업
캐리마 (한국)	캐리마는 기계적인 구조가 복잡하지 않은 DLP방식의 산업용 프린터를 제조하고 있으며, 아크릴, 에폭시 등 5종의 광경화성 소재를 자체적으로 개발하여 생산·판매 중
인스텍 (한국)	대부분 기술을 자체적으로 개발하는데 성공한 것으로 알려져 있는 산업용 3D프린터 제조업체로, DMT(Directed Metal Tooling) 원천기술을 보유

3D프린터 주요 국내외 제조업체
자료: 정보통신기술진흥센터(2018), 4차 산업혁명시대에서의 3D프린팅 산업 동향과 시사점

또한, 3D프린팅 소프트웨어 분야 주요 업체와 업체의 특징은 다음과 같다.

업체명(국가)	특징
Autodesk (미국)	설계업계 표준이 된 대표적인 SW로 전통 제조방식과 3D프린팅을 혼합하는 방식의 서비스 제공, 타사가 개발한 다양한 프로그램 인수하여 다양한 개발을 통해 시장에 제품 출시 프린터: INVENTOR, FUSION360, MAYA, BIM360
Artec 3D (룩셈브루크)	세계 최대 3D스캐너 분야 기업. 휴대용 3D스캐너 및 사용이 쉬운 3D소프트웨어를 개발 및 제조 보급중
Materialise (벨기에)	SW관련 개발 및 판매 전문회사로 의료, 자동차, 항공우주, 예술 및 디자인, 소비재 등 다양한 산업 분야에 종사하는 기업들이 혁신제품을 만들 수 있게 해주는 3D프린팅 애플리케이션을 개발 중
디쏘시스템즈 (프랑스)	3D CAD/CAE 소프트웨어 개발기업으로 전 세계 CAD SW의 대부분을 차지하고 있는 'CATIA'와 'SolidWorks' 제품이 널리 알려져 있음
3shape (덴마크)	2000년에 설립한 치과(dental)분야 3D 스캐너 및 CAD/CAM 소프트웨어 세계1위 기업임. 주요 선진국의 치과보정시장의 90%이상을 3D프린터를 활용한 인쇄 및 인쇄 적용 중

3D프린터 주요 SW업체
자료: 정보통신기술진흥센터(2018), 4차 산업혁명시대에서의 3D프린팅 산업 동향과 시사점

●● 3D프린팅 기존 제조업과의 차별점

3D프린팅이 제조업에 혁신을 불러일으킨 것은 기존 제조업의 방식과 차별점이 있기 때문이다. 기존 제조업 공정과 3D 기술 활용 공정 과정에서의 가장 큰 차이점은 기존 제조업은 금형제작 과정이 따로 있지만 3D 기술 활용 공정은 그렇지 않다는 것이다.

기존 제조업의 금형제작 과정은 육각기둥을 구조적으로 분리해서 성형한 철판에 용접하는 것이다. 이 때 금형을 만드는데 돈과 시간이 많이 들어가고, 만들고 조립하는 과정이 추가적으로 필요하다. 프로토 타입 구현 과정 역시 그렇다. 따라서 대량생산을 진행하기 위해 최소

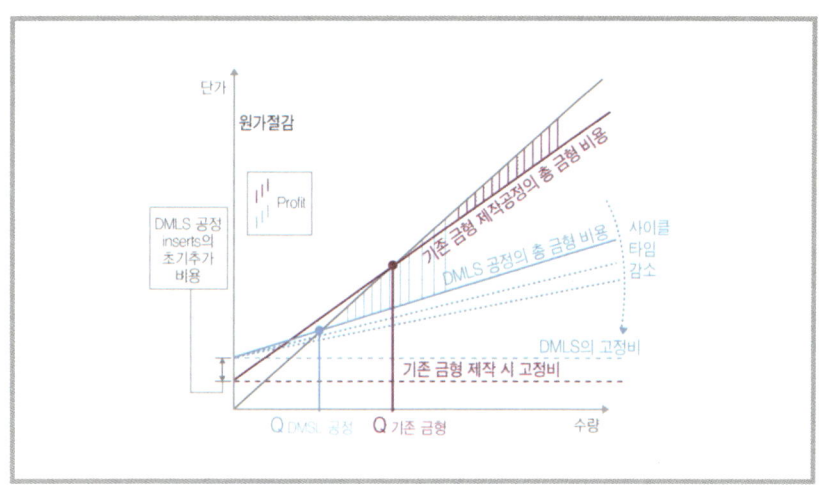

기존 금형 제작공정과 DMLS 공정비교
자료: 한국생산기술연구원(2013)

생산 수량이 정해져 있어야한다. 이는 제조 개발과정에서 기업이 부딪히는 문제가 될 수 있다. 반면에 3D프린팅 벌집구조 제작은 3D 설계단계에서 내부구조의 벌집 설계와 프린트를 동시에 한다. 따라서 3D 프린팅은 금형제작이 갖고 있는 문제를 해결하면서 프로토타입의 실시간 구현, 비용의 현저한 감소, 조립공정의 단순화와 최소 수량의 감소로 활용된다.

한편, 제조 과정뿐 아니라 3D프린터에 주문 생산시스템이 갖춰지고 상용화되면 공장에 재고가 존재하지 않게 된다. 제품을 미리 만들어 놓는 것이 아니라 실시간 주문의 상태만큼 제조하면 되기 때문이다. 따라서 궁극적으로 공장이 아닌 'Kinko's'와 같은 시설로 인해 유통비용이 사라지고 재고로 인한 원재료 낭비도 줄일 수 있다.

●● 3D프린팅과 DIY

3D프린터의 핵심은 형상을 만드는 3D프린터를 넘어, 서비스 디자인과 형상을 합친 오픈소스 하드웨어 내부에 지능을 넣는 것이 제조의 민주화를 실현한다는 것이다. 이러한 제조의 민주화의 순환 과정은 미충족 욕망의 범위 확대로 볼 수 있다.

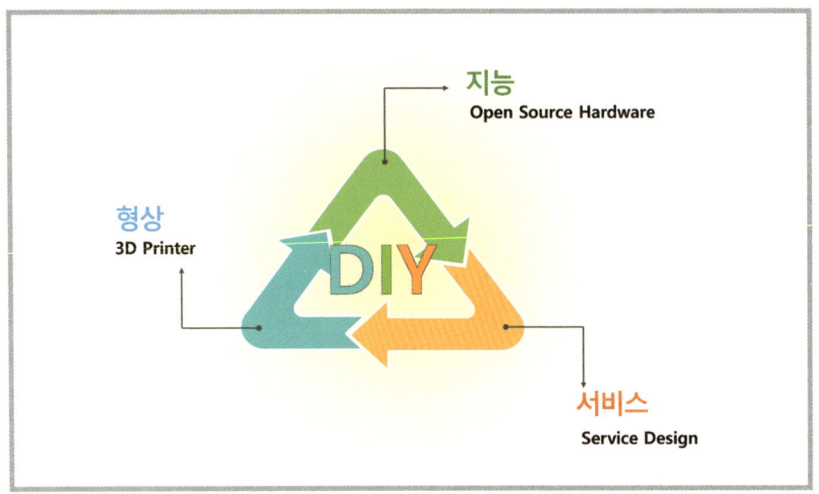

제조의 민주화

이 과정에서 지능은 오픈소스 하드웨어 open source HW를 통해 구현된다. 오픈소스 하드웨어는 모두 CPU와 메모리가 있는 등 비슷한 구조를 가지고 있고, 부품과 공개코드를 공유하고 있다. 오픈소스 하드웨어의 대표적인 제작 도구로는 이탈리아의 아두이노와 영국의 라즈베리파이가 있고 이외에도 비글보드, 갈릴레오, 팬더 보드, 코튼캔디 등이 출시되어 있다. 이러한 하드웨어 플랫폼은 일반인들이 저렴하게 구입하여 자유롭게 개조할 수 있도록 한다.

아두이노는 2005년 이탈리아 IDII^{Interaction Design Institute Ivrea} 전문대학원에서 마시모 반지^{Massimo Banzi} 교수가 이 학교의 교육목적에 맞게 예술학도가 IT에 접근하기 쉽고 저렴하게 전자교육에 임할 수 있도록 탄생시킨 하드웨어 플랫폼이며 다음 그림과 같은 구조를 갖고 있다. 라즈베리파이의 하드웨어 또한 프로그래머의 장난감이자 코딩 교육 도구로 출시되었다. 라즈베리파이도 키보드, 모니터 등을 뺀 단일 보드만으로 구성되어 있고, 프로그래머에게 아두이노와 마찬가지로 나만의 컴퓨터를 만들 수 있는 부품으로 적용된다.

오픈소스 하드웨어의 응용이 3D프린터이며, 현재 이를 만드는

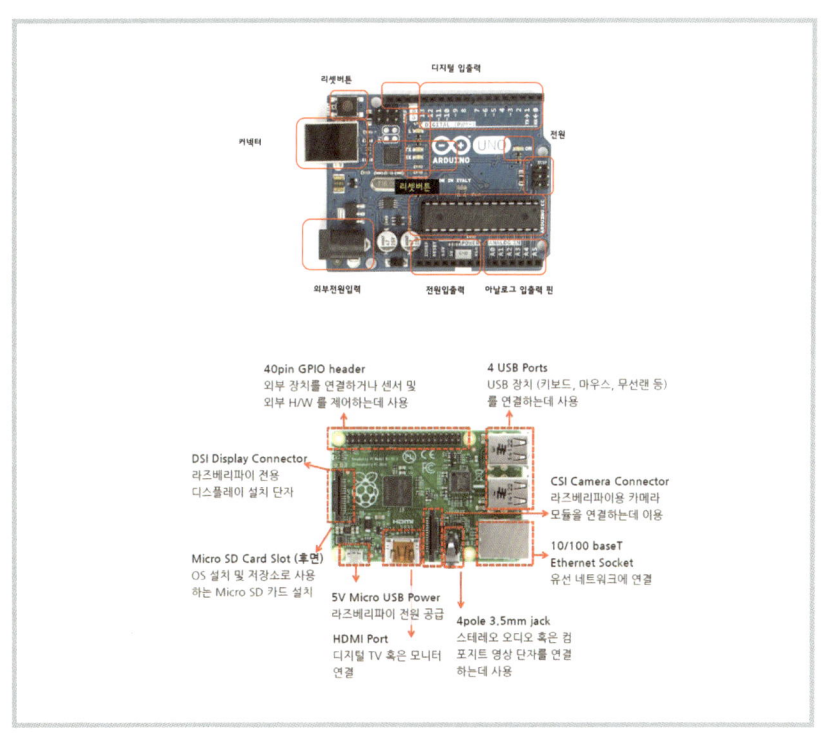

아두이노와 라즈베리파이 하드웨어 구조(상: 아두이노 하: 라즈베리파이)

RepRap 프로젝트가 시작되었는데, 이제는 3D프린터에 내재된 지능인 오픈소스 하드웨어를 넣을 필요도 없는 시대로 가고 있다. 이러한 시대는 곧 소비자가 전문 업자에게 맡기지 않고 직접 제품의 제작, 소비, 수리 등을 맡아서 행하는 DIY^{Do It Yourself} 시대가 도래된 것이다. 또한 DIY시대는 어떤 것을 왜 만들어야하는지에 대한 서비스 디자인 과정이 필요하다. 그 과정은 디자인적 사고 접근, 문제 사전 발굴, 공동 창조 로드맵 개발, 연구 결과 전파로 진행된다. 그리고 진행과정에서는 3D Printer, Big Data, Mobile Convergence, Wearable이 융합되어 활용된다.

●● 3D프린팅 사례

3D프린팅은 다양한 제조 방식과 소재로 정교하고 작은 것부터 시작하여 거대한 것까지, 무엇이든 만들어낼 수 있게 되었다. 또한 기존에 만들지 못하는 미적인 요소도 더할 수 있게 되었다. 따라서 3D프린팅 다음과 같은 혁신적인 발전을 가지고 올 전망이다.

먼저 3D프린팅 기술은 현재 의료·바이오산업과 연관됨에 따라 미래형 융복합 산업으로 인지되어 많은 연구가 진행 중이다. 맞춤형 의족, 치과 보철, 인공혈관, 바이오칩 제작 그리고 인공 지지체 등에 대한 제조가 확대되고 있다.[24] 3D프린팅을 통한 의료기기는 디지털 데이터로부터 직접적인 생산이 가능하기 때문에 맞춤형 소량생산 제품

---

24) 박석희. 박진호, 이혜진, 이낙규(2014). 3D프린팅 활용 생체의료분야 기술동향. 한국정밀공학회지

으로 전보다도 개인에게 최적화된 의족, 의수 등 신체 보조·재활기구 제작이 가능하게 되면서 환자들의 회복 속도나 만족도를 개선할 수 있게 되었다.

상대적으로 인체 위험성이 낮은 체외에 적용하는 의료 보조기구들인 의족, 의수, 치과 보조물 등은 상용단계에 있다. 또한 개인에게 맞는 귀, 코, 입술 등도 프린트할 수 있게 되었다. 영국 프립 디자인사는 맨체스터대학과 제휴하여 3D프린터로 의안을 제작에 성공했다. 이는 기존 수제로 제작된 의안이 한화로 517만원이 드는 것에 비해 17만원이라는 훨씬 저렴한 가격과 빠른 제작시간으로 주목받았다.

또한, 미국 Delaware 병원에서는 선천적 근골격계 질환을 앓고 있는 한 어린이에게 3D프린터를 이용하여 신체 외골격에 맞게 제작된 보조기구를 착용하여 스스로 팔을 움직일 수 있게 하였다. 조직공학용 지지체 및 체내 삽입형 보형물 제작의 경우는 생체 조직 혹은 세포 수준에서의 소재 및 구조적 특성이 고려되어야하는데, 공정과 소재의 지속적인 개발 및 발전에 따라 체내 무해성이 검증될 것이고 생물학적 기능성이 강화되어 실제 조직과 유사한 다양한 신체장기의 제작이 가능해 질 것으로 보인다.

한편, 3D프린팅 기술이 의료·바이오 분야에 접목되면서 의료인들은 수술 및 치료의 사전 계획수립 및 실제 연습도구로 사용하면서 수술의 성공률과 효율성을 높일 수 있게 되었다. 최초의 사례로, 2002년 미국 UCLA 병원에서 시행되었던 샴쌍둥이 분리수술이 있다. 복잡한 뇌혈관 및 신경계의 구조로 인해 기존의 의료영상에 의존하여 100

시간가량 소요되던 수술이 3D프린터를 활용한 수술계획 수립과 예행연습을 통해 22시간 만에 성공적으로 수술을 완료하였다. 이후 급속히 발전하고 있는 인공지능과 빅데이터 기술과의 융합으로 수술예행연습의 효과는 더욱 커지고 있다.

실례로 2019년 1월 15일 가톨릭관동대 국제성모병원과 한국교통대 3D프린팅 충북센터는 3D프린팅 기술을 적용해 정형외과 분야에서 무릎(슬관절), 엉덩이(고관절), 허벅지(대퇴부) 등의 골 결손 부위를 대체할 인공구조물(임플란트)을 만들어 임상 적용에 성공했다고 밝혔다. 3D프린팅 심장기형질환 수술 시뮬레이션은 2019년 한국의 서울아산병원에서 첫 신의료기술로 선정되었는데, 이는 한국에서 3D프린팅을 활용한 의료기술로는 최초로 신의료기술로 선정된 사례이다.

다음으로는 이러한 특성을 살려 3D프린팅을 활용한 대표적인 패션디자인 사례이다. 의류, 액세서리의 예로 2014년 빅토리아 시크릿에서 모델의 신체 정보를 3D로 스캔하여 입체 패턴으로 인식하고 이를

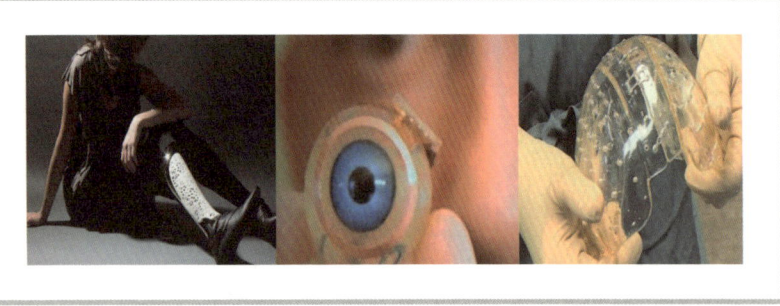

Bespoke Fairings, 3D프린터로 제작된 두개골 임플란트, 의안
자료: Bespoke Innovations

프린팅하여 속옷과 코르셋을 선보였다. 또한 2017년 이스라엘 출신의 디자이너는 대니트 펠레그는 세계 최초로 3D프린팅 재킷을 판매하는 온라인 쇼핑몰을 창설했고 누구나 재킷을 3D프린팅하거나 옷을 구매할 수 있도록 정보가 담긴 파일도 판매하였다.

이를 통해 패션과 테크놀로지의 경계를 허무는 패시테크fashion + technology라는 개념을 제시했다.25) 2017년 9월 네덜란드 디자이너 이리스 반 헤르펀은 2013년부터 전통적인 장인 정신과 3D프린팅이라는 디지털 기술을 조화시키는데 공을 들인 결과로 네덜란드 정부에서 수여하는 요하네스 베르메르 어워드의 올 해 수상자로 발표되었다. 여기서 높게 평가받은 점은 기존의 디자인 방식에서 해결하지 못한 신체의 곡선이나 특정 부분의 제약에서 벗어나 독특한 형태의 디자인을 가능하게 한 점이다. 액세서리 제작도 3D프린팅으로 작고 섬세한 작업이

데니트 펠레그의 3D프린팅 자켓 주문 사이트, 3D프린팅 활용 액세서리
자료: 유재부.(2017.8.2.). "옷도 출력해서 입는다!" 이스라엘 디자이너 '3D프린팅 재킷'출시

---

25) 유재부.(2017.8.2.). "옷도 출력해서 입는다!" 이스라엘 디자이너 '3D프린팅 재킷'출시
(http://www.fashionn.com/board/read_new.php?table=1025&number=21389)

수월해졌으며, 공 안에 공을 넣는 디자인 구현이 가능해졌다. 결국 패션분야에서 3D프린팅이 갖는 의미는 개개인의 신체적 특성에 맞는 디자인이 가능하고, 불가능한 구조의 미세하고 섬세한 작업이 가능해진 것이다.

초고속 3D프린터(카본 3D)가 개발되고 나서 아디다스는 3D 벤처기업인 카본 사와 협업하여 기존의 적층 가공 방식이 아닌 '디지털 광합성 3D프린터'로 만든 운동화인 '퓨처크래프트 4D'를 출시했다. 이는 합성수지 안에 3D프린팅으로 제품을 출력하는 새로운 제조기법을 사용한 것으로, 기존 제조시간 대비 25배에서 100배 정도 빠르다는 장점으로 디자이너들의 상상 속 복잡한 디자인을 구현한 것이다.[26]

한편, 건설용 3D프린터의 원리는 프린터 헤드가 건물 설계도에 따라 콘크리트나 건축 재료를 쌓아 올리는 것이다. 건설 현장에서 3D프린팅은 노동 인력의 고령화 및 숙련 기술자 부족의 건설 사업 내부적인 요인과 소비자들의 다양한 요구사항(디자인, 공사기간, 주변 민원 등)의 외적인 요인으로 각광받고 있다.[27] 특히 시간과 비용에 대한 혁신적인 효율성이 가장 큰 장점이다. 3D프린팅 건축 최초 사례는 2015년 중국의 3D프린팅 건설업체인 윈선WinSun에서 5층짜리 아파트와 고급빌라를 시공했고, 해당 기술로 하루에 열 채의 집을 지으며 전 세계적인 화제를 모았다.[28] 이후 윈선사는 중국 건축회사 HuaShang

---
26) 이지은, 곽태기, "3D프린팅을 활용한 패션분야의 이미지표현 특성 연구"
27) 승인배, 백효선, 박정환(2018), 건설용 3D프린팅 기술의 해외 사례 조사 및 국내 상용화 방안. 한국산업융합학회 논문집
28) KCERN(2018), 4차 산업혁명과 콘텐츠의 미래 비전

Tengda와 함께 45일 만에 400m² 규모의 2층 주택을 건설하였다. 이 주택의 특징은 지진 규모 8까지 견딜 수 있다는 것으로, 이는 3D프린팅 기술로 지은 건축물이 건축물의 중요 항목인 지진에 대한 안전성이 보장될 수 있다는 것을 보여준 것이다.

2018년 3월에 아이콘Icon 사에서는 순수하게 시멘트 몰탈만 사용한 소규모 단층 주택을 선보였다. 아이콘 뿐 아니라 2017년도 3D프린팅회사인 아피스 코어Apis Cor도 하루 만에 집짓기가 가능한 것을 선보였다. 아피스 코어는 이를 통해 사회취약계층을 도울 수 있는 '행복주택'으로 쓰일 수 있길 바란다고 이야기했다.

3D프린팅은 자동차의 제작까지 이뤄내면서 자동차 제조 산업 과정에 혁신적인 변화를 일으키고 있다. 세계 최초 3D프린팅 자동차는 로컬 모터스에서 제작했다. 로컬 모터스에서는 봉고차만 한 크기의 3D프린터에 탄소섬유와 플라스틱 혼합재를 넣고 작업자가 컴퓨터에

3D프린팅으로 제작한 건축물 사례(왼쪽부터 윈선, 아이콘, 아피스 코어)
자료: 승인배, 백효선, 박정환(2018)

3D디지털 도면을 입력하고 프린트 버튼을 누른다.

그러면 40시간 후 차체가 출력되고 이를 후처리 및 부품 조립을 하면 생산이 완료된다. 같은 방식으로 전기자동차 '스트라티'와 자율주행차인 '올리Olli'가 탄생하게 되었다. 혼다는 3D프린터로 1인승 전기차 '마이크로 커뮤터'를 선보였고, 이는 일본의 제과 브랜드 '도시마야'의 과자 배달 업무용 차량으로 활용되었다. 미국 벤처기업 디버전트 마이크로팩토리스Divergent Microfactories는 세계 최초의 3D프린팅 슈퍼카 블레이드를 선보이면서 로컬 모터스가 차대와 덮개를 일체형으로 프린팅 했던 것과 달리, 차대만 프린트하여 제작했다.

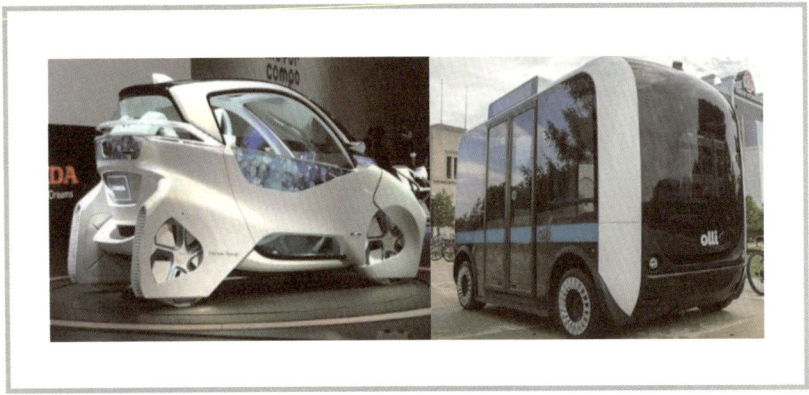

3D프린터 활용 제조 자동차(혼다의 Micro Commuter, 로컬모터스의 Olli)
자료: youtube.com, ibm.com

●● 3D프린팅의 한계와 발전 방향

비약적으로 발전한 3D프린팅이지만 아직은 한계점도 존재한다. 기기에 의한 제작 속도, 크기, 완성도에 대한 제약이 대표적이다. 먼저

속도 측면에서 3D프린팅은 완제품에 대한 제조시간은 기존 제조시간보다 훨씬 빠르지만, 단계별 프린트가 필요하기 때문에 개당 생산에 있어서는 기존 자동화 생산기계에 비해서 느리다.

다음으로 크기의 측면에서의 한계는 3D프린터 헤드가 움직일 수 있는 범위에서 생산품의 크기가 제한된다는 것이다. 산업 현장에서는 범퍼, 가구, 벤치, 건축물을 인쇄하는 프로젝트에서도 완성품 제작보다 큰 3D프린터 설치가 우선적으로 고려되고 있다. 한편, 아직 제품의 완성도에서도 미비한 점이 있다. 개인용 제품의 경우 디테일이 부족하여 프린팅 직후에 바로 사용할 수 없으며, 이는 산업용 제품도 같은 상황이기에 후처리 공정이 필요한 수준이다.

또한 3D프린터 자체의 문제가 아닌 지적재산권 침해 및 안전성에서도 논란이 존재한다. 해당 기술은 3D스캐닝을 통해 기존에 출시된 제품 구조의 설계도를 옮겨 3D프린트함으로써 완제품의 디자인뿐만 아니라 부품의 구조와 기능을 파악하여 물리적으로 복사가 가능하다. 이는 색상, 두께, 각도, 조립구조 등과 같은 세부 디자인의 복제가 쉬워짐에 따라 타인의 지적재산권 침해가 우려된다.

이에 관해 지적재산권의 표기방법으로 CCL이 더욱 확대되면서 저작물의 활용 조건을 지정하는 방식이 전 세계적으로 확산될 전망이다. 복제 용이성의 경우 총기와 같이 실제 상해를 입힐 수 있는 무기의 설계도가 공유되었을 때, 누구나 제작 가능하게 만들고 금속탐지기로 총기를 검출할 수 없게 된다. 이 뿐만 아니라 앞으로 프린터의 성능 발달과 소재의 유연성이 증대되면서 불법 약물의 제조가 가능해질 것이다.

테러 및 사고, 불법 복제 약 및 마약 거래의 활성화로 인해 국민 건강과 안전을 위협할 수도 있다.[29]

이러한 한계점에도 불구하고 3D프린팅은 제조업에 유연성과 임의성을 부여한다는 장점이 있다. 기존의 제조업은 규모의 경제로 인하여 소량생산의 경우 높은 비용이 발생하였으나 3D프린트로 개별 생산이 가능해졌으며(유연성), 사람 혹은 상황에서 발생하는 각각 다른 변수들을 고려할 수 있있게 되었다(임의성). 이로써 2차 산업혁명 시대에 구축된 제조업의 소품종 대량생산 시스템은 다양한 상황에서 개별적인 사람에게 맞출 수 있는 다품종 소량생산 시스템으로 전환기에 늘어서고 있다. 즉, 4차 산업혁명 시대에는 개인맞춤 제작이 가능해진 것이다.

3D프린팅이 가져올 미래사회의 변화는 기술적인 측면과 사회 변화를 함께 고려할 필요가 있다. 먼저 기술적인 부분에서 보면 유연성과 임의성에서 어려움을 겪던 분야에서 3D프린팅이 빠르게 성장할 것으로 예측된다. 이미 치아, 뼈, 장기처럼 개인맞춤이 필요한 의료분야에서 많이 활용되고 있으며, 미래에도 매우 유망한 산업으로 전망된다. 더불어 패션분야에서 개인 신체 조건에 맞는 의류나 신발 등을 그 자리에서 만들 수 있게 되면서 더 이상 신체조건으로 인한 소비자의 선택권이 제한되는 일은 사라질 것이다. 또한 디자인 분야에서도 구 안에 작은 구를 넣는 방식은 지금의 조립식으로는 만들기 매우 어려웠으나 3D프린트로는 가능하다. 즉 상상만으로 했던 디자인의 구현이

---

29) 조은정, 이훈혜(2014), '제조업 공정혁신의 기폭제 3D프린팅 산업', 산업연구원

가능해지면서 창의성이 더욱 중요해지는 사회가 다가오고 있다. 이는 신체의 일부나 의류나 디자인 같은 분야만이 아니라 기술의 발전으로 건축이나 자동차 같은 분야까지도 확산될 것이다.

한편, 개인화에 따른 1인 가구의 증가와 개성을 중시하는 사회로 나아가면서 획일화된 제품이 아니라 조립 맞춤식 가구/주택/생활용품/미니가전제품에 대한 수요는 증가하고 있으며, 이러한 흐름은 지속될 것으로 전망된다. 따라서 개인의 생활 방식과 특성을 고려한 제품을 생산할 때 다품종 소량생산이 가능한 3D프린팅의 역할은 지속적으로 증가할 것으로 보인다. 결국, 3D프린팅은 의료, 패션 뿐 아니라 건축, 자동차, 식품 등 우리 일상의 모든 것에 적용될 것이며, 이는 산업 분야에 적용되면서 제조업의 민주화를 촉진할 것이다.

이러한 제조업의 민주화가 적극적으로 이루어지기 위해서 필요한 조건은 다음과 같다. 바로 활용가능성enabling과 불가능을 가능하게 하는 것Frontier이다. 3D프린팅의 다양한 사례를 통해 우리는 불가능을 가능하게 한 경우를 볼 수 있었으므로, 3D프린팅은 한계의 개척은 이미 달성함을 확인했다. 그러나 활용가능성enabling에 있어서는 해결되지 못한 부분이 존재한다. 우선, 기업 뿐 아니라 개인들이 활용할 수 있는 환경이 갖추어지지 못했는데, 원인은 장치의 가격이라고 볼 수 있다. FDM 방식 프린터가 저가로 많이 출시되고 있지만, 실생활에서 활용될 만한 품질을 갖춘 3D프린터로는 한계가 있다. 3D프린터 구매 및 활용의 단가 문제를 해결하기 위해서는 개별설계 비용을 줄일 수 있는 기술이 필요하다.

●● 지능형 로봇

● 로봇 개발 역사, 분류, 및 요소기술

로봇은 지능은 있으나 힘이 없는 서비스 로봇과, 힘은 있으나 지능은 없는 산업 로봇으로 두 가지 형태로 발달되어 왔다. 필자가 주장하는 4차 산업혁명의 6대 아날로그 트랜스폼 기술 중 육체·물리·공간 욕망을 충족 시켜주는 기술은 3D프린터와 로봇인데, 여기서 로봇은 지능형 로봇을 의미한다.

지능형 로봇이란, 외부환경 인식perception sensing, 스스로 판단cognition, intelligence, 자율적 동작manipulation, motion이라는 3요소를 갖춘 로봇을 지칭한다. 이러한 지능형 로봇에게 필요한 것은 인간의 학습 및 추론 능력, 지각능력, 언어이해 능력 등을 갖추기 위한 Deep learning, Self learning, Collaborative learning 등의 기술이다.

로봇 산업의 역사는 산업용 로봇을 시작으로 지능을 갖춘 서비스

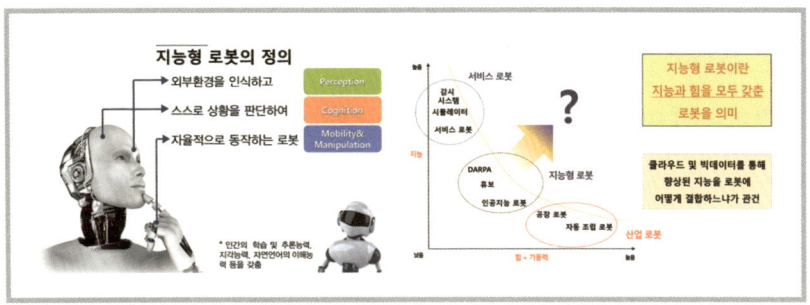

지능형 로봇
자료: 마시미니와 카풀러(1988), Csikszentmihalyi(1990)

로봇, 네트워크/클라우드 로봇으로 발전해 왔다. 1960년대 산업사회에서 산업용 로봇이 자동차나 전자산업 등의 생산현장에 투입되면서 노동 집약적 산업이 발달하게 되었다. 1990년대 이후로 가면서 지식정보 사회가 도래했고 로봇의 분야가 개인서비스/전문서비스로 확장되었다. 그로 인해 보스톤 다이내믹스의 로봇들 같은 인간친화형 로봇이 개발되고, 로봇의 지능화가 발전하여 생활환경에 변화를 가져오면서 IT 기술이 발전하였다. 향후에는 네트워크로 연결된 초연결 사회가 도래할 것이다. 이에 맞춰 네트워크/클라우드 로봇이 활성화될 것이며, 이미 변화는 시작되었다.

로봇의 종류를 기능에 따라 분류하면 서비스 로봇/제조업용 로봇/네트워크 로봇으로 나눌 수 있다. 또한 서비스 로봇은 다시 흔히 개인들이 사용하는 개인서비스용과 불특정 다수에게 전문서비스를 제공하는 전문서비스용 로봇으로 구분된다.

로봇의 요소 기술은 소프트웨어와 하드웨어로 분류하여 볼 수 있다. 소프트웨어 기술은 주로 감지와 판단을 하는 역할을 담당한다. 대표적으로 센서sensor, 제어controller, 네트워크/Cloud가 이에 해당한다. 센서 기술은 외부환경(작업대상)의 위치와 자세를 오감의 센서로 탐지한다. 이후 제어 기술을 통해 탐지한 정보에 대해 실시간으로 인지, 적용, 판단, 추론, 학습하여 결과에 대한 행동을 명령한다. 한편, 네트워크/클라우드 기술은 인간과 로봇이 상호작용과 실시간으로 네트워크가 가능하게 한다. 하드웨어 기술은 이러한 소프트웨어 기술로 인한 결과를 실행에 옮기도록 한다.

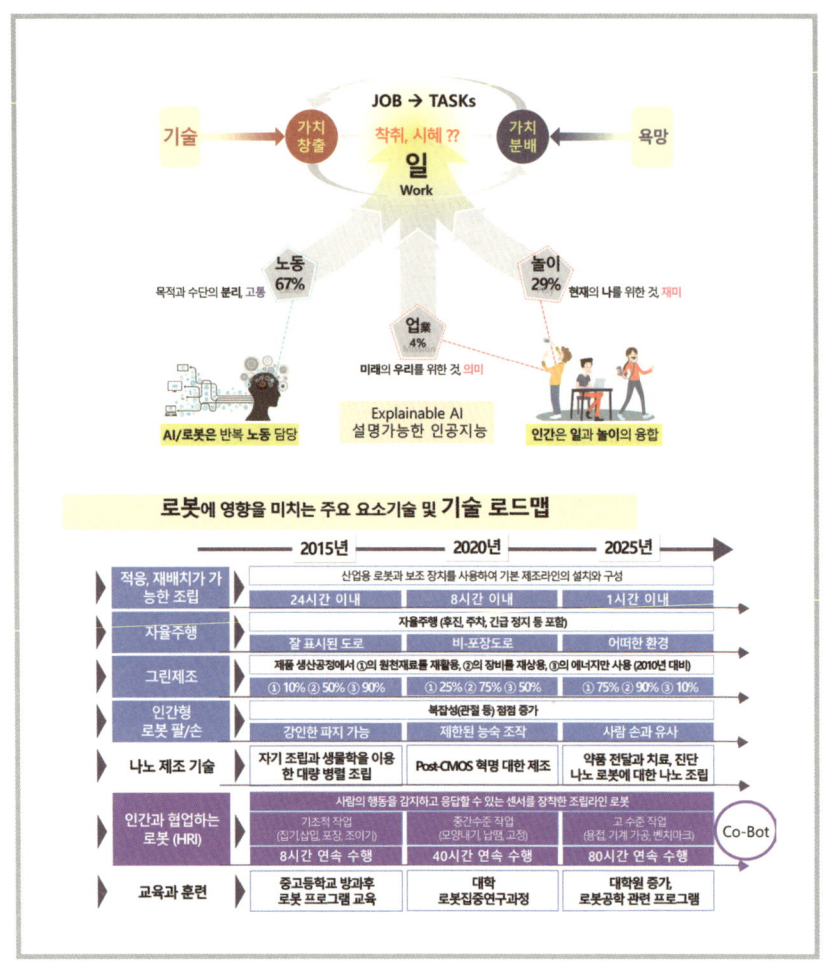

코봇(Co-Bot)과 인간의 협업

●● 코봇(Co-Bot)과 인간의 협업

위와 같은 네트워크 로봇이 및 클라우드 로봇 등이 인간과 협업하는 것이 중요해지면서 코봇Co-bot의 개념이 생성되었다. 또한 코봇이 각기 다른 역할을 담당하며 활동하기 위해 설명 가능한 인공지능이 중요한 요소로 부상하고 있다.

코봇의 활용은 아마존의 키바KIVA와 프라임에어Prime-Air와 같은 자율자동차, 드론 등 물류산업에서 볼 수 있다. 구글의 물류창고에서 클라우드 코봇이 어떻게 작동하고 있는지 보면, autonomous fork truck, pedestal robot, autonomous guided vehicle, robotic truck loader, delivery truck들이 물류창고에서 사람 대신 물건을 옮기고 있다. 또한 아마존의 물류창고의 경우 코봇이 45,000대 이상 투입되어 인간과 더불어 일하고 있다.

미국은 이러한 흐름에 따라 클라우드 코봇의 로드맵을 만들었다. 로드맵에 따르면 2020년까지 자율주행, 그린제조, 인간형, 나노기술, 그리고 인간과 협업하는 로봇 각각에 대해서 각각 자율주행은 비포장 도로, 그린제조, 인간형은 능숙한 동작, 그리고 협업하는데 있어서 모양내기, 납땜, 고정 등 중간 수준의 작업을 40시간 연속 수행할 것이다. 2025년이 되면 80시간 연속 수행 가능한 코봇이 개발될 것으로 보인다. 특히 이에 대해 IDC는 2023년까지 근로자의 35%가 업무를 돕는 봇이나 AI 기술을 이용할 것으로 예측했다.

●● 네트워크형/클라우드 로봇

'네트워크 기반 로봇URC'은 현재의 IT기술의 융복합화, 지능화 추세에 따라, 네트워크를 통한 로봇의 기능분산, 가상공간 내에서의 동작 등 인공지능과 융합된 로봇이다. 네트워크 로봇은 언제 어디에서나 나에게 필요한 IT 기반 지능형 서비스 로봇으로 주목받기 시작했다.

네트워크형 로봇을 유비쿼터스 로봇이라고도 일컫는데, 유비쿼터스 로봇의 특징과 기능은 다음과 같다. 우선 특징은, 스마트센서, 지능형 정보 입출력 장치 등을 지니고, 다양한 컴퓨터 및 디지털 기기와 스마트 환경 센서 등을 제어할 수 있고, 정보를 전달하는 통신 능력을 지닌 상징적 의미의 로봇이라는 것이다. 이러한 특징을 통해 로봇은 가상 인터넷 공간 및 현실 세계에서의 사람과 사람, 컴퓨터와 컴퓨터를 넘어 사람과 컴퓨터 간의 양방향 정보 전달과 상호작용이라는 기능을 수행한다. 따라서 유비쿼터스 로봇은 디지털 홈의 컴퓨터 및 디지털 기기와 연동되어 주거 환경과 인간을 연결하여 언제 어디서나 사용가능하다고 볼 수 있다.[30]

특히, 일본은 노인들을 보살피는 문제로 네트워크 로봇을 활용했으며, 한국은 재난 구조 로봇 분야에 투자하여 재난 구조 로봇 올림픽인 DARPA Challenge에서 우승했다. 또한 미국은 지능형 로봇 분야에서 웨어러블 로봇도 증가하는 등 다양하고 실용적인 네트워크 로봇을 개발하고 있다.

클라우드 로봇cloud robot이란 웹 기반의 클라우드 환경을 활용한 로봇으로 구글의 G4, 애플의 Siri 등이 있는데, 사물, 영상, 음성 등의 인식을 통해 명령을 수행한다. 로봇의 몸체는 입력된 환경을 클라우드로 보내 이에 맞는 정보를 클라우드에서 명령 받아 실행하는 매개체로써의 역할을 담당한다. 이 때 로봇의 뇌 역할을 하는 클라우드에서는 복

---

30) KCERN(2018), "4차 산업혁명과 콘텐츠의 미래 비전"

잡한 모션을 생성하고 환경 인지, 지식 검색 등의 고차원적 수행을 담당한다.

대표적인 예로, 구글의 G4의 자동영상사물인식은 클라우드 서버에 있는 막대한 양의 정보를 근거로 동영상이나 사진에 있는 사물을 판단한다. 2011년 제임스 커프너 James Kuffner가 국제로봇학회에서 발표한 자료에 따르면, 그는 구글이 가지고 있는 방대한 검색 데이터들을 로봇 인공지능에 활용하고자 했다. 여기서 로봇들은 다양한 동작을 위한 구글의 대용량 데이터베이스를 탑재하지 않아도 된다. 왜냐하면 특정 로봇의 경험을 다른 로봇과 공유할 수 있도록 만들었기 때문이다. 더불어 로봇 간 정보 공유를 통해 집단 지능의 발현도 가능하다.

•• 로봇 활용의 사례

A. 지능형 로봇과 의료/케어

의료에 있어서 정밀함과 신속함을 갖춘 지능형 로봇은 수술에서 매우 유리하다. 따라서 이전부터 인공지능을 탑재한 수술보조 로봇 및 수술 로봇은 꾸준히 발전을 이뤄왔다. 최근에는 더 나아가 재활, 간병 등 사람이 제공했던 서비스를 지능형 로봇에게 수행시키려는 노력을 하고 있다. 특히 현재 인구 노령화가 급속해지고 있어, 사람을 대체할 수 있는 지능형 로봇의 요구가 증대되고 있다.

수술 보조 및 수술 로봇의 예로는 다음과 같은 것들이 있다. 먼저 Intuitive Surgical사는 다빈치로봇 수술기 보급을 통해 수술로봇시장을 선도하고 있다. 다빈치로봇 수술기는 의사가 제어할 수 있는 수술 보조기구로 최소 침습 외과 수술을 가능하게 한다. 현재 전 세계적으로 미국 내 500여대, 유럽에 150여대가 보급되어 있으며,[31] 국내에도 삼성서울병원, 강남성심병원 등에서 도입하여 사용하고 있다. 한편 한국과학기술연구원KIST이 개발한 '닥터 허준'은 척추 디스크 미세 수술 로봇이다. 닥터허준은 허리디스크 통증을 치료하는 '경막외 신경 성형술', 즉, 뼈에 작은 구멍을 내고 특수한 카테터를 삽입해 염증 유발 물질을 제거하는데에 활용할 수 있다. 닥터허준은 2018년 전임상 시험에 성공하면서 실제 수술에서의 활용성과 안전성을 인정받았다.

9X 아타스ARTAS는 세계 최초로 의료용 승인을 받은 비절개 모발 이식용 로봇이다. 현재 국내에서도 사용되고 있는 이 로봇은 모낭을 정

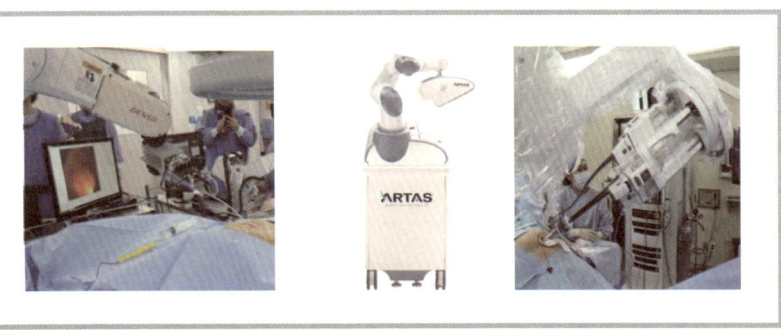

다빈치로봇 수술기, 9X 아타스(ARTAS), 닥터허준
자료: http://kormedi.com/1253208/디스크-수술-로봇-닥터-허준-전임상-최초-성공/(좌)
http://news.hankyung.com/article/201804043555a(중),
http://news.kmib.co.kr/article/view.asp?arcid=0013031655&code=61171911&cp=nv(우)

---

31) http://kangnam.hallym.or.kr/HRC/?scr=400&mcode=03&scode=01

밀하게 채취하며, 모든 각도에서 정확한 모발 이식이 가능하다. 통상 모발이식 수술은 2,500모 기준 6시간 정도 소요되나 9X 아타스를 이용하면 시간당 최대 1,000모까지 채취할 수 있다.

의료계에서는 수술뿐 아니라 재활 및 돌봄 서비스의 인력도 로봇으로 대체하고자 한다. 재활이나 돌봄 서비스는 환자에 대한 심리와 밀접하게 연결되어 있다. 따라서 심리에 민감하지 않은 서비스를 로봇에게 맡기거나, 로봇을 환자가 거부감이 느껴지지 않도록 하는 방향으로 개발해야 한다.

대표적으로 현재 개발된 로봇은 다음과 같다. 의료기기 제조업체 큐라코가 개발한 '케어비데Carebidet'는 중증 환자나 노인을 대상으로 한 자동 배변 처리 로봇으로, 비데에 내장된 센서로 환자의 대소변을 감지한 뒤 이를 즉시 처리해준다. 또한, 비데로 세정과 건조 과정까지 자동으로 실행하고, 살균 처리도 진행하기 때문에 감염 걱정은 물론 환자와 가족, 간병인의 편의를 모두를 고려한 로봇이다. 한편, '블라섬BLOSSOM'은 자폐 아동과 함께 동영상을 시청하며 자폐 아동이 사회적 행위 및 공감 능력 등을 습득하도록 돕는 로봇으로, 미국 코넬대와 구글이 협력해 개발했다. 흔히 로봇은 금속이나 플라스틱 소재일 거라고 생각하지만, 이 로봇은 핸드 크래프트 형태이다. 또한 바느질이나 뜨개질을 통해 로봇에게 옷을 입힐 수 있기 때문에 자폐 아동의 거부감을 줄일 수 있다. 블라섬의 경우 직접 행위를 하는 로봇은 아니다.

재활 로봇의 경우 웨어러블 기기가 많은 주목을 받고 있다. 어깨, 팔, 다리 등 부분적으로 재활이 필요한 환자들을 대상으로 운동 기능

치료가 주목적이다. 재활 로봇은 센서를 사용해 사람의 위치와 움직임, 그리고 환자가 환경과 어떻게 상호 작용하는지 습득하여 개인 맞춤으로 치료를 진행한다. 이는 외상으로 인해 운동기능에 문제가 생긴 환자부터 뇌졸중으로 장애를 갖게 된 환자 등 다양한 환자를 대상으로 할 수 있다.[32]

CES 2019에서도 삼성전자, LG전자, 일본의 아토운, 미국의 하모닉 드라이브LLC 등이 헬스케어 분야의 웨어러블 제품을 선보였다. 특히, 삼성전자에서는 보행 보조 로봇인 'GEMS'을 공개했고, LG전자에서는 'LG 클로이 수트봇'을 선보였다. 두 로봇 모두 근력저하나 질환 등으로 보행에 어려움을 겪는 이들의 재활을 비롯해 일상에서의 생활을 돕는다.[33]

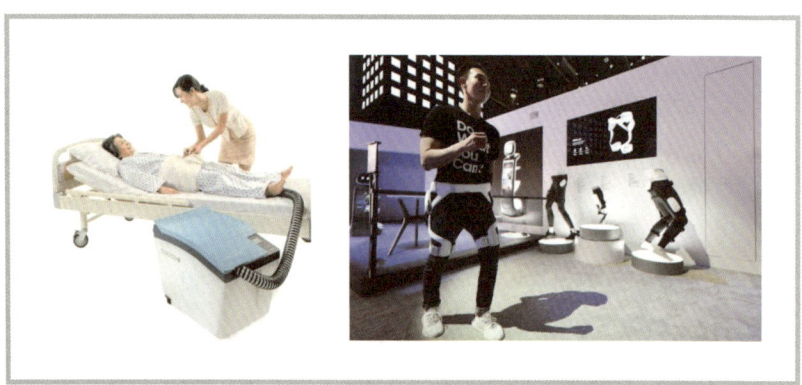

큐라코 케어비데, 삼성 GEMS
자료: JW홀딩스(좌), 삼성 뉴스룸(우)

---

32) 메디칼 리포트, 로봇팔로 만성 뇌졸중 환자 재활 나선다, 2019.1.2

특히, 일본은 노령화에 따른 재활 및 간병 로봇을 국가의 주요 산업으로 내세우고 있다. 일본은 한국보다 일찍이 고령화가 진행되었고 이에 대한 사회적 문제도 많다. 간호사와 간병인 부족이 대표적이다. 일본은 이를 해결하기 위해 Society5.0 플래그십 프로젝트 안에 'AI에 의한 간호 케어 플랜 개발'과 '자립지원 촉진 로봇 간호 기기 개발'을 포함시켰다. 정부는 이러한 간호로봇 활용으로 자립지원 등에 의한 피간호자의 생활의 질 유지·향상과 간호자의 부담 경감을 기대하고 있다. 이러한 사회적 분위기를 보았을 때, 일본에서 재활 로봇, 간병 로봇은 틈새시장이 아닌 주요 시장 중 하나로 자리 잡을 것으로 보인다.

현재 일본의 사이버다인에서는 본인의 힘보다 40% 더 낼 수 있는 로봇슈트를 개발했고, 해당 로봇슈트는 일본 간병시설에서 이미 널리 상용화되고 있다. 이로 인해 간병인이 돌볼 수 있는 평균 환자 수가 늘었다. 이 뿐 아니라 파나소닉, 토토 등 대기업도 간병 로봇과 보조기구 시장에 진출하고 있다. 같은 맥락에서 의료 산업에서 일본은 간호사 부족문제를 해결하고 있다. 파나소닉은 약과 검사체를 자동으로 운반하는 자율 반송형 로봇인 '호스피HOSPI'를 개발했다.[34]

---

33) 뉴시스, 걸치기만 하면 통증 줄고, 힘세지고... 입는 로봇 시대 온다, 2019.1.11
34) 한국경제, 늙어가는 사회와 싸우는 일, 간병로봇에 국운을 걸었다. 2019.1.23

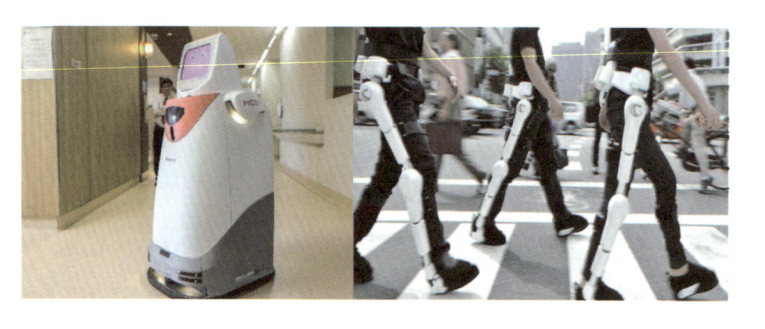

파나소닉 HOSPI, 사이버다인 HAL
자료: 파나소닉 뉴스룸(좌), 로봇신문사(우)

B. 지능형 로봇과 이동

자율주행차는 지능형 로봇의 사례 중 빠르게 진행 및 발전되고 있는 분야이다. 2013년 미국 고속도로교통안전국NHTSA에서는 다음 표와 같이 자율주행 5단계의 레벨NHTSA's Evolution of AVs을 발표했다. 이어 2014년에 나온 국제자동차공학회SAE 국제 표준에서는 위의 단계보다 한 단계가 추가되었다.

단계	구분	내용	주요기능
0단계	비자동	모든 기능 운전자 제어	
1단계	기능특화 자동	일부 기능만 자동화해 운전자의 안전을 강화	스마트 크루즈컨트롤, 차량차세제어 등
2단계	조합기능 자동	2개 이상의 제어기능을 자동으로 작동. 단, 운전자가 안전에 대한 제어권 소유	차선중앙유지, 핸들/ 페달제어
3단계	제한된 자율주행	특정 환경에서 모든 안전 기능 자동화. 운전자는 간헐적으로 제어가능	저속주행, 자동 차선변경
4단계	완전 자율주행	자동차가 모든 기능 및 제어, 모니터링	

NHTSA's Evolution of AVs

전통적인 업체들인 GM, Ford 등은 레벨에 따른 점진적인 접근 방식을 추구하고 있고 구글, 애플 등은 바로 레벨 3, 4(필요시만 운전자 개입 방식, 100% 자율주행 방식)로 가는 급진적인 접근 방식을 추구하고 있다. 대표적으로 구글 웨이모는 8년에 걸친 개발과 주행 데이터를 쌓은 결과 현재 완전자율주행이 가능한 레벨4의 자율차를 상용화했다. 더불어 스타트업 기업인 미국 드라이브닷에이아이DRIVE.AI에서는 딥러닝 기술로 3년 만에 레벨4 자율주행차 개발에 성공했다. 한국의 현대차는 SAE 레벨 기준으로 현재 레벨3(고도자율) 수준의 자율주행 기술을 보유하고 있으며, 이는 특정 상황에만 운전자 개입이 필요한 수준이다. 현대차는 2025년까지 레벨4를, 2030년까지는 레벨5의 완전자율주행의 목표를 세운 상태이다.[35]

위와 같은 자율주행차의 발전으로 우버는 다양한 자율주행차 업계들과 협력하여 시장의 크기를 확대해가고 있다. 또한 우버는 피츠버그에서 자율주행자동차 시범운행을 시작했고 캘리포니아주 샌프란시스코와 캐나다 토론토에서도 재개할 것을 밝혔다. 이로써 자율주행차의 상용화가 머지않아 보인다. 하지만 2018년 3월 우버 자율주행차로 인해 사고가 발생한 것으로 보아 아직 자율주행차에 대한 안전성 확보에 개선의 여지가 남아있는 것으로 보인다.[36]

드론은 자율자동차 만큼이나 이동에 있어서 지능로봇이 활용되는 사례이자 동시에 코봇의 사례이다. 아마존은 제품을 자사 물류센터에

---

35) thebell, 현대차, 시티 전담팀 신설, 자율주행 레벨 4 박차, 2019.1.29
36) 머니투데이, 우버 자율주행 9개월 만에 재개... 안정 규정 강화, 2018.12.21

구글 Waymo, Uber 자율주행차
자료: waymo.com(좌), recode.net(우)

서 배송 데스크로 이동시키는 자율차 '키바KIVA'를 이용해 운영비용을 20% 절감하면서, 컨테이너를 운반하는 로봇 '로보스토Robo-Stow'와 드론으로 물건을 배송하는 '프라임 에어Prime-Air'와 같은 로봇을 활용해 효율의 극대화를 추진했다. 프라임 에어Prime Air 시범 서비스는, 착륙장소가 있어야 드론이 정확히 착륙할 수 있다는 점에서 드론의 도시 인프라도 중요한 비중을 갖고 있다는 것을 보여준다. 따라서 2016년 미국에서는 상업용 소형 드론에 대해 새로운 규정이 발표되었다. 새로운 규정 내용으로는 육안으로 볼 수 있는 주간사용에서 시야를 넘어서는 것이 허용되고, 최대 고도도 122m에서 전 공역으로 확대하면서 고도제한 규제를 유연화 하였다. 미국정부는 규제에서 벗어나 미국인의 16%(시장의 변곡점)가 드론을 활용하도록 하는 것을 목표로 하고 있다.

2016년 Intel에서는 100대의 드론으로 호주 시드니의 오페라하우스와 하버 상공을 동조화 비행하며 지상의 연주와 맞추어 오케스트라를 하는 사례를 보여주었다. 이를 통해 앞으로 불꽃 쇼가 드론 쇼로 대체됨을 예상할 수 있었다. 예상대로, 2018년 평창 올림픽 개막식에서 1,218대의 드론으로 올림픽 오륜기 및 마스코트 수호랑을 하늘위에 수놓는 드론쇼를 펼치며 드론공연의 세계최고 기록을 세웠다.

C. 지능형 Chat-bot

한편, 딥러닝, 자연어처리 등 인공지능 기반 기술이 발전하고 있는 가운데 사용자가 체감 할 수 있는 인공지능 서비스인 '챗봇'이 전 산업 분야로 확산 될 것으로 보인다. 챗봇은 정보 이동 및 전달을 대신해주는 역할을 하며, 특히 메신저앱과 스마트기기를 통한 대화형 인터페이스의 대중화에 따라 급속히 성장 중이다.[38]

이에 따라 지능형 로봇 개발에 소프트웨어 기업이 대거 참여하고 있으며, 대표적으로 구글, 아마존, 애플 등이 참여 중이다. 구글은 인공지능 비서인 구글 어시스턴트Google Assistant를 탑재한 음석인식 스피커 구글 홈Google Home은 음성을 인식해 음악 재생, 예약, 메시지 전송 등의 서비스를 제공하고 있다.

일반인이 활용할 수 있는 인공지능 비서 '알렉사Alexa'를 탑재한 '에코Echo' 스마트 스피커도 상당한 인기를 끌었다. 애플은 아이폰의 부품을 활용한 로봇을 만들기 위해 '리암'을 이용하여 아이폰 분해 공정작업을 하고 있다. 분해한 부품으로는 음성인식 서비스 시리Siri를 탑재한 인공지능 스피커 홈팟HomePod을 출시했다.[38] 현재 출시된 여러 인

---
37) 한국정보화진흥원(2018), "인공지능 기반 챗봇 서비스의 국내외 동향분석 및 발전 전망"

공지능 비서 로봇들은 지능형 비서에 해당된다. 이는 향후 감성인지기술과 데이터 정형화 기술이 발전하면서 정보를 넘어 감성의 교류까지 가능해질 것으로 예측된다.

미국의 지능형 로봇

지능형 로봇의 발전이 활발한 국가로는 미국이 대표적이다. 국방을 위한 군사용 로봇 사례로 2003년부터 시작된 미국 DARPA의 Warrior Web Project가 있다. 이 프로젝트는 인간성능 증강을 위한 골격프로그램으로 슈퍼병사를 만드는 것을 목표로 한다. 국방용 로봇은 로봇 자체가 될 수도 있지만 팔/손/다리에 착용할 수 있는 웨어러블의 형태로도 존재한다. 이와 더불어 팔/손/다리에 착용할 수 있는 Robot Shoulder, ERI사의 EWA 같은 지능형 로봇은 의료, 산업 등의 실용적인 분야에서도 활용되고 있다.

구글은 로봇과 인공지능을 융합시켜 다양한 분야까지 구글의 정보로 관리할 수 있도록 거대한 M&A전략을 실행하고 있다. 그 결과 구글은 증강현실, 카메라, 인공지능, 동작인식, 로보틱스 등 핵심기술을 보유하게 되었다. 한편, 미국은 클라우드 로봇에 속하는 Flying robot swarms, Collective Kilobots같은 군집로봇을 개발했다. 이는 크기가 작은 로봇들이 서로 협력하여 일을 수행하는 특징을 갖고 있다. Flying robot swarms같은 경우는 재난시 인명구조나 건설 시 건축자재와 부

---

38) 김선형(2018), 지능형 로봇의 현재와 미래. 한국정보기술학회지

품 쌓기, 콘서트에서 악기연주 등을 할 수 있다.

또한 Collective Kilobots는 개미의 집단지능을 활용한 생체모방학/생체의생학 기술을 접목하였으며, 자기조립 알고리즘을 갖추고 적외선을 통한 위치감지나 소통을 할 수 있다. 1,024개로 구성된 킬로봇은 주로 집단 인공지능을 기반으로 군용 정찰, 우주 탐사에 활용되고 있다.

한국의 지능형 로봇

한국의 지능형 로봇의 동향도 이동의 자율화와 노령화 시대 대비라는 큰 틀 안에서 이루어지고 있다. 한국은 카이스트 오준호 박사가 'DRC휴보'를 통해 미국의 DARPA Challenge에서 우승했고, 장병탁 교수가 서비스 로봇에서 우승하는 등 지속적으로 연구와 발전이 이루어지고 있다. 중견 로봇 기업인 로보티즈는 소형 휴머노이드 '로보티즈 미니'를 출시했고, 상용화를 목표로 하고 있다. 또한 한국미래기술에서는 세계 최초 1인 탑승형 2족 보행 로봇인 'METHOD'를 개발했는데, 이는 자율 보행과 동시에 탑승 형태의 세계 최초 거대 로봇으로 인정받고 있다.

로봇의 미래와 의의

위와 같은 지능형 로봇의 발전 상황을 보았을 때, 로봇은 인공지능과 딥러닝을 통해 사람의 오감을 갖게 되었다. 이는 로봇이 판단할 수 있는 요소들이 늘어난 것이고, 이전보다 정교하고 세심한 작업이 가능해진다는 것이다. 따라서 로봇이 수행하는 작업, 서비스 등은 안전성과 정확성을 확보하게 된다. 대표적으로 수술 로봇의 경우 현재는 의사의 제어가 필요한 로봇들이 주로 상용화되고 있지만 좀 더 정교한 감각을 가진 로봇들이 의사 없이도 수행할 수 있을 것으로 예측된다.

그러나 지능형 로봇의 핵심은 단순 업무의 대체이다. 로봇으로 인한 이동의 자율화를 살펴보면, 물류창고에서 드론이 물건을 운송하고, 우버 택시 같은 자율자동차는 사람을, 인공지능 비서는 정보를 전달한다. 이는 인간의 복잡한 행위를 수행하는 일련의 과정 중 '이동' 업무를 대체하고 있는 것이다. 같은 맥락으로, 노령화로 인해 몸의 움직임이 둔화된 인구의 비율이 증가한 상황에서 웨어러블 로봇이나 재활 로봇이 움직임의 개선을 돕거나 동작을 대체하는 것도 단순 업무의 대체로 볼 수 있다.

맥킨지는 일자리의 4%만 단순 업무이고, 나머지는 복합적인 일에 해당한다고 발표했다. 따라서 단순 업무를 로봇들이 해준다면, 4%의 낭비되었던 에너지를 복합적인 일에 투자할 수 있게 된다. 이는 인간이 로봇을 활용하면서 전체적으로 일의 부가가치가 올라갈 수 있음을 예측할 수 있다.

빠른 미래엔 이러한 지능형 로봇이 현재의 일자리의 상당 부분을 대체할 것이다. 그러나 로봇이 대체하는 일자리는 인간의 생리적 욕구, 안전의 욕구 등을 충족시키는 분야이며, 인간은 보다 고차원적인 욕구를 충족하는 부분에서 새로운 일자리가 창출될 것이다. 결국, 미래 일자리 측면에서 로봇과 인간이 경쟁 구도를 갖지 않는다. 오히려, 로봇을 활용할 줄 아는 인간과 그렇지 않은 인간이 경쟁할 것을 필자는 주장한다. 이러한 과정에서 인간과 협력하는 코봇은 새롭게 주목할 산업이다.

Smart Transform

정신적 욕망을 충족시키는 기술, AR과 VR

●● 증강·가상현실의 개요

3D프린팅과 로봇이 인간의 육체적 욕망을 충족시켜준다면, 증강현실AR, 가상현실VR은 정신적 욕망을 충족시켜준다. AR은 실제 현실에 가상의 정보가 가미되는 반면, VR은 완전히 허구적 가상의 환경을 조성하는 기술이라는 점에서 차이가 있다. VR에서는 사용자가 현실과 단절되어 가상세계에 몰입하지만 AR에서는 현실의 사용자를 가상이 보조한다는 차이가 있다.

증강·가상현실은 정신적 욕망을 충족시키는 역할을 담당한다. 인간의 정신적인 욕망을 충족시키려면 뇌가 착각할 정도의 오감과 증강·가상현실 환경이 정밀하게 융합되어야 한다. 웨어러블 기기들의 수많은 Depth 센서들이 오감 정보를 수집하고, 이를 분석하여 실시간 피드백을 제공하는 시스템이 필요한 것이다.

●● 증강·가상현실 생태계 구조

AR · VR산업은 콘텐츠Contents, 플랫폼Platform, 네트워크Network, 디바이스Device가 결합된 C-P-N-D 생태계형 산업이라고 할 수 있다. 중소기업들은 어플리케이션 분야와 이를 활용한 마케팅, 새로운 비즈니스 모델 등에서 사업 기회들을 만들어가고 있다. 반면에 기기와 플랫폼은 대규모의 투자가 필요하므로 대기업의 영역이다.

A. 콘텐츠

증강현실 콘텐츠는 대중 소비자 보다 산업 중심이며, 콘텐츠의 절대적인 수도 많지 않다. 가상현실 콘텐츠의 경우 전체 콘텐츠 중 엔터테인먼트 및 게임 분야 개발사례가 압도적으로 많다. 최근 대형 게임 개발사를 비롯해 다양한 스타트업들이 가상현실 콘텐츠를 속속 개발하고 있는 추세이다.

B. 플랫폼

증강 · 가상현실 콘텐츠 제작 및 개발도구를 제공하는 기술 플랫폼과 AR · VR 콘텐츠를 사용자에게 제공하는 유통 플랫폼이 존재한다. 대부분 글로벌 IT · 게임 대기업 주도로 플랫폼이 형성되어가는 추세이다.

C. 네트워크

AR · VR 콘텐츠를 원활하게 이용하려면 초고속, 초저지연 데이터 송수신이 가능한 5G 수준의 네트워크가 필요하다. 국내의 경우 통신3

사SKT, KT, LG U+에서 5G 상용화를 시작했다.

D. 디바이스

주요 IT 기업, 게임기업 및 스타트업들에 의해 다양한 유형 디바이스들이 출시되고 있다. HMD 등 AR·VR 디스플레이 기기와 사용자 데이터 수집을 위한 컨트롤러, 영상촬영기기, 주변장치 등이 디바이스에 포함된다.

●● 증강·가상현실 디스플레이 디바이스

AR은 모바일 중심 AR과 안경형태의 디바이스를 사용하는 스마트 글래스 AR로 구분할 수 있다. 모바일 AR은 기존 스마트폰 등을 활용하기에 별도로 하드웨어를 구입할 필요가 없으나, 몰입도와 사용 편의성은 상대적으로 낮을 수밖에 없다. 반면 스마트 글래스 AR은 사용편의성은 높지만 디바이스 가격이 비싸고, 상용화된 제품 또한 많지 않다

 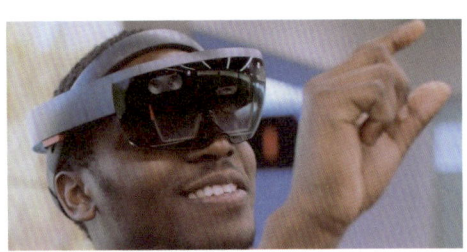

(좌)Magic Leap One, (우)Hololens2
자료: (좌) Time.com, (우) 마이크로소프트

(좌) HTC vive pro, (우) Oculus Go
자료: (좌)CGMagazine (우)Cnet

는 단점이 있다. AR을 위한 대표적인 스마트 글래스로는 Magic Leap의 Magic Leap One, 마이크로소프트의 Hololens2 등이 존재한다.

VR은 기기는 스마트폰을 모듈처럼 탈부착하는 HMD^{Head Mount Display}와 일체형 HMD가 있다. 탈부착형의 대표적인 제품으로는 삼성의 Gear VR, 구글의 Cardboard Zeiss VR ONE의 Carl Zeiss VR이 있고, 일체형으로는 오큘러스의 Oculus GO, HTC의 Vive Pro, Sony의 Playstation VR 등이 있다.

•• 증강·가상현실 디스플레이 디바이스 주요기술

A. 디스플레이 기술

증강 · 가상현실 콘텐츠에 사용자를 시각적으로 몰입시키기 위한 핵심 기술이다. 디스플레이 기술은 시야각^{FOV; Field of View}과 해상도, 재생 빈도로 구분할 수 있다.

현재 개발되어 있는 VR HMD의 시야각은 최소 90°, 최대 210° 수준이며, 제품별 평균 110° 수준의 시야각을 가지고 있다. 일반적으로 높은 몰입도를 위한 적정 시야각은 좌우 120°, 상하 135° 수준이다. AR HMD의 시야각은 최소 15°, 최대 90°에 달하는 등 제품별로 큰 편차를 보인다. 몰입감 극대화를 위해서는 4K 또는 8K 수준의 해상도가 필요한데, 이를 구현하기 위해서는 디스플레이 기술뿐만 아니라 CPU, GPU, 배터리 등 기타 하드웨어의 기술개발도 함께 필요하다. 또한 시간당 화면 프레임 표시빈도가 높을수록 사용자의 멀미발생은 최소화되는데, 인텔은 이 최적 표시빈도를 120Hz 수준으로 정의했다. 그러나 아직까지 출시되는 제품들은 이 수준을 맞추지 못하고 있다.

B. 트래킹 기술

트래킹 기술은 디바이스를 착용한 사용자의 신체 위치, 눈동자의 움직임, 기타 생체 데이터 등을 추적하는 기술이다. 각종 센서 및 처리 기술을 통해 사용자를 추적하고, 이를 콘텐츠에 반영한다. 대표적으로 Microsoft는 추적 대상이 시야에서 벗어나거나 장애물에 가려져도 트래킹을 유지할 수 있는 인사이드-아웃 트래킹 기술을 개발하여 증강·가상현실 기술의 활용 편의성을 향상시켰다.

C. 렌더링 기술

최종 출력되는 콘텐츠를 고해상도로 구현하는데 필요한 하드웨어 및 소프트웨어 기술을 렌더링 기술이라고 한다. 사용자에게 고품질 콘텐츠를 실시간으로 제공하기 위해 지연시간 단축(20ms 이하), 이미지 생성속도 향상 등의 기술 연구개발이 NVIDIA, AMD, INTEL 등 기업들에 의해 진행되고 있다.

D. 인터랙션 및 사용자 인터페이스 기술

키보드나 마우스 등 PC중심으로 설계된 입력장치만으로는 증강·가상현실 콘텐츠를 사용자 마음대로 조작하기 어렵다. 때문에 음성이나 동작, 생체신호 등을 인식해 증강·가상현실 환경에 반영하는 기술들이 대두되고 있다. 아마존은 인공지능 음성 인터페이스 Alexa를 Smart glass에 적용하는 것을 추진하고 있고, Leap motion은 적외선 카메라 트래킹 기술을 바탕으로 사용자의 손바닥 및 손가락 정보를 추적하고 이를 가상현실 속에서 반영할 수 있는 동작 인터페이스 기술을 개발 했다.

Virtuix의 'Omni'는 사용자 신체 움직임을 HMD와 결합하여 가상현실 세계를 보다 더 실감나게 체험할 수 있도록 해주는 장비이다. 허리에 달린 스트랩(지지대)과 전용 신발을 통해 HMD로는 인식할 수 없었던 신체의 동작을 인식 가능하게 되어 시선과 움직임을 일치시켜 가상현실 기기 사용 시 일어나는 멀미 문제도 해결 가능하게 된다.

Cyberith의 '버추얼라이저'는 전체적으로는 버추이스 옴니와 비슷하지만 버추이스 옴니가 고정 지지대를 가지고 있는데 반해 버츄얼라이저는 조절이 가능한 지지대를 가지고 있어 버추이스 옴니에서는 불가능한 앉기, 엎드리기, 옆으로 걷기, 점프 등 훨씬 더 복잡한 움직임을 구현할 수 있고 몸을 웅크리는 동작도 구현이 가능하다. MYO는 팔

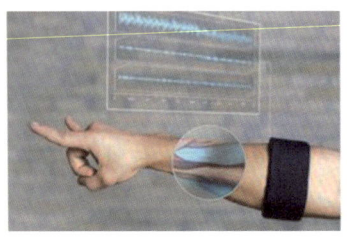

(좌)MYO, (우)Virtuix의 omni
자료: MYO, VIRTUIX

목에 착용하는 암 밴드 형태의 제스처 컨트롤 기기이다. 버추이스 옴니가 큼직한 모션을 인지한다면 'Myo'는 근육의 세부적인 움직임을 중심으로 파악하여 가상세계에 반영한다.

•• Network, 증강·가상현실과 5G의 만남

이동통신 기술은 1G, 2G, 3G, LTE 등과 같이 기술을 세대generation로 구분한다. 이때 각 세대를 구분 짓는 것은 '기술적 혁신'과 그에 대한 '표준'이다. 이동통신 기술이 다음 세대로 발전할 때마다 새로운 주파수와 무선접속radio access 기술, 그리고 신규 네트워크 기술이 도입되고, 그에 적합한 표준이 정해진다.

5G 이동통신 기술은 크게 세 가지 기술진화 방향을 목표로 삼고 있다. 첫 번째가 초광대역 서비스eMBB: enhanced Mobile Broadband 구현, 두 번째가 고신뢰/초저지연 통신URLLC: Ultra Reliable & Low Latency Communications 구현, 세 번째가 대량연결mMTC: Machine-Type Communications 구현이다. 요약하

면 초고속, 초저지연, 대량연결이라는 3가지 특징을 가지는 것이다.

증강·가상현실 콘텐츠는 실제 현실과 같은 실감도를 가져야하며 (초고해상도, 고용량), 실시간 반응성(초저지연, 초고속) 또한 갖추어야 한다. 증강·가상현실 콘텐츠는 2D 콘텐츠 용량보다 적게는 수배, 많게는 수십 배의 용량을 차지한다. 기존의 4세대 이동통신으로는 초고해상도의 콘텐츠를 불편 없이 소비자에게 제공하기 어렵다는 것이다. 국내 이통 3사는 2018년 12월부터 5G 주파수를 송출하기 시작했고, 삼성과 LG는 2019년 2월 각각 5G 적용 스마트폰을 공개했다. 수개월에서 수년 내에 5G 적용 된 증강·가상현실 기기들도 보편적으로 출시되기 시작할 것이다.

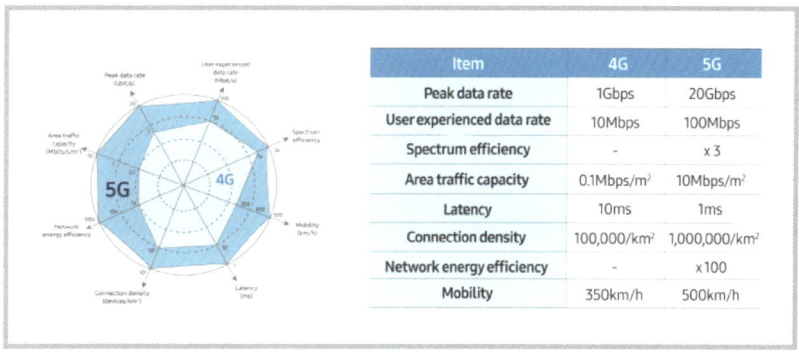

4G와 5G 요구사항 비교
자료: SAMSUNG

증강·가상현실 플랫폼

증강현실 플랫폼

애플의 ARKit, 구글의 ARCore, 페이스북의 Camera Effects Platform 등 글로벌 IT 기업들이 증강현실 플랫폼을 차례로 개발하며, 각각 생태계를 조성하는 중이다. 2017년 애플이 연례개발자회의에서 선보인 증강현실 개발자 플랫폼 'ARKit'는 아이패드와 아이폰 기반 AR 콘텐츠 개발을 기술적으로 지원한다. 2018년에는 'AR Kit2'를 출시했으며, 이 플랫폼을 활용하면 포켓몬 GO과 같은 증강현실 앱개발이 쉬워진다.

2017년 구글이 발표한 안드로이드 스마트폰용 증강현실 플랫폼인 ARCore도 애플의 ARKit과 유사한데, 스마트폰에서 작동하는 AR APP 개발을 지원한다. 구글은 2018년 3월부터 그 동안 지지부진한 행보를

구분	ARKit	ARCore
공식 발표일	2017년 6월 5일	2017년 8월 29일
적용 OS	iOS 11 이상	안드로이드 7.0(누가) 이상
지원 디바이스	A9/10 프로세서 탑재 아이폰/아이패드 (아이폰 6S/6S+/7/7+/8/8+/X/SE)	안드로이드 스마트폰 36종 (2018년 6월 1일 기준)
부가 하드웨어	없음	없음
지원 기능	모션추적 / 주변환경이해 / 광원추정	모션추적 / 주변환경이해 / 광원추정

AR HMD 기기
자료: IITP

보였던 Tango 중단하고 ARCore에 집중할 것이라 발표했다.

2017년 페이스북도 F8 콘퍼런스에서 Camera Effects Platform을 발표했다. Camera Effects Platform은 AR Studio와 Frame Studio로 구성된 카메라 효과 플랫폼이다. 페이스북 CEO인 마크 저커버그는 콘퍼런스에서 "주류가 되는 최초의 증강현실 플랫폼은 스마트 글래스가 아니라 카메라가 될 것"이라 밝혔다.

가상현실 플랫폼

가상현실 기술플랫폼으로는 구글의 '데이드림'이 있다. 구글은 데이드림과 호환되는 스마트폰 기종을 확대해가며 생태계를 구축해나가고 있다. VR 콘텐츠가 유통되는 플랫폼은 현시점에서 크게 게임유통 플랫폼, 영상유통 플랫폼, 오프라인 VR방으로 나누어 볼 수 있다. 게임유통 플랫폼으로는 VALVE의 스팀 마켓 플레이스, 페이스북의 오큘러스 스토어, 소니의 PlayStation Store 등이 존재한다. 그 중 페이스북과 소니는 자체 디바이스와 플랫폼을 연계하여 가치사슬을 통합하고 있으며, 밸브는 디바이스 업체인 HTC와 제휴하여 경쟁력을 확보하려는 모습을 보이고 있다. VR 영상유통 플랫폼의 경우 기존 2D 영상 플랫폼이었던 페이스북, 유튜브, 트위치 등이 VR영상까지 제공범위를 확장하고 있다.

마지막으로 VR방이다. VR기기는 가격, 킬러 콘텐츠 부족 등의 문제로 개인이 구입하기 쉽지 않다. 업계에서는 VR 기기를 보유한 개인 유저들의 규모를 500만 명 이하로 추산하고 있는데, 결국 아무리 좋은 콘텐츠를 개발해도 500만 건 이상 판매는 힘들다는 것이다. 그래서 현재 많은 콘텐츠 개발사들은 아직 성숙하지 못한 B2C 시장 대신 VR방으로 대표되는 B2B 비즈니스를 공략하고 있다. 2000년대 고사양 PC 구매가 힘들었던 사람들이 게임을 즐기기 위해 PC방을 찾았듯, 고사양 VR기기 구입이 힘들 사람들이 VR방을 찾고 있다.

증강·가상현실의 Contents

여가·관광을 위한 증강·가상현실의 활용

해외여행은 그 나라의 문화와 역사, 자연을 접할 수 있는 여가 생활이지만, 시간과 돈, 그리고 체력이 필요하기에 대부분의 사람들은 긴 여행을 쉽게 떠나지 못하곤 한다. 이러한 고비용과 많은 시간이 들어가는 문제를 VR이 해결해줄 수 있기에 이스라엘은 역사적인 유물이 풍부한 예루살렘에 VR 기술을 도입했다. 이를 통해 관광객들이 현대 건축물에서 훼손되거나 없어진 과거 예루살렘의 역사적 유적지를 VR 기술로 체험할 수 있도록 만들었다.

예루살렘의 '다윗탑 박물관'은 호주의 '리토모도스 VR^{Lithodomos VR}' 회사, 'ToD 이노베이션 랩^{ToD Innovation Lab}'과 함께 관광객들이 특정 위치에서 VR 헤드셋을 착용하면 그 위치의 2000년 전 예루살렘 모습을 볼 수 있도록 하였다. 이때 사용되는 VR 헤드셋에는 360도 3D 이미징 기술이 내장돼 과거의 모습을 더욱 현실적으로 볼 수 있으며, 삼성의 갤럭시 7, 기어 VR 헤드셋, 그리고 이어폰 등이 사용 되었다.

VR게임 개발사인 '모아지오'는 2017년 태권도의 도시인 '무주군'과 함께 VR게임인 '태권도 VR'을 제작하여 '무주 WTF 세계태권도선수권대회'에서 공개했다. 사용자가 보다 친숙하게 태권도를 접할 수 있도록 팔과 다리에 '트리거'를 부착해 몸의 움직임을 인식하게 하였으며, 'HTC 바이브'를 통해 즐길 수 있도록 제작되었다. 이를 통해 사용자들이 가상현실 공간 속 '로봇'과 태권도 대련을 펼치며 태권도에 대해서 쉽게 다갈 수 있도록 하였다.[39]

● 게임을 위한 증강·가상현실의 활용

VR의 활용에는 다양한 분야가 있지만, 사람들에게 재미를 줄 수 있는 게임분야는 당연 VR 시장 중에서 가장 큰 시장 중 하나라고 말할 수 있다. 북미 시장조사업체인 '슈퍼데이터'는 'VR 하드웨어 및 소프트웨어' 시장 규모가 2022년 약 18조 원으로 2018년 대비 4배 이상 성장할 것으로 예측했고, 소프드웨이 분야 매출의 약 70%가 VR 게임에서 나올 것으로 추산하였다. 앞으로 5G 기술이 발전하고, 오감을 통합하는 센서퓨전이 일어나면서 VR 게임 시장의 성장세는 가속화 될 것이며 VR 시장으로의 게임업체 진출 역시 급증할 것으로 예상된다.

PC게임인 '로스트아크'로 유명한 '스마일게이트'는 2019년 상반기에 VR 게임 2종을 자체개발하여 출시할 예정이라고 밝혔다. 또한,

---

[39] https://www.youtube.com/watch?v=hTJ6f2KfuRg

가상 연애 VR게임 '포커스 온 유'에 이어서 중세시대 모험 게임인 '로건'을 공개할 계획이라고 한다. 이들 게임에는 모션 캡처 기술이 적용되어 생동감이 더해졌다. 중소 게임업체 '한빛소프트'도 자사의 액션게임인 '헬게이트: 런던'을 VR 버전으로 개발해서 2019년 중으로 선보일 계획이며, '엠게임'도 '프로젝트X', '열혈강호 액션 VR' 등 VR 신작을 개발하고 있다.

특히 2019년을 기점으로 5G 시대가 시작되고 있으나 아직 5G를 활용할 수 있는 콘텐츠는 부족하다. 3G를 시작으로 블로그가 활성화되고, 4G가 유튜브의 시대를 이끌었다면 5G는 VR의 시대를 유도할 것이다. 이미 국내에서도 5G 시대를 맞이한 다양한 시도들이 있다. KT는 '드래곤플라이'와 함께 슈팅게임 '스페셜포스 VR'을 선보이기도 했으며, VR 게임업체인 오아시스와 함께 가상 연애 게임 '러브 레볼루션'을 개발하고 있다.

•• 의료를 위한 증강·가상현실의 활용[40]

'Virtually Better'와 'Psious', 'Bravemind'는 가상현실을 이용하여 불안장애, PTSD(외상 후 스트레스 장애), 혹은 고소공포증, 광장공포증, 동물공포증 등의 각종 공포증이 있는 환자들을 치료하는 회사이다. 위 회사들은 환자가 무서워하는 상황에 지속적으로 노출 될 때 증상이 치료되는 노출치료 exposure therapy 방식을 제공한다. 치료하는 동

---

40) https://medicalfuturist.com/top-vr-companies-healthcare

안에는 의사가 함께하면서, 상황의 정도를 조절하고, 각 상황별로 환자의 데이터를 수집하여 적절한 상황을 즉각적으로 처방하게 된다. 특히 'Bravemind'는 PTSD를 가지고 있는 군인들을 전문적으로 타겟팅하고 있다.

'Firsthand Technology'는 기존에 약물로 고통을 줄여주던 만성 통증 치료의 대안책으로 VR을 활용하였다. 'Firsthand Technology'의 연구에 따르면 약물은 고통에 대한 생각을 약 10%만 줄여주는 반면에 VR은 48% 단축시킨다고 한다. 이를 바탕으로 'Cool!'과 'Glow'라는 프로그램을 제공하여 단일 환자뿐만 아니라 병원에서도 활용할 수 있도록 하고 있다.

'ImmersiveTouch'와 'Osso VR'은 외과의사가 환자의 수술을 미리 준비하고, 사전에 가상 수술을 진행해볼 수 있도록 해주는 가상현실 수술교육 플랫폼이다. 특히, 'ImmersiveTouch'는 환자의 MRI나 CT 스캔 정보를 클라우드에 업로드 하고, 이를 3D VR로 재구성하여서 외과의사가 수술의 리허설을 하거나, 의대생들이 가상으로 교육 실습을 할 수 있도록 제공한다.

또한 'Medical Realities'는 수술하는 장면을 실시간 VR로 전송하여서, 공부중인 의대생이나, 관련 직종 사람들 혹은 친척들이 이를 확인할 수 있도록 서비스화 하였다. 그리고 스위스의 정형외과 의사들은 모두 'VirtaMed'사의 ArthroS 시뮬레이션 시험을 통과해야 하는 절차를 통해서 의사들이 가상현실로 더욱 정확한 실습을 할 수 있도록 하였다.

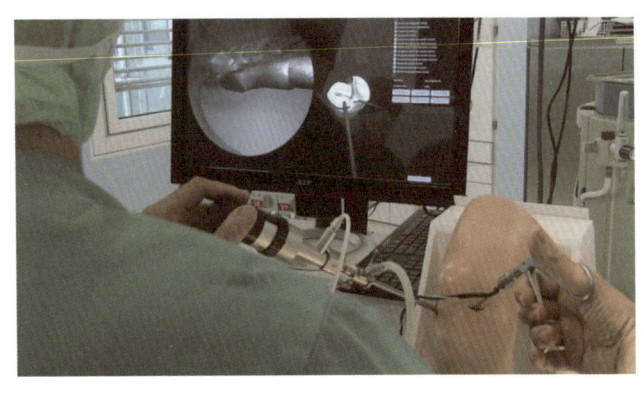
'VirtaMed'사의 제품을 이용한 수술 시뮬레이션
자료: The Medical Futurist

　'VirZOOM'은 '마법 자전거 magic bike'에서 VR을 제공하면서 빠른 재활치료 서비스를 제공한다. VR과 연동된 운동용 실내자전거를 활용하여 사이클 선수, F1 드라이버, 탱크 지휘관 등이 되어볼 수 있는 VR 게임을 제공하여 능동적으로 운동할 수 있도록 유도한다. 또한 캐나다의 'Gesture Tek Health'는 제스처 인식 기술과 VR을 활용하여 환자들의 신체적, 인지적 능력을 키워주는데, 재미가 없으면 참여하지 않는 어린 아이의 재활치료에 효과적이다.

　그리고 2011년 신경과학자가 설립한 'MindMaze'는 가상현실, 뇌영상, 게임 기술을 이용하여 뇌졸중 환자의 뇌를 재교육하는 장치를 출시해 4년도 채 되지 않아 스위스 최고의 기술 스타트업 중 하나로 선정되었다. 생각이나 시각으로 물체를 움직일 수 있도록 하는 눈 추적 헤드 마운트 장치 eye tracking head mount device를 이용하여 'Eye Play the Piano'는 사지를 움직이기 어려운 환자들이 생각이나 시각만으로 피아노를 연주할 수 있도록 하였다.

●● 산업제조를 위한 증강·가상현실의 활용

증강·가상현실이 앞으로 가장 크게 사용되고 응용될 분야는 섣불리 진행하기에 어려운 고비용, 고위험한 분야가 될 것이다. 그러한 관점에서 산업제조 환경은 증강·가상현실이 가장 필요한 시장이라고 볼 수 있을 것이다.

프랑스의 혼합현실 개발사인 'Asobo Studio'에서는 마이크로소프트사의 'HoloLens'를 사용해서 산업용 크레인을 시뮬레이션 할 수 있는 프로그램을 만들어서 제공하였다. 이 프로그램은 중장비를 사용하기 전에 증강현실을 통해서 현장에 장비를 설치해보고, 이 장치가 잘 작동하는지를 직접 시뮬레이션 해볼 수 있도록 도와준다. 또한 중장비 기술자를 육성함에 있어서 가상으로 장치를 작동시켜 교육적인

'Asobo Studio'에서 제공하는 증강현실 현장 교육
자료: Asobo Studio

면으로도 상당한 활용성과 안전성을 보여주고 있다.

•• 공연 및 스포츠를 위한 증강·가상현실의 활용[41]

SM 엔터테인먼트는 2017년 '디지소닉DIGISONIC'과 협력하여 자사 연예인을 배경으로 제작한 VR 콘텐츠를 선보였다. 코엑스에 위치한 SM타운에서는 인기 아이돌 그룹인 '엑소EXO'의 컴백에 맞춰서 VR 체험존이 만들어 졌는데, 이를 경험하기 위해서 상당한 수의 팬들이 몰려들었다. 이를 바탕으로 SM 엔터테인먼트는 증강·가상현실과 문화적인 요소가 결합한 몰입형 콘텐츠기 사람들에게 더욱 친근하게 다가오고, 파급력이 극대화 된다는 것을 보여주었다.

SM 엔터테인먼트는 SK텔레콤과 함께 'everysing x Social VR'을 CES 2019에서 선보였다. 이는 가상현실 플랫폼인 'Social VR'과 SM 엔터테인먼트의 노래방 플랫폼 'everysing'을 결합한 콘텐츠로 가상현실 속에서 다른 참여자와 함께 노래를 부를 수 있도록 하면서, 문화 콘텐츠와 기술의 융합을 보여줬다.

스포츠 중계는 2D의 화면을 통해서 전달되는 콘텐츠로 오랫동안 자리매김했다. 하지만 스포츠팬이라면 누구나 '직관(직접 관람)'을 원하기에 이를 최대한 근접하게 구현할 수 있는 VR기술은 현재 스포츠 중계 분야에서 주목 받고 있는 기술 중에 하나이다.

특히 인텔Intel은 2017년 3월, 터너스포츠Turner Sports, CBS 스포츠CBS

---

[41] KCA, 트렌드 리포트 '스포츠 중계 분야의 신기술 도입 사례:VR/AR을 중심으로' 2018년 12월호

Sports 등 두 곳의 방송사와 파트너십을 맺어서, VR로 미국 대학농구리그NCAA경기들을 중계해왔다. 중계는 180도 영상으로 제공되었고, '마치 매드니스 라이브 VRMarch Madness Live VR' 앱을 통해 관람할 수 있었다.

또한 파트너십을 통해 2017년 5월, 7월, 11월, 북미 골프 주관단체인 'PGA 투어PGA Tour'와 미국 '프로야구리그MLB', 그리고 미국 '프로농구리그NBA'의 일부 경기를 VR 생중계했다. 2018년에도 인텔은 꾸준히 VR 생중계를 추진하면서 '평창 동계 올림픽'의 개막식과 30개의 경기를 생중계하였고, 2024년까지 올림픽의 공식 VR 경험 제공 파트너로 활동하게 되었다.[42]

'인텔'의 VR을 활용한 NCAA 생중계
자료: Engadget(2017.3)

---

[42] Engadget, 'March Madness is back in VR, but it will cost you', 2017.3.21

영국의 방송사 BBC도 스포츠 생중계에 VR을 활용하여 2018년 러시아 월드컵 기간 동안 33개 경기를 VR 앱으로 중계 하였다. 그러나 VR로 가상공간을 구현하고 가상공간의 TV를 통해 2D 화면으로 경기를 중계했기 때문에 완전한 VR 생중계였다고 보기는 어렵다. 일각에서는 BBC의 이러한 선택이 VR의 고질적 문제인 멀미감 유발 등을 방지하기 위한 조치라 풀이하고 있다. 해당앱은 VR 공간 내부에 실시간 경기 데이터를 확인할 수 있는 기능을 제공하는 것으로 일반적인 경기 중계와 차별화를 시도하고 있다.[43]

미국의 프로농구팀 'LA 클리퍼스 LA Clippers'는 AI 기반의 스타트업인

'BBC'의 VR을 활용한 월드컵 생중계
자료: BBC(2018.5)

---

43) BBC, 'World Cup 2018: BBC to show tournament in Ultra HD & virtual reality', 2018.5.31

'세컨드 스펙트럼Second Spectrum'과 함께 AR과 AI, 컴퓨터비전 기술을 총체적으로 활용한 중계 서비스인 '코트 비전Court Vision'44)을 출시했다. 해당 서비스는 총 3가지의 기능을 제공하는데, 우선 '코치 모드'는 패스 성공률, 리바운드 성공률 등이 포함된 실시간 통계 데이터를 각 선수의 이름과 함께 화면에 AR 이미지로 구현한다. 그리고 '플레이어 모드'는 AR 애니메이션으로 선수별로 이동 경로를 표현해주고, 실시간으로 슛 성공률을 표시해 준다. '마스코트 모드'는 슛을 시도하는 순간, 농구 골대에는 스파크 이미지가 등장하는 등의 애니메이션 특수 효과를 선수의 동작에 삽입해 준다.

'코트비전'의 AR을 활용한 'LA클리퍼스' 경기 생중계
자료: GeekWire(2018.10)

---

44) https://www.youtube.com/watch?v=fVB1QeiDy6Q
45) GeekWire, 'Future of sports viewing? Steve Ballmer and L.A. Clippers debut new augmented reality NBA experience'.2018.10.17

●● 국방을 위한 증강·가상현실의 활용[46]

미래전에서는 다양하게 변화되는 작전환경으로 정확하고 빠른 전장 인식과 정밀한 타격력이 핵심요소가 될 것이다. 그 예로 미군은 이라크전에서 전장의 환경에 대한 모델링을 실시하고, 사전에 수립된 작전계획을 바탕으로 모든 전쟁수행 절차를 증강·가상현실을 통해 수차례 시뮬레이션 하였다. 그리고 그 결과를 유추 및 해석하여서 예상되는 문제점을 모두 제거한 후 실제 병력과 장비를 투입하여 전투의 효율성을 높였다.

또한, 미군은 증강·가상현실을 시뮬레이션에만 활용하는 것이 아니라 군 장비 정비에도 사용하였는데, 미군에서 개발 운용하고 있는 군 장비 정비지원 시스템인 ARMAR(AR for Maintenance and Repair)가 그 예이다.

군장비 정비지원 시스템인 'ARMAR'
자료: AFRL-RH-WP-TR-2007-0112, ARMAR, August 2007.

---

46) 강진석, 노병희(18.12.12.), MR 기술의 국방 응용 현황 및 이슈, 정보통신기술진흥센터 주간기술동향

이 장비는 HMD에 부착돼있는 뎁스 카메라depth camera를 통해 정비 진행 상황을 인식하고, 이를 바탕으로 정비에 도움말을 제공하여 작업자가 실수하지 않고, 장비를 정확하게 수리할 수 있도록 유도한다.

●● 교육을 위한 증강·가상현실의 활용

구글의 교육용 가상현실 어플인 'Expeditions'는 '프로젝트 탱고 Project Tango'의 기술을 응용하여 개발되었다. 본 어플에는 900개 이상의 VR 콘텐츠와 100개 이상의 AR 콘텐츠가 들어 있어서 학생들은 사람 및 동식물의 구조를 입체적으로 확인하는 경험을 할 수 있다. 이외에도 VR을 활용하여 학생들이 고대 이집트 무덤 속이나, 태양계를 둘러볼 수 있도록 해주며, 위험한 실험이나 자연재해 등 현실에서 진행하

Google의 Expeditions를 이용한 학습
자료: https://www.youtube.com/watch?time_continue=57&v=mlYJdZeA9w4

기 어려운 활동들도 증강현실을 통해 학생에게 제공하여 학습에 더욱 흥미를 가지고 임할 수 있도록 하였다.[47]

Lifeliqe는 HTC Vive와 함께 'Lifeliqe VR Museum'을 만들어서 가상현실 속에서 박물관을 체험하고, 학습할 수 있는 가상현실 교육경험을 제공하였다. 또한, 'Unreal Engine'에서는 미국의 스쿨버스의 창문을 전부 디스플레이로 전환하여서 학생들이 마치 화성으로 놀러온 것과 같은 느낌은 제공하는 'Field Trip to Mars' 프로젝트를 진행하였다. 국내에서도 역사교육의 현장에서 VR을 활용할 계획이며, 김해시는 가야사를 VR을 통하여 복원하는 작업을 시작하였다.

구글의 '프로젝트 탱고Project Tango'는 '미국 국립 자연사 박물관'과도 함께 프로젝트를 진행하여서 현재 볼 수 없는 공룡을 AR로 접할 수 있도록 하였다. 이를 통해서 학생들이 공룡에 더욱 흥미를 가지고, 직접 눈으로 보면서 학습할 수 있는 체험형 학습의 배경을 제공하였다.

증강·가상현실의 한계 및 발전방향

증강·가상현실의 개선이 필요한 영역

증강·가상현실의 확산을 저해하는 대표적인 문제로 HMD 사용 시 발생하는 멀미 문제(인지부조화)가 있다. 일반적인 평면 모니터로는 오랜 시간 동안 게임을 즐겨도 아무 문제가 없지만, HMD로 가상

---

47) https://www.youtube.com/watch?v=3MQ9yG_QfDA

현실 게임을 할 경우 사람에 따라 수 분만에 멀미를 느껴 게임을 중단할 수밖에 없는 상황이 발생할 수 있다. 멀미의 원인은 감각기관 간 정보 불일치인데, 이를 해결하기 위해서는 콘텐츠의 과도한 상하 흔들림 등 부조화를 발생시키는 원인을 콘텐츠 제작 시 배제하거나, FOV^{Field of View}의 자동 축소, 전정기관의 신호 피드백^{GVS-vMOCION} 등의 방법이 고려되어야 할 것이다.

다음으로는 해상도의 문제이다. 일반적으로 사람의 시각은 8K 수준인데 비해 현재의 가상현실 기기들은 대부분 1K에 머무르고 있다. 가상현실 콘텐츠를 실제 세상처럼 느끼기에는 무리가 있는 수준인 것이다. 삼성전자, LG전자가 2019년 CES에서 선보인 하이엔드급 TV들도 아직 4K급인 것을 감안하면, 8K급 가상현실 HMD가 보급되려면 아직 상당한 시간이 소요될 것으로 예상된다.

그 외에도 디바이스 무게의 문제, 배터리의 문제, 가격의 문제^{MS Hololens2: 3,500$}, PC 사양, 발열의 문제, 시야각의 문제, Contents 화면 왜곡현상, 해상도와 가독성, 운용의 불편성 문제 등이 존재하지만 이러한 문제들은 기술발전에 의해 빠르게 해결될 것으로 예상된다. 다만 시장의 임계질량, 수익성의 한계, 개발 커뮤니티 부족, UI 도구의 부족, 전문가 부족이라는 문제는 축적의 시간이 필요한 부분이다.

●● 증강·가상현실의 미래

증강·가상현실이 대중화되기 위해서는 크게 7가지 조건을 만족시켜야한다. 첫 번째로는 이동mobility이 자유로워야 한다. 기술을 활용할 때마다 이동이 제한된다면 불편한 사용성으로 사용자의 외면을 받을 가능성이 크다. 두 번째로는 시각장치의 화소밀도vision가 레티나 수준이 되어야 한다. 세 번째로는 인간의 오감과 증강·가상현실 환경이 정교하게 융합immersion되어야 한다. 오감과 콘텐츠의 부조화는 멀미문제를 비롯해 몰입도 저하를 초래한다. 네 번째로는 무게, 제어 방식 등에서 사용 편의성usability을 갖추어야 한다. 다섯 번째로는 SDK과 OS 측면에서 유연함flexibilty을 확보해야 한다. 여섯 번째로는 기기의 착용감과 외관wearability도 중요하다. 디바이스를 착용한 모습이 우스꽝스러우면 안 될 것이다. 마지막으로 현실적인 BM과 합리적인 소비자 가격affordability이 갖추어져야 한다. 다른 여섯 가지 조건이 모두 만족되었다고 해도 가격이 불합리적이라면 대중화는 힘들 것이다.

　VR은 과거 PC방과 같이 VR방을 거쳐 개인화 될 것이다. 개인화 된 VR기기는 인지부조화 문제가 해결된 선 없는 가벼운 HMD의 형태일 것이며, 엔터 및 게임분야를 넘어 Non-Game 응용분야로 확산될 것이다.

　아직은 먼 미래의 이야기겠지만 증강·가상현실 기술의 최종적인 발전 형태는 뇌와 컴퓨터가 직접적으로 상호작용하는 '뇌-컴퓨터 인터페이스'일 것이다. Brain-Computer Interface는 두뇌와 컴퓨터를 연결해서 상호영향을 가능하게 하는 기술이다. 1970년대 원숭이 두뇌 실험 등을 통해 기계를 조작하는데 성공한 것을 시작으로 현재는 뇌파나 뇌세포의 전기적 신호를 읽어, 이를 컴퓨터 조작 신호로 사용할 정도로 기술이 발전했다. 뇌의 신호를 포착하여 증강·가상현실에 반영하는 인터페이스 수준 활용단계를 넘어, 컴퓨터가 뇌에 피드백을 주는 수준으로 기술이 발전한다면 스마트폰 등장 이상의 파급효과가 발생하지 않을까?

Smart Transform

욕망을 거래하는 기술, 블록체인

●● **신뢰의 기술, 블록체인**

블록체인은 만병통치약인가. 비트코인, 이더리움, EOS, ADA와 같은 암호통화와 하이퍼레저Hyperledger와 코다Corda와 같은 프라이빗 블록체인과 PoWProof of work, 비대칭암호화, 해시hash 기술과 같은 블록체인

블록체인에 관련한 다양한 논의

에 대한 많은 논의가 있다. 블록체인은 21세기 만능기술인가?

블록체인을 보는 관점은 크게 4가지가 있다. 비대칭 암호, P2P 네트워크, 비잔틴 장군 딜레마와 같은 기술의 관점과 암호통화, 무역금융Ripple, 청산 시스템Corda과 같은 암호금융의 관점이 있다. 그리고 권력이 분산된 새로운 인터넷이라는 관점, 탈중앙화를 통한 새로운 조직의 관점에서 보는 신 거버넌스의 관점 등이 있다.

•• 왜 블록체인인가

블록체인이 왜 요즘 화두가 되는가? 4차 산업혁명의 필연적인 요구이기 때문이다. 블록체인에 적용되는 기술들은 이미 30년이 넘은 기술들이다. 단지 지금 세상이 블록체인의 제공하는 신뢰를 요구하기 때문이다.

가상 세계를 만든 3차 산업혁명에 이어서, 현실과 가상이 융합하는 4차 산업혁명이 도래했다. 현실과 가상이란 두 개의 세상은 근본적으로 다르다. 오프라인의 현실 세상은 연결비용이 비싸고 새로운 공유가치가 만들어지지 않는다. 즉 두 사람의 땅을 합쳐도 새로운 땅이 나오지는 않는다. 그러나 온라인의 가상 세계에서는 연결비용이 제로화되고, 네트워크 효과에 의해서 리믹스re-mix에 의한 새로운 가치가 만들어진다. 즉, 결과적으로 원자로 구성된 현실 세상은 소유, 비트로 구성된 가상 세상은 공유의 가치관의 세상이 된다.

1, 2차 산업혁명은 오프라인의 혁명으로 소유의 가치관이 지배했

다. 3차 산업혁명에서 가상의 온라인 세상이 만들어 지면서 공유 데이터 기반의 플랫폼 경제가 등장했다. 인터넷이 연결비용을 줄이고 지능혁명이 거래비용을 감소시켰다. 데이터를 통해서 공급과 수요가 융합되는 소셜 이노베이션social innovation의 시대가 도래했다. 이러한 변화의 중심에는 무엇이 있는가?

바로 공유 플랫폼이다. 2007년 전 세계 시가총액 상위 10대 기

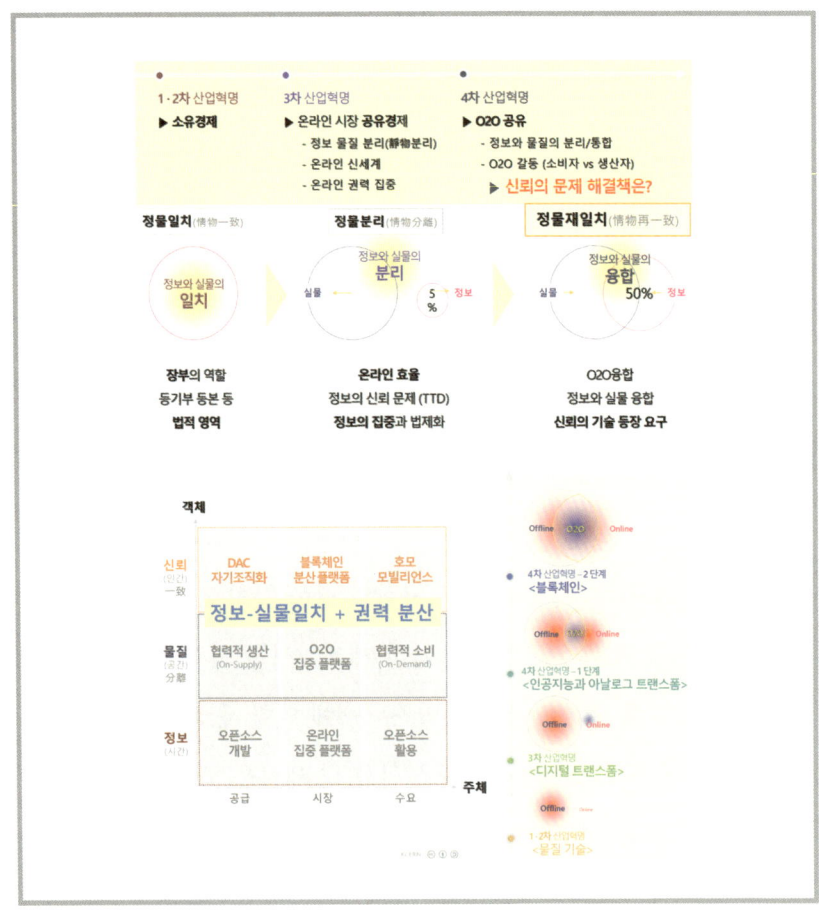

4차 산업혁명과 블록체인

업 가운데 한 개도 없던 공유기업이 작년에는 70%를 기록했다. 또한 글로벌 유니콘의 70%도 공유경제 기업들이다. 공유의 필수 요소는 신뢰다. 정보의 신뢰가 사라지면 무서운 세상이 되기 때문이다. 인쇄술의 발달이 지식과 정보의 독점을 해소했고, 인터넷이 정보의 민주화를 초래했다. 그러나 정보는 분산되었는데 신뢰는 독점되고 있다. 이러한 신뢰 독점 문제가 다가오는 4차 산업혁명의 가장 큰 문제이다. 이미 신뢰를 악용하는 사례들도 많이 등장하고 있다.

　4차 산업혁명에서 이러한 신뢰 문제가 왜 발생하는가를 살펴보자. 1, 2차 산업혁명은 소유경제로 물건을 직접 사고팔았다. 따라서 정보와 실물이 일치하는 실물을 거래했다. 그러나 3차 산업혁명이 되면서 우리는 실물을 직접 거래하지 않게 되었다. G마켓이나 알리바바에서 물건을 사고 팔 때 실물이 아닌 정보를 사고판다. 금융거래를 할 때 실제 우리가 돈을 주고받는 것은 실물이 아닌 정보이다. 그렇다면 이 정보의 신뢰 문제는 심각한 문제이다. 누구를 믿을 것인가?

　믿을 사람이 없으므로 신뢰가 있는 제3자TTP; Trusted Third Party에게 신뢰를 집중을 시킨다. 소위 말하는 TTP가 은행 등의 형태로 등장한다. 그리고 금융과 같이 대단히 중요한 사안에 대해서는 법으로 특정기관만이 다룰 수 있게끔 하고 있다. 정보와 물질이 분리된 결과이다. 그러나 이때만 하더라도 전체 경제의 5% 정도가 온라인 공유경제였으나, 4차 산업혁명에서는 두 개의 세상이 합쳐진다. 2030년이면 합쳐진 새로운 공유경제의 규모가 전체 경제의 절반에 해당할 것으로 보고 있다.

이런 상황에서 정보와 실물이 융합하는 거대 경제에 정보와 물질의 재일치가 일어나지 않으면, 경제는 신뢰를 상실하게 된다. 즉 4차 산업혁명이 신뢰 기술의 등장을 요구하고 있는 것이다. 정물(情物) 분리가 이루어지면서 이중 지불의 문제가 등장했다. 따라서 정보를 관리하는 중앙집중형 온라인 플랫폼에 독점적 신뢰를 부여했다. 과연 우리는 경제의 절반을 담당하는 거대 독점 플랫폼을 신뢰할 수 있을 것인가.

독점과 신뢰의 문제를 해결할 기술이 있을까? 집중에서 분산으로 가는 것이다. 누가 해결할 것인가? 바로 블록체인이 해결하겠다고 나서고 있다. 산업혁명과 경제의 진화 단계를 살펴보면 이제 블록체인의 의미를 다시 볼 수 있게 된다. 1, 2차 산업혁명 시대에는 물질 기술에 의해서 정보와 물질이 일치되어 있었다. 3차 산업혁명을 거치면서 정보와 물질이 분리된 온라인 경제가 등장한다. 4차 산업혁명을 거치면서 현실과 가상이 융합하는 O2O 경제가 만들어지고 이제 협력적 생산과 협력적 소비의 융합경제가 만들어졌다.

4차 산업혁명에서 O2O융합이 확산되면서 신뢰 문제를 뒷받침하는 블록체인 기반의 분산 플랫폼이 필요하게 되었다. 여기에서 인간은 자기조직화되는 집단생명으로서의 인류로 새롭게 진화하게 될 것이다. 블록체인과 인공지능, 두 개의 기술은 서로 뗄 수 없는 기술이 되고 있다. 지구에 웹으로 정보층이 만들어졌고, 이제 블록체인으로 신뢰층이 만들어지는 단계에 돌입하고 있다.

•• 비트코인의 등장

사토시 나카모토(익명)는 '2008년 글로벌 금융위기에 미국과 세계 경제는 침체하는데 아무도 책임지는 사람이 없다'라고 질타하며, 역사적인 〈Bitcoin: A Peer-to-Peer Electronic Cash System〉이란 익명의 논문을 썼다. 이 논문에서는 P2P 버전의 전자화폐로 금융기관 없이 당사자만 결제할 수 있고 여기에 암호와 전자서명, 그리고 이중 지불을 저지할 믿을 수 있는 제3자가(Trust Third Party) 필요하지 않다고 주장한다. 이를 PoW라는 기술이 대체하고, 타임스태핑 기능으로 모른 거래들이 기록되어 변경되지 않고, 전체가 공유하는 구조를 가진다는 것이다.

그리고 2009년 1월에 비트코인이 등장했다. 블록체인과 비트코인의 관계를 어떻게 이해하면 되는가? 인터넷 상에서 SMTP 메일 기술로 만들어진 것이 Gmail과 같은 이메일이고, VoIP 기술로 만들어진 것이 스카이프 같은 인터넷 전화이다. 마찬가지로 블록체인이라는 기술의 응용을 비트코인으로 이해하면 된다.

비트코인 이전에도 비트골드라는 개념을 닉 자보가 제시한 바 있다. 사토시의 가장 중요한 기여는 논문 발표 이후인 2009년 1월에 비트코인을 실용화 한 것이다. 거래와 검증이라는 유효성과 유일성의 개념을 중앙집중에서 분산화시킨 개념은 모든 분야의 신뢰에 대하여 새로운 시각을 제시하였다. 거래의 개념은 타임스탬프와 서명이라는 점에서 동일하나, 검증의 방법이 집중권력을 가진 제 3자에서 일반으로 전환시켰다는 점이 근본적인 차이다.

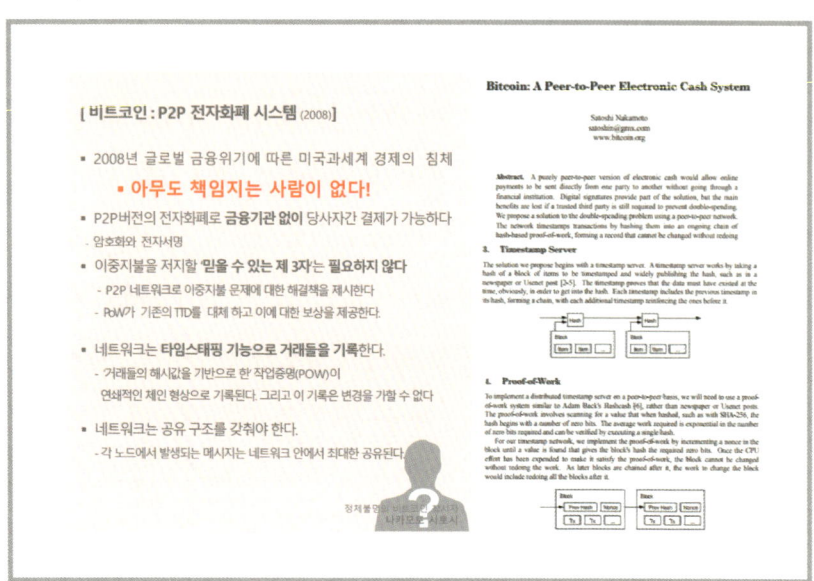

사토시 나카모토의 비트코인

　　블록체인은 비트코인과 같은 암호통화에 국한되지는 않는다. 블록체인이 시작된 비트코인은 분산된 노드들이 동일한 거래기록을 보관하니까 해킹 및 위변조가 거의 불가능하다. 비트코인은 일정 기간(10분) 동안 기록된 거래를 하나의 블록에 저장한다. 10분마다 생성된 블록들이 체인으로 연결되므로 이름이 블록체인BlockChain = Block + Chain이 된다. 이중 지불(쓴 돈을 다시 쓰는 것)을 위해서 한 사람이 블록체인을 위변조하려 한다면 최종 블록과 위변조 블록 사이의 모든 블록을 다 변조해야 한다. 이는 전 세계의 컴퓨팅 능력의 50% 이상을 독점하지 않는다면 해킹은 불가능하다는 것이다.

　　사토시 나카모토는 이중 지불 이득이 실제 없다는 것을 논문을 통해서 입증하고 있다. 한마디로 블록체인은 안정되어 있다. 바로 신뢰에 가장 기본이 되는 요인을 가지고 있다는 것이다. 최근 중국이 컴퓨팅 능력의 전반 이상을 독점해 가고 있다는 점에서 비트코인은 새롭게 도전을 받고 있기도 하다.

◦◦ 신뢰의 기술, 블록체인

신뢰 기술인 블록체인은 어떠한 역할을 하는가? 북유럽과 남유럽의 차이는 한마디로 신뢰이다. 신뢰의 문화 없이 일류국가는 불가능하다. 투명하고 반복되는 사회는 선한 사람들이 승리하는 사회이다. 일정 공간의 기록들을 모은 블록을 체인화시켜서 시간을 연결하고, 모든 사람이 암호화된 데이터를 공유하는 것이 바로 천지인天地人이 융합하는 분산 신뢰의 기술인 블록체인이다.

모든 거래의 신뢰는 거래와 검증으로 구성된다. 전통적인 금융에서는 사전에 권력이 집중된 기관이 검증하나, 블록체인은 사후에 모두가 검증하는 것이 근본적인 개념의 차이다. 이는 특정 기술들의 세부 내용을 이해하는 것보다 훨씬 중요한 개념이다.

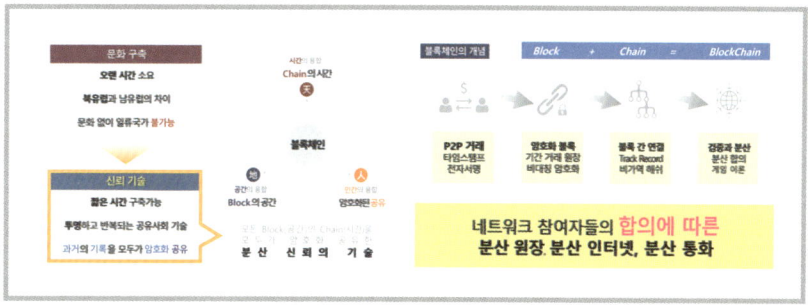

블록체인의 원리

블록체인은 개인 대 개인P2P; Peer 2 Peer이 제3의 금융기관TTD 없이 직접 거래한다. 전자 서명을 하고 타임스탬프를 찍는다. 개별 거래는 전자 서명이 없이 볼 수 없는 암호화가 이루어진다. 일정기간 동안의 개별 거래들을 모아서 하나의 비대칭 암호화 블록을 만들고, 기간 거래를 원장화시킨다. 이러한 거래 원장 블록들을 체인chain화하면 전체의 기록인 BlockChain이 만들어진다. 이 과정에서 등장하는 해시hash는 콘텐츠의 지문이라고 이해하면 된다. 지문은 한 인간의 전체는 아니나 인간을 입증한다. 아무리 긴 내용도 256비트의 해시값으로 지문화하면 내용의 위변조의 판단이 즉각 가능해 진다. 이것이 비가역성의 원리다.

이 전체 내용을 모든 사람에게 분산시켜서 검증의 합의를 보면 거래는 완성되는 것이다. 단 검증 과정은 결코 쉽지 않다. 따라서 다수가

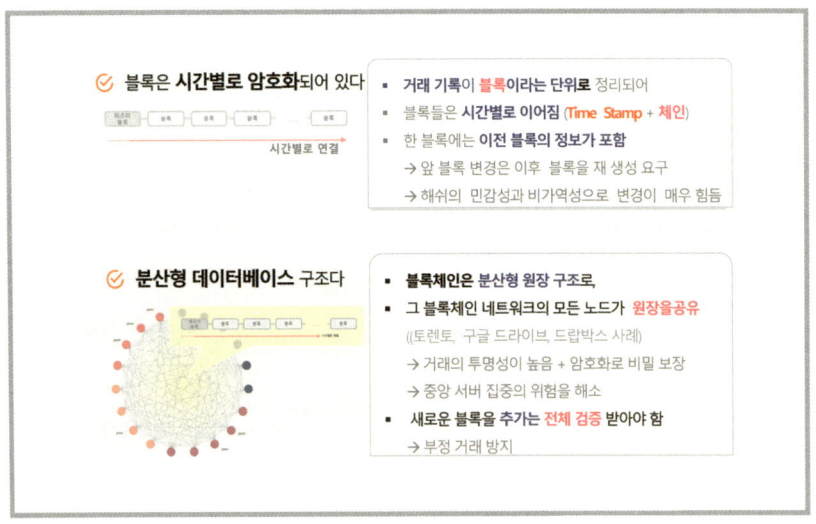

DB로서의 블록체인

검증이란 게임에 자발적으로 참여하게 하려면 보상이 필요하다. 퍼블릭 블록체인에는 암호통화가 필수적인 이유다. 즉, 블록체인은 네트워크 참가자들의 합의에 따른 분산 원장ledger, 분산 인터넷, 그리고 화폐 기능을 가지고 있다. 모두가 신뢰이기 때문이다.

블록체인은 시간대별 암호화된 체인의 분산형 데이터베이스 구조이다. 이를 통해 부정거래들이 방지되고 신뢰가 만들어진다. 암호화로 비가역 거래를 분산형 데이터베이스로 분산 검증을 수행하여 거래 + 검증으로 거래의 신뢰를 보장하는 구조다. 해시hash 알고리즘은 정보가 왜곡되지 않도록 보증하는 단방향 비대칭 암호 기술이다. 그리고 과거의 중앙집중형 구조에서 이제는 탈중앙화 구조로 신뢰를 제공한다. 과거에는 TTP Trusted Third Party인 중앙집중화 된 금융기관을 통해서 거래했으나, 블록체인은 탈중앙화된 P2P 거래를 하고 그 거래 전체를 사후 다수가 검증하여 중앙집중 서버를 대체하게 된다.

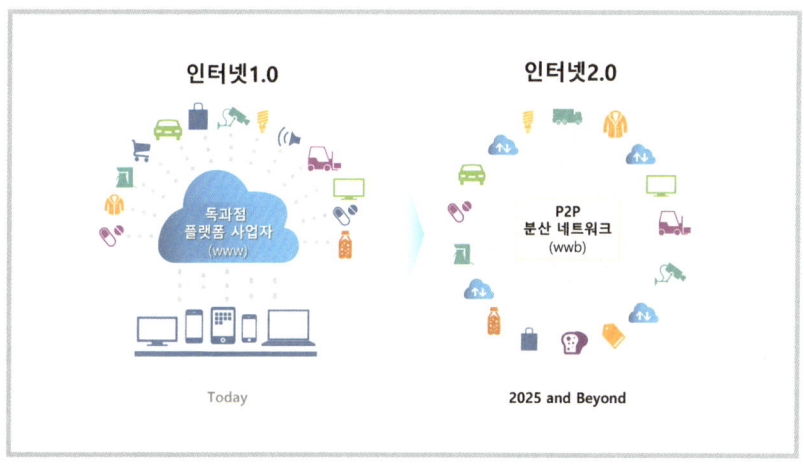

인터넷 2.0과 블록체인
자료: IBM

인터넷 관점에서 볼 때는 WWW_{World Wide Web} 인터넷 1.0의 시대에서, 이제는 WWB_{World Wide Blockchain}이라는 분산 플랫폼으로 진화한다는 것이 인터넷 2.0의 개념이다. 이러한 분산 인터넷이 발달함에 따라서 새로운 플랫폼들이 분야별로 우후죽순처럼 등장하고 있다. 인터넷 2.0과 블록체인은 공진화_{co-evolution}를 통하여 발전하고 있다. 그러나 세상에 만병통치약은 없다. 분산 인터넷 플랫폼은 막대한 자원과 통신의 낭비를 초래하기 때문이다. 효율성과 투명성의 선택의 문제가 도래한 것이다.

●● 블록체인의 기술들

이제 블록체인에는 어떠한 기술들이 활용되는지 살펴보도록 하자. 크게 블록체인은 거래와 검증이라는 두 개의 역할을 한다. 거래를 비대칭 암호화하는 SHA256 알고리즘은 양자컴퓨팅이 등장하기 전까지는 안전할 것이라고 대부분이 인정하고 있다(리만 가설 입증에도 무관하다).

그리고 전체 거래는 타임스태핑과 서명으로 기록되고 있다. 최초의 블록_{Genesis Block}에서 연결되는 모든 블록에 타임스탬프가 선후 관계를 입증하고 있다. 그리고 P2P 네트워크로 전체 거래를 비대칭 암호화 기술인 SHA256의 암호_{hash} 알고리즘으로 비가역적 보안을 강화시켰다. 일단 확정된 거래 내역은 쉽게 바꿀 수가 없는 것이다. 그리고 검증을 위해서는 이 거래가 맞다는 합의 알고리즘이 있고, 합의에 있어서 신뢰를 제공하는 사람에게 무엇인가 보상해주는 보상 메커니즘이 있다.

비대칭 암호화는 보내는 사람이 비대칭 암호화를 하여 받는 사람에게 전자 데이터 원본을 보내면 받는 사람은 공개 키를 갖게 된다. 이는 우리가 매일 사용하는 공인인증서와 동일하다. 내가 비공개 키로 전자 서명을 하면, 전자 데이터 원본을 받는 사람은 보낸 사람의 데이터가 원본이라는 것을 확인할 수 있다. 사토시 나카모토는 그의 논문에서 비트코인이 전자서명electronic signature의 연결로써 화폐가 될 수 있음을 증명했다. 각 Transaction마다 전자서명이 개인키로서 차례로 연결되고, 노드의 참여자 모두가 거래를 입증하는 것이다.

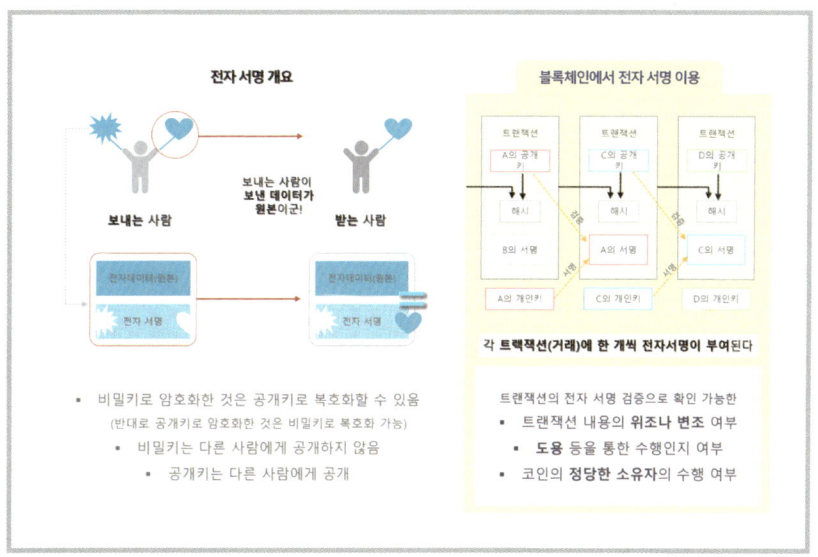

전자서명과 블록체인

이러한 과정은 변조할 수 없도록 비가역적으로 진행되어야 하며, 이를 위해 해시 알고리즘을 통해서 앞 블록의 수치 정보와 임의로 생성한 Nonce 값을 함수에 입력하여 해시 값을 만들어낸다. 생성된 해시는 다시 원래 데이터로 변환할 수 없으므로 비가역적이고 유일성이 보장된다. 원본 데이터가 조금이라도 바뀌면 완전히 다른 해시 값이 만들어질 것이다. 즉 해시 알고리즘에 의해서 거래의 역 추적이 불가능해지는 것이다.

비트코인 가격이 급등하면서 많은 사람들이 채굴시장에 뛰어들었다. 비트코인의 채굴 확률은 컴퓨팅 파워에 비례하므로 막대한 전력이 낭비된다. 그리고 채굴에 최적화된 ASIC 칩이 등장하면서, 이를 방지하기 위한 비트코인은 하드포크hard fork 분화를 하게 된다.

이러한 블록체인에는 몇 개의 기술이 들어있는 것인가? 싸이월드 도토리 구매에서 사용된 사이버 머니와 리니지의 아데나 기술, 공인인증서에서 사용된 비대칭 암호화 기술, 토렌트, 소리바다와 같은 P2P 동기화 기술이 들어 있다. 마지막으로 비잔틴 장군 딜레마라는 불확실한 상황에서 메시지 전달의 신뢰 문제를 푸는 문제가 들어 있다. 불확실한 모르는 사람들의 거래가 맞는지 틀린지를 입증하는 것이 바로 PoW이다. 이 복잡한 검증이 바로 암호통화에 비싼 비용을 지불하게 되는 이유이다.

블록체인에는 사이버 머니에서 합의 알고리즘까지 4개의 주요 기술들이 복합되어 있으나, 합의 알고리즘인 비잔틴 장군 딜레마가 가장 문제가 된다. 비잔틴 장군 문제의 본질은 신뢰가 아닌 권력을 분산 해체하려는 것이다. 즉 퍼블릭 블록체인에서 비잔틴 장군 합의기술은 권력을 해체해서 완전 분산된 신뢰를 만들려 한 것이었다. 그러나 PoW에 들어가는 비용이 굉장히 커서 비싼 기술이 되었다. 프라이빗 블록체인은 거래에는 암호기술과 분산원장 기술은 그대로 쓰더라도 검증은 단순한 합의기술로 값싸고 집중화된 신뢰를 만들 수 있다. 그래서 권력 해체가 아니라 본질적인 신뢰 문제를 해결하자는 것이다.

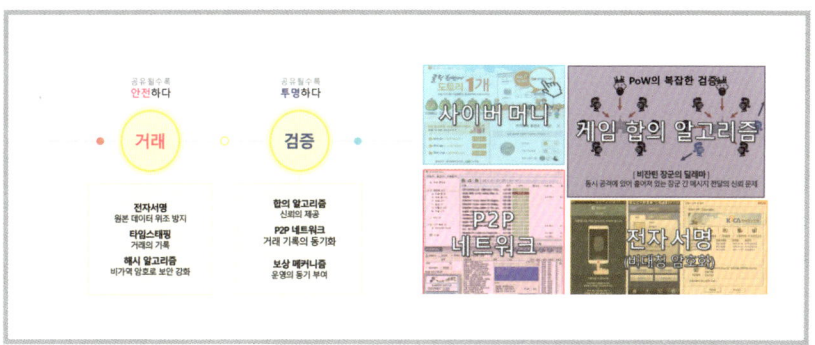

전자서명과 블록체인

퍼블릭 블록체인은 모든 사람이 참여해서 의사결정을 하고 관리 주체가 없어 투명성은 확보되었으나 보상이 필요하다. 고비용, 신뢰 구조로, 대부분 암호통화가 이 영역에 들어 있다. 그런데 역사상 완전 민주제는 오래가지 않았다. 의사결정 비용이 과다하기 때문이다. PoW가 바로 비싼 의사결정 비용이다.

그러나 완전 집중이 되면 단일 주체가 되고 혼자 다 결정하기 때문에 비잔틴 장군 문제가 없다. 스스로가 관리 주체이기 때문에 보상할 필요도 없다. 착한 독재를 허용하는 저비용 저신뢰의 대안이다. 증권거래소나 국가 암호통화는 이렇게 만들어진다.

컨소시엄 블록체인은 프라이빗과 퍼블릭의 중간 하이브리드 형태이고 적절한 방법으로 위임된 다수가 검증 문제를 푼다. 비잔틴 장군 문제가 단순화된 것이다. 불확실한 상황이 아닌 확실한 상황에서 합의를 보게 되어 보상 문제는 간단하나 완전한 신뢰는 보장되지 않는다. 주로 거래기술인 Ripple, Stellar, Steemit, R3CEV와 같은 컨소시엄 블록체인들이 대표적인 사례이다.

블록체인은 도입 목적에 따라 퍼블릭 블록체인과 프라이빗과 컨소시엄 블록체인으로 구분할 수 있다. 자료를 분산하려면 블록체인을, 분산하지 않으면 기존 기술을 활용한다. 허가된 사용자만 사용하면 프라이빗 블록체인을, 누구나 사용하는데 지정된 관리자가 관리하면 컨소시엄 블록체인을, 모든 사람이 참여하고 모든 사람이 관리한다면 퍼블릭 블록체인을 선택하면 된다.

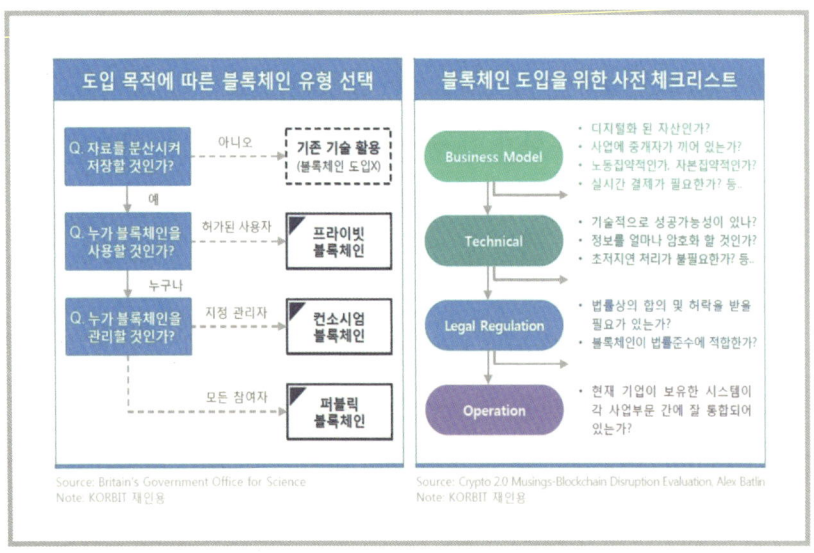

블록체인 도입을 위한 체크 리스트
자료: KORBIT 재인용

•• 블록체인의 진화

이제 미래 블록체인의 진화를 바라보자. 모든 기술이 그러하듯이 블록체인에 지나치게 기대하면 안 된다. 항상 IT 기술은 메인 프레임 → 클라이언트→ 씬 클라이언트→ 리치 클라이언트→ 클라우드 컴퓨팅이라는 집중과 분산의 역사였다. 즉 블록체인 분산 자체에도 본질적 한계가 존재한다는 것이다. 가트너의 Hype 사이클은 블록체인에도 적용될 것이다.

- (1998) 0세대 **"Bit Gold"**
  Nick Szabo
  분산 디지털 금(Gold)

- (2008) 1세대 **"Bitcoin"**
  Satoshi Nakamoto
  분산 디지털 화폐 - PoW로 고비용/10분
  다양한 AltCoin으로 분화

- (2015) 2세대 **"Ethereum"**
  Vitalik Buterin
  분산 신뢰 플랫폼: 소비용/ 12초
  PoS실험(캐스퍼)
  다양한 Dapp과 ICO로 확산

- (2017~18) 3세대 **"EOS", "ADA"**
  Dan Larimer, Charles Hoskinson
  분산 신뢰 OS – DPoS로 무비용/0.5초
  실제 사용 가능한 통화 실험 중

<진화의 핵심>
비잔틴 장군 문제에 수반된
합의 기술의 진화

그리고 탈 블록체인으로

암호통화의 발전역사

한편 가상화폐, 가상통화, 암호통화 등의 혼란한 용어 정리도 필요하다. IMF는 2016년 CryptoCurrency를 다음과 같이 정의한 바 있다. 법정 통화가 Fiat인 화폐이고 Currency는 통화가 된다. 통화는 법정화폐의 10배 정도이다. 여기에서 정확한 번역은 암호통화다. 가상통화는 게임의 사이버 머니와 같은 것이다. 여기서 유효성과 유일성을 보완한 것이 암호통화가 되는 것이다.

블록체인의 진화 과정을 보도록 하자. 1998년도에 닉 자보Nick Szabo가 비트골드Bit Gold라는 0세대 기술을 만들어 분산 디지털 금을 만들려고 했다. 실제로 닉 자보가 만든 비트골드는 비트코인과 굉장히 유사해서 닉 자보가 사카시 나카모토라는 설도 있으나 본인은 아직도 완강히 부인하고 있다. 이러한 비트코인은 비잔틴 장군의 딜레마를 푸는 PoW라는 복잡한 과정 때문에 고비용 구조이며, 거래 시간도 10분(실제 요즘에는 11시간 이상 걸리는 경우도 많다)이나 소요된다. 커피 한 잔 사고 1시간 기다리고 만원을 지불할 사람은 없을 것이다!

이러한 문제를 해결하기 위해 다양한 AltCoin들이 분화되어 나왔지만, 아직 근본적인 문제는 해결되지 않았다. 2015년에 비탈릭 부테린Vitalik Buterin이라는 천재가 2세대 블록체인인 이더리움을 만들었다. 분산 신뢰 플랫폼을 통해서 적은 거래비용과 12초 간격이라는 상대적으로 빠른 속도로 거래한다. 새로운 거래 검증 방법인 캐스퍼 프로젝트로 PoS라는 지분증명 방식을 추진하고 있다. 2세대 이더리움에서 가장 중요한 것은 다양한 DAppDecentralized Application을 만들 수 있는 프로그램 언어의 제공이다. 그래서 비트코인의 제한된 언어를 넘어 튜링 완전언어에 의한 프로그램이 가능하여 플랫폼 위의 각종 응용 서비스가 등장했다. 그 결과가 ICOInitial Coin Offering로 확산되고 있다.

이어서 EOS, ADA와 같은 3세대 블록체인이 등장하여 실시간의 무비용 거래를 제공하려고 하고 있다. 이제는 DPoS^{Delegated Proof of Stake}라는 위임지분증명 방식으로 그 자체가 하나의 OS로 발전해 나가고 있다. EOS의 의미가 Ethereum OS라는 의미이다. 여기에서 진화의 근본적인 메커니즘이 무엇인가 질문해 보면 그 답은 비잔틴 장군 딜레마라는 문제 해결 방식에 있다. 비잔틴 장군 문제에 수반된 과도한 검증 비용과 시간이 문제이고 이는 암호통화와 수반된 퍼블릭 블록체인의 문제다. 퍼블릭 블록체인은 기본적으로 메모리와 통신 부하를 과다하게 요구하고 있다.

블록체인 기반 1세대, 2세대, 3세대 암호화폐를 비교해보면, 1세대에서는 합의 알고리즘이 PoW이고, 블록 생성 간격이 길고, 확정 판단까지 시간이 걸리고, 수수료가 고가이지만 대신에 굉장히 신뢰성이 있다. 2세대 이더리움의 경우에는 합의 알고리즘을 PoS로 변경할 예정이며, 굉장히 빨라졌고, 수수료가 소액이지만 역시 한계가 있다. 주식에 최적화되어 있다. 2세대에서 가장 중요한 것은 단순한 가치에서 튜링 완전언어를 제공함으로써 스마트 계약을 하게 되었다는 것이다. 즉, 단순한 화폐를 넘어 거래로 진화하였다. 그 자체가 하나의 조직을 만들 수 있게 되었고, 계약에 신뢰를 부여하게 되었다. 3세대에서는 평행 프로세싱 기능과 0.5초라는 빠른 블록 형성 속도를 가지고 나왔고, OS로서의 역량을 가지고 있다. 스마트 계약을 더욱 쉽게 할 수 있고 이를 위한 API, SDK가 제공되고 있다. 스팀잇^{Steemit}을 만든 댄 라리머^{Dan Larimer} 등이 이를 만들고 있다.

블록체인 2세대의 진화는 비트코인의 한계인 거래 인증시간과 거래 비용을 극복하고, 계약의 확장성을 넓히기 위해서 스마트 계약이라는 튜링 완전언어를 가지고 수많은 게임들을 비롯한 D-App이 만들어진다. IPO를 대신할 ICO가 만들어진다. 한편 리플은 은행 간 이체 서비스로, 그 자체가 화폐화가 되는 것이 아니고 결제시스템이 된다. 국제 결제인 SWIFT를 대체하는 SWIFT 2.0으로서의 중계 플랫폼을 제안했다. 매개체인을 가지고 게이트웨이를 통해 IOU(차용증)를 도입해 거래를 만들고, 마켓 딜러Market Dealer 역할을 하게 된다.

	Public BlockChain		Non-Public BlockChain		
	PoW (Proof of Work)	PoS (Proof of Stake)	Paxos	Raft	PBFT
채택 시스템	Bitcoin, 알트코인 등	Ethereum, EOS 등	Google Chubby	RAMCloud	Hyperledger Fabric
대응하는 장애 모델	비잔틴 장군 문제 대응		비잔틴 장군 문제 대응 안 함 (FAIL STOP, FAIL RECOVER* 대응)		비잔틴 장군 문제 부분 대응
다수결 대신 되는 것	CPU 계산량	보유한 자산의 크기	다수결		
컴퓨팅과 통신 비용	매우 높음	중간	낮음		
권한의 분산	전기세가 낮은 지역에 집중될 가능성	화폐 보유가 집중될 가능성이 높음	리더에게 강한 권한, 교체 가능		참가 컨소시엄
참가 서버의 조건	어떤 서버도 참가 가능		신뢰된 서버만 참가		
비밀 보호를 위한 인증	참가 시 준비한 공개 암호화 키 사용		특별히 없음		사전에 서로 신뢰한 공개 암호화 키를 사용
결함 허용 대수	1대라도 남아있다면 문제 없음		1/2 미만은 문제 없음		1/3 미만까지 보증

*FAIL STOP – 어떤 오류로 인해 중지된 서버는 깨끗이 퇴장하는 모델
*FAIL RECOVER – 한번 중지된 서버가 부활하는 모델

블록체인의 합의 알고리즘

우선 이더리움은 튜링 완전언어 Solidity를 제공하여 비트코인의 튜링 불완전 한계를 극복한다. 원래 비트코인은 DDos 공격 대비를 위하여 프로그램 언어를 30가지로 제한했다. 기본적으로 루프를 제공하지 않는다. 그런데 이더리움은 루프를 제공하는 대신에 한계를 주기 위해 Gas가 있어야만 루프를 쓸 수 있게끔 하여 DDos를 극복한다. 대

신에 이더리움은 복잡해지고 보안에 취약하게 되었다. 프로그램에 의한 스마트 계약 기능으로 DApp이 만들어지고 이더리움 플랫폼이 만들어진다. 그리고 닉 자보가 제안한 if-then, else 형태를 구현하면서 자동판매기, 스포츠 복권, 거래 계약금, 중도금과 잔금 지급, 무역 L/C 등 수많은 분야와 거버넌스 확산 등에 활용될 수 있게 되었다. 실제로 이더리움과 DAO가 하고 있는 역할들이다.

스마트 계약smart contracts을 통해서 거래가 자동으로 이루어질 수 있게 되었다. 결과적으로 이더리움의 생태계가 만들어지게 되어 수많은 DApp 프로젝트들이 등장하고 있다. 그 결과 ICO의 과반수가 이더리움을 기반으로 등장하고 있고, 이것이 초기에는 ICO가 화폐와 기술 분야에서 주로 등장하다가 이제는 파이낸싱, IoT, 게임 및 미디어 등으로 확산해가고 있다. 이제는 ICO가 각종 규제로 인하여 다양하게 분화하고 있다. 예를 들어 증권신고의 규제를 피하기 위한 49인 이하의 STOsecurity token offering과 상장업체가 신규 발행하는 R-ICO, 거래소가 발행하는 IEO 등이 등장하고 있다.

결국, 이 문제들은 퍼블릭 블록체인이 갖는 비잔틴 장군 문제를 극복하는 프라이빗 블록체인의 실용화가 굉장히 중요하다. 그리고 이러한 프라이빗 블록체인은 기존의 제도권과의 충돌이 극소화된다. 분명한 문제는 권력이 아니라 신뢰이다. 그래서 기술은 퍼블릭에서, 사회적 가치는 프라이빗에서, 신뢰가 요구되는 분야의 거래, 증명, 보안, 인증, 등록, 투표와 같은 모든 부분에 적용될 수 있다. 리플은 분산원장 개념으로 거래를 완성시키고 IBM의 어뎁트Adept 같은 경우는 리눅스 재단의 하이퍼레저 기반으로 IoT 블록체인 플랫폼을 만들고 있다.

사실상 화폐가 아니라 분산원장으로서의 블록체인이 중요해졌다. 분산원장으로서의 블록체인의 핵심은 인터넷 이전에는 두 개의 조직이 서로 떨어져 있었다가 인터넷이 등장하면서 엣지에서 커뮤니케이션이 통합되기 시작했다. 그리고 이제는 분산원장에서는 모든 조직에 서로 다른 회사의 공유 데이터가 발생하면서 공유되기 시작했다. 조직 간 검증 시간과 비용이 획기적으로 절감된 것이다.

대표적으로 프라이빗 블록체인인 하이퍼레저 패브릭Hyperledger Fabric은 리눅스 재단에서 만들어서, PBFTPractical Byzantine Fault Tolerance를 제한된 사람들이 하는 실질적인 방법으로, 15노드에 위임해서 검증해준다. 하이퍼레저는 1초에 10만 TPS를 목표로 하고 있다. PKI 기반 암

분류	Hyperledger Fabric	R3 Corda	Ripple
	컨소시엄, 개인	컨소시엄	컨소시엄
합의 알고리즘	PBFT (Practical Byzantine Fault Tolerance)	PBFT, RAFT 등 선택	RPCA
결제 완료성	있음. 갱신 시 합의 확정 가능	있음	있음
성능	15노드로 10만 TPS 목표	코다 플랫폼 구현 데이터 처리속도 향상	188개 노드, 1,500 TPS / 비트코인 3.5TPS
계정 관리	멤버십 서비스가 사용자와 노드 등록 PKI 기반 증명서를 발행	ID로 Node 관리 거래노드, 서비스 노드 분리	리플랩스에서 Node 관리(UNLs)
정보 은닉화	트랜잭션은 암호로 은닉 가능 각 트랜잭션은 증명서로 서명되므로 요청자를 추적할 수 없음	공유되는 데이터가 없음 Notary 개념 도입	공동원장을 보유 단 이체내용 보호 가능 (transaction privacy)
스마트 계약 개발	체인코드라는 프로그램을 개발 개발언어는 Go와 자바, 향후 자바스크립트가 추가될 예정	다양한 형태 비즈니스 계약을 정의, 실행 가능하도록 지원	Codius Project 시작

Non 퍼블릭 블록체인

호 증명서를 발행해 계정관리를 하고 있다.

리플 같은 경우에는 거래 청산 역할을 한다. 188개의 노드로 1500 TPS를 만들고 있다. 참고로 비트코인은 1초에 3.5 TPS 정도를 처리하고 있다. R3 Corda와 같은 컨소시엄은 은행 간 청산을 중심으로 한다. 굉장히 중요한 거액의 청산거래를 은행 간 해야 하므로 로터리 개념이 도입되어 있다. 모두가 한마디로 분산원장 개념이다. 대표적으로 리플의 경우는 가치 인터넷이라고 얘기하는 SWIFT 2.0을 주장하고 있다. 기존의 국제금융 거래는 외환을 송금하고, 송금된 것이 다시 국가 간 송금이 이루어지고, 다음 국가 내에서 재송금이 이루어진다. 3차례에 걸쳐서 현물이 아닌 돈이 숫자로 이동하면서 이것을 정확히 검증하는데 보통 일주일 정도의 많은 시간이 걸렸다.

그러나 McCaleb과 Larsen이 블록체인 기반의 청산 시스템인 Ripple을 만들었다. Ripple은 분산원장을 통해 각각의 게이트웨이들이 모두가 원장을 분산하고 있다. 그리고 마켓메이커들이 들어와 두 거래를 연결해주고 있다. 다중서명(multi-signature)에 의한 분산 거래를 하므로 실시간 거래가 가능하다. 2~3초 이내에 10불 정도로 거래될 수 있다고 한다. 한 마디로 국제 외환 송금이 혁명적으로 바뀔 것이며, 이는 은행의 거대한 수익원이 사라진다는 것을 의미한다.

R3CEV는 2015년도에 스타트업 R3CEV 주도로 결성되어서 국제 은행 결제 청산을 담당하고 있다. 한국의 3개 은행도 참여하고 있다. R3CEV는 국제 청산 거래를 위해서 코다(Corda) 컨소시엄을 만들었다. 코다와 리플은 기본적으로 기존의 블록체인들이 거래와 검증에 따른 유

효성, 유일성을 분산한 데에 비해서 거래의 유효성과 그것을 검증하는 유일성 주체를 분리한 것이다. 이처럼 프라이빗 블록체인인 리플은 송금, 코다는 청산과정에 집중하고 있다.

하이퍼레저는 역시 마찬가지 개념으로 거래인 Endorsement와 검증인 Consensus를 분리했다. 그래서 Consensus 서비스를 해주는 분산원장이 따로 있고 Endorsement를 해주는 클라이언트와 엔드 유저가 따로 있다. 프라이빗 블록체인은 거래와 검증을 분리하는 방향으로 진화하고 있다.

수많은 블록체인 플랫폼들이 등장하고 있다. 블록체인들은 이제 개별화폐에서 플랫폼을 거쳐 궁극적으로 글로벌 OS로 진화하고 있다. 이어서 이제 블록체인 기반의 3세대 암호통화가 등장한다. 이오스EOS와 카르다노 에이다ADA와 같은 화폐들이다. 2세대 암호통화인 이더리움은 스케일링이 어렵고, 몇개의 앱이 만들어지니까 속도가 급속히 느려지고, 거래마다 비용 발생하고, 개발의 어려움이 있었다. 이러한 문제를 풀기 위해 블록체인 생성에 0.5초, 트랜잭션은 1000 TPS가 넘는 플랫폼 OS를 만들고자 하여 이더리움 OS가 탄생했다.

이더리움의 단점을 극복한 블록체인 OS를 만들고자 시도한 것이 바로 이오스EOS이다. 모든 암호통화와 같이 EOS의 소스코드도 깃허브에 공개되어 있다. 이것은 거래 매개체, 투표, 연산 능력, 저장 공간의 사용권이기도 하다. 블록체인은 한 개의 얼굴이 아니라 암호통화라는 얼굴, 분산원장이라는 얼굴, 인터넷이라는 얼굴의 세 가지 측면을 갖고 있다. 각각에 대해서 데이터베이스와 분산원장, 합의 매커니즘과 보상 매커니즘, 해시값, 디지털 서명이라는 중요한 기술들이 공통적으로 활용되고 있다.

블록체인을 비교해보자. 합의를 얻기 위한 알고리즘을 통한 블록체인의 핵심 문제를 보면 퍼블릭 블록체인은 PoW 또는 PoS와 같은 방식으로 비잔틴 장군 문제에 대응한다. PoW는 CPU 계산량으로, PoS는 보유한 자산의 크기로써 대응한다. 각각 문제점들을 많이 가지고 있는데, 비트코인은 전기세 낮은 지역에 집중, 이더리움은 화폐 보유가 집중되는 문제가 있다.

한편 Non 퍼블릭 블록체인은 거래와 검증을 여러 가지 형태로 분리하고 있다. 비잔틴 장군 문제에 제한된 노드로 대응하는 것, 그리고 대응을 하지 않는 체인들이 있다. 이러한 3세대 암호통화의 과제를 놓고 보면 세 가지 과제가 있다.

첫 번째가 확장성, 두 번째가 상호운용성, 세 번째가 지속 가능성이다. 확장성이란 사용자가 늘어나도 속도를 맞출 수 있는가? 어느 정도까지 TPS 속도를 끌어올릴 수 있는가? 비용을 0으로 만들 수 있는가? 이것이 첫 번째 확장성scalability의 문제이다. 1세대와 2세대 암호통화는 확장성 문제에 명백한 한계를 갖고 있기 때문에 화폐로서는 불가능하다.

두 번째는 상호운영성이다. 암호통화의 많은 문제가 호환성, 교환성의 문제이다. 비트코인과 이더리움이 호환을 하려면 거래소로 가야 한다. 거래 대금이 필요하고 그 과정에서 도난의 문제도 있다. 은행권과 호환성이 없기 때문이다. 그래서 이러한 문제들을 극복하기 위한 코인들이 등장하고 있고, 궁극적으로 거래소 없이 바로 호환성을 갖는 형태로 진화해 나갈 것이다.

세 번째는 지속가능성, 혁신의 문제이다. 새로운 혁신을 하기 위해서는 운영주체가 없는 경우에는 합의가 대단히 어렵다. 비트코인이 세그윗Segwit하고 하드포킹hard-folking할 때 굉장히 어려운 합의 과정을 거쳤다. 그 사이에 다른 통화로 분화되기도 하였다. 그래서 이 합의 기관의 존재 여부가 굉장히 중요한 문제를 가진다. 실제 비트코인이 세그윗하고 그 다음 하드포킹 할 때 많은 문제가 발생했다.

그러면 우리는 어떤 예측을 할 수 있는가? 완전히 집중되어 있는 구조와 완전히 분산되어 있는 구조가 전부 다 현실적이지 않다는 것이다. 집중 구조는 효율은 있지만 비이념적이고, 분산 구조는 이념이 있지만 비효율적이다. 따라서 분산과 신뢰가 합쳐진 기술, 즉 완전히 분산된 비트코인PoW에서 지분증명 방식POS; 이더리움을 거쳐 선임DPOS; 이오스 방식으로 가는 것이다.

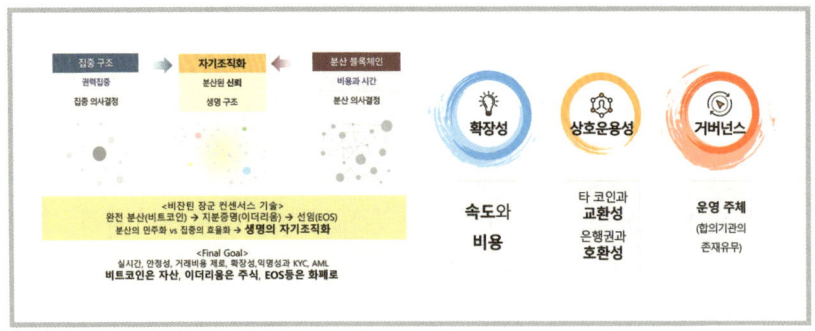

블록체인의 발전방향

분산의 민주화와 집중의 효율화가 합쳐진 것이 생명의 자기조직화이다. 최종 목표는 무엇인가? 실시간, 안정성, 거래비용 제로, 확장성, 익명성, 그리고 금융실명제KYC와 자금세탁AML이다. 필자는 비트코인은 자산으로, 이더리움은 주식으로, 이오스 등은 화폐로 발전할 것이라 생각한다. 블록체인은 전체적으로 데이터를 바탕으로 네트워크가 만들어지고, 합의 알고리즘을 거쳐서 보상 시스템이 작동하고, 여기에서 계약이 이루어지면 그 위에서 수많은 애플리케이션이 만들어지는 구조가 된다. 여기에 필요한 것은 인프라와 기본 프로토콜, 미들웨어와 서비스, 앱과 솔루션들이 있어야 한다.

이제 신뢰의 기술이란 본질로 돌아가 보자. 독일 IOTA의 Tangle은 블록이 없는 DAG기반 체인만의 신뢰를 제공하고 있다. 블록체인의 한계는 거래와 검증의 분리에서 비롯되었다. Tangle은 이를 통합하는 것이다. 거래하고자 하는 사람이 내 거래의 앞의 두 거래를 검증하도록 하면 비싼 검증 비용이 사라진다. 특정인에게 위임도 사라진다. Tangle은 매우 가벼워 IoT에 내장이 가능한 수준이다. 거래 데이터의 신뢰 확보에 커다란 영향을 미칠 것으로 기대된다.

블록체인의 활용

그러나 암호통화는 시작에 불과하다. 블록체인을 잘 활용해야 한다. William Mougayar에 의하면 블록체인의 속성은 첫 번째는 디지털 암호통화, 두 번째는 탈중앙형 컴퓨팅 인프라, 세 번째는 거래 플랫폼, 네 번째는 데이터베이스, 다섯 번째는 분산 회계원장, 여섯 번째는 개발 플랫폼, 일곱 번째는 오픈소스 소프트웨어, 여덟 번째는 금융서비스 시장, 아홉 번째는 P2P 네트워크, 열 번째는 신뢰 서비스층이다. 각기 다른 시각으로 보고 있다. 그러나 그 전체를 관통하는 것은 바로 신뢰이다.

즉, 증명 기반의 신뢰가 바로 블록체인의 본질이다. 이러한 합의 내 증명으로서는 작업 증명, 권한 증명, 지분 증명, 존재 증명이 있다. 이것은 증명을 합의하고, 서비스로서 증명은 자산, 소유권, 신원, 주소지, 출처, 고유성, 영수증 증명 등이 있다. 합의 프로토콜에 의해서 서비스 증명을 했다면, 다음으로는 서비스 내의 증명이 있어야 한다. 혼인 신고, 파생 상품, 회계 감사 등등 서비스 내의 증명들이 들어오게 된다. 각각 기술과 서비스의 영역이 되는 것이다. 대부분의 블록체인의 관심은 기술이 아니라 서비스의 영역이라는 점에서 세부기술에 함몰되지 않는 가치의 관점이 중요하다.

스마트폰은 이 전체 서비스를 인간과 연결하는 디지털 지갑 역할을 하고 있다. 실제 Exodus, Nanowallet 등 많은 스마트폰의 디지털 지갑들이 등장하고 있다. 블록체인은 자산이고 신뢰이자 소유권이며, 화폐이고 계약이다. 블록체인 프로젝트로 화폐, 개발자 도구, 독립, 핀테크, 가치 거래소, 데이터 공유, 확실성, 기타 등등을 테크런치 Techcrunch에서 얘기하고 있다. ETRI 임명환 박사는 블록체인 활용 영역을 암호통화, 공공·보안, 산업응용, 거래결제의 영역으로 보고 있다.

이 중에서 금융분야의 블록체인이 가장 빨리 등장하고 있기 때문에 다시 세분화하여 퍼블릭/프라이빗, 거래transaction/자산asset으로 나

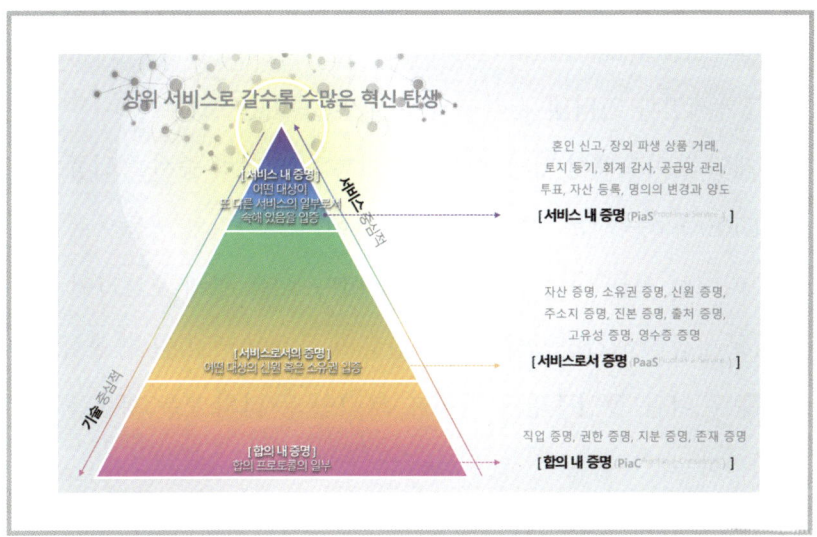

블록체인 서비스

누었다. 각각 역할을 들여다보면, 퍼블릭 블록체인으로서 가장 다이나믹한 것이 3세대 블록체인, 그리고 2세대, 1세대 중에서도 라이트코인 등이 있고, 비트코인은 오히려 자산 성격이 강하고 대쉬dash는 조금 약하다. 컬러드코인은 자산등록 기술로 볼 수 있고, 리플과 스텔라 등은 거래이지만 퍼블릭이 아닌 프라이빗 영역으로 봐야 할 것이다.

　블록체인과 금융을 먼저 보도록 하자. 중국의 상업화된 블록체인 OKLink는 낮은 비용으로 국경을 초월하는 계좌이체를 하였으나, 지금은 불법화되었다. 시애틀의 P2P 대출 플랫폼 회사인 Lending Robot은 P2P 금융에서 블록체인 기반의 투자를 하고 있다. 그래서 탈중앙화로 원가를 절감하고, 연결로 24시간 운영하고, 투명성 증대로 사기를 방지하고 있다. 블록체인을 활용한 은행, 국가 간 외국환, 공급체인, 사기방지, 증권 보험 등이 이루어지면서 기존의 금융을 혁신하고 있는 것이다.

블록체인과 인터넷 관리를 놓고 보면, 홀버튼 스쿨Holberton School은 블록체인을 이용해서 학업 성취도를 기록하고, 학력 증서를 인증한다. SECUREKEY는 신분 증명 비자 서비스에서 캐나다와 공동으로 블록체인 디지털 신분 네트워크를 개발 중이다. 이를 통해 오프라인 신분증의 문제점을 해결하면서 다양한 활용의 근간이 되고 있다. 블록체인 신분증은 여권, 졸업증명서, 성적표, 로그인 등 나의 모든 정보를 연결할 것이다.

블록체인은 에너지 쪽에서도 활약한다. 뉴욕의 Transactive Grid라는 회사는 이더리움 기반 에너지 전송 프로젝트를 추진하며 블록체인 코인 시스템을 만들어, 참여하는 고객들이 남은 전력과 필요한 전력을 이 네트워크를 사용하여 사고 팔 수 있도록 하였다. Energy-Blockchain Labs는 주변 고객과 에너지를 나누고 수익을 창출한다. 에너지 금융 상품의 개발, 평가, 등기, 거래 등을 위한 전 프로세스의 협력 도구를 연구한다. 모든 에너지 정보의 거래를 투명하고 바르게 하고, 전력 생산과 소비를 투명화하고, 마이크로 생산과 소비, 거래를 활성화해서 에너지와 블록체인이 결합하고 있다.

의료에 있어서도 Guardtime은 에스토니아 정부와 협력해서 100여 만 명의 환자 의료기록의 안전 정보 보장 서비스를 블록체인을 활용하여 제공한다. 제일 큰 문제는 무엇인가? EHR에 데이터를 올렸을 때, 이것에 대한 안전 보장을 어떻게 하느냐는 것이다. 그래서 공유된 안전이 블록체인이다. 시드니의 Brontech도 블록체인을 활용해 의료

보건 분야의 데이터 보완과 공유를 동시에 한다. 한국의 메디블록도 이러한 프로젝트를 수행하고 있다. 모든 건강 정보 기록을 투명화하고, 개인정보의 연결로 의료의 효율을 높이고, 건강 데이터 추적 방지를 한다. 즉, 공개와 융합이라는 두 마리 토끼를 동시에 잡을 수 있는 것이 블록체인을 통한 공유이다.

블록체인을 통해서 판권 문제가 해결되고 있다. 상하이의 블록체인 서비스 회사 BitSE는 VeChain칩을 내장한 신상 의류 20여 벌을 선보이고 있다. 한국의 삼성SDS도 이러한 칩을 만들고 있다. Imogen Heap은 Tiny Human이라는 신곡을 이너리움의 블록체인에 발표해서 사용자들이 이더리움 계좌에서 사용권을 쓰게끔 하고 있다. 소유권 선포와 타임스탬프가 있고, 전체 거래 과정이 추적되고, 무형 재산 확정과 가치 평가 문제 해결이 가능하다.

스마트 계약 규범을 이용해 혁신적 창작 환경도 제공한다. 블록체인 창업회사인 필라멘트Filament는 블록체인과 사물인터넷을 접목해서 설비목록을 탈중앙화하여 기록하고, 나아가 스마트 계약도 한다. 즉, 실제 물건과 블록체인을 완전히 일치시키고 있다. IBM의 어뎁트Adept는 탈중앙화된 분산식 설비의 인터넷을 만들고 문서 공유, 스마트계약, 발송 취소 시스템들을 뒷받침하고 있다. 삼성SDS도 동일한 사업을 전개하고 있다. 블록체인은 사물인터넷과 만나 설비의 설치, 유지, 보수 원가를 절감하고 시스템의 안전과 보안을 제공하고, 계약과 운영에 도움을 준다.

또한 블록체인은 공급사슬관리SCM에도 변화를 주고 있다. 블록체인 기반의 SCM에서 모든 제품이 최종 생산계획에 따라 블록을 거쳐 협력업체에서 조달된다. 그러면 이 일련의 과정에서 실시간 작업현황을 공유하고, 스마트 계약으로 공급과 지불 계약을 자동으로 진행하고, 불필요한 비용과 시간 낭비를 최소화하고 신뢰를 만든다. 또한 사업자 리스크에 대해 선제적으로 대응할 수 있다. 유통 전반의 이력 관리, 안전 자동화가 가능해진다.

블록체인과 농업이 만나 월마트는 IPM 및 칭화대학과 공동으로 블록체인을 통해 식품의 안전 추적을 하고 있다. 필라멘트사가 스마트농장으로 농장에서 식탁까지의 프로세스 데이터의 정확성을 보장해주고 있다. 농업의 생산과 소비 관점에서 이를 통합시켜나간다. 생산이력 추적이 가능해지고, 생산 효율성이 제고되며, 농업과 관련된 재해 연구가 가능하다.

블록체인과 기부도 결합하기 시작하였다. 실시간 기부와 트래킹으로 자신의 기부금이 어떻게 활용되는지 모니터링이 가능해지면서 기부문화의 변화를 가져오고 있다. 비트기브 재단은 Save the Children, The Water Project 등 여러 비영리 조직이 합작하여 세웠고 비트코인으로 기부를 받고 있다. 앤트러브는 블록체인 기반의 기부 플랫폼이다.

무역시스템이 완전히 변모하고 있다. 무역시스템은 굉장히 복잡하며, 전 세계 경제에서 대단히 중요한 부분이다. 한국은 무역 의존도가 70% 이상이다. 선적부터 시작해서 화물에 이르기까지 실물의 이동 과정을 살펴보자. 세계 1위 선사인 머스크와 IBM은 하이퍼레저를 바탕으로 로테르담항과 네덜란드 관세청을 연결해서 화물위치 블록, 선사에서 BL 문서 발행, 세관 확인 정보, 수입지 신용장 발행과 결제를 한다. 화주비용 20%와 행정비용 20%를 블록체인으로 해결하고 있다. 삼성SDS도 넥스레저를 활용하여 이 사업에 진출했다.

블록체인은 여기에 그치지 않는다. 이제는 실물이 이동함에 따라 금융도 이동한다. 영국의 바클레이즈Barclays는 치즈 수입과정에서 스마트 계약을 적용하였고, 궁극적으로 무역거래 대금의 5%를 스마트 계약으로 대체하고자 한다. 블록체인이 전체 무역을 혁신해서 전체 무역 비용을 적어도 10% 이상은 줄여줄 것으로 기대되고 있다.

또한 전 세계의 정부에서도 블록체인 활용을 고민하고 있다. 스위스의 CryptoValley, 중국의 항저우 밸리, 싱가포르, 미국 등의 블록체인 밸리가 만들어지고 있다. 두바이는 모든 공문서를 블록체인에서 관리한다. 중국도 화폐는 금지했지만, 기금 지불 시 블록체인 기술을 활용할 준비를 하고 있다. 러시아도 ICO를 금지하고 있지만 문서관리 비용을 줄일 수 있을 것으로 기대하고 있다. 싱가포르는 지금 정부를 블록체인 정부로 재탄생시키려 하는 중이다.

블록체인은 정부도 혁신시키고 있다. 이미 에스토니아는 전 세계를 대상으로 디지털 신분증을 발행하였고, 인터넷으로 에스토니아인과 무역이 자유롭게 이루어지고 있다. Follow my Vote사는 블록체인 기술을 이용해서 End to End 투표시스템을 만들었다. 이제 정부의 노드를 분산 장부화 하는 것이다. 일생의 시민 정보를 자신의 주소에 통합 저장하고, 정책의 추적 등 거버넌스 관리를 할 수 있다.

이제는 정치영역도 블록체인으로 바뀌어 나간다. 블록체인 기반의 융합 민주주의가 등장하는 것이다. 우리는 왜 국회의원을 뽑고 있는가? 중요한 의사 결정을 하기에는 너무 큰 비용이 들기 때문이다. 국민투표 한 번에 직접비용 1500억, 간접비용 3조 이상이 들어간다. 그러나 이 전체 거래비용이 제로가 된다면 블록체인 기반의 직접/비밀투표가 가능해진다. 스위스의 직접민주제처럼 직접민주제와 대의민주제가 융합되는 융합민주제를 구현할 수 있다. 부당 통과 법안, 미처리 법안에 대해 국민청원과 소환을 할 수 있다. 이러한 블록체인 기반의 융합 직접민주제의 투표와 숙의민주제의 정책시장이 합쳐진 숙의직접민주제를 통해 진정한 승자로 국가를 만들 수 있다.

디지털 거버넌스는 여론 수렴, 정책 참여, 정책 결정, 선거 대체를 거쳐 발전할 것이다. 이런 블록체인 관련 스타트업들이 굉장히 빠른 속도로 등장하고 있다. 시장 규모도 굉장히 빠른 속도로 커 나가고 있다. 전 세계에 시장에서 암호통화가 차지하는 비중들을 실시간으로 보여주는 그림은 Coinmarketcap.com에서 실시간으로 볼 수 있다.

이제 블록체인의 미래와 공유경제를 살펴보자. 2025년 공유경제가 온다고 얘기한다. Smart Contract와 Sharing Economy가 같이 가야 한다. 플랫폼이 없는 공유경제와 관련하여, 우버에 해당하는 기업 La'Zooz가 등장한다. 독일의 스타트업은 슬로킷이 있다. 그래서 중개자가 없는 거래, 즉 Government에서 Governance로 이동한다. 블록체인을 이용해서 크라우드 펀딩이 이루어진다. 블록체인의 미래는 화폐에서 금융을 거쳐, 계약을 통해 사회로 가는 것이다.

●● 블록체인의 미래

블록체인은 수많은 신뢰의 문제를 해결한다. 블록체인은 과연 모든 신뢰 문제를 해결할까? 아니다, 명과 암이 있다. 라가르드 IMF 총재는 "기존 화폐의 대체가 가능하다.", 마사노부는 "비트코인은 브라우저다."라고 하지만, "비트코인은 버블이다.", "비트코인은 폭락할 것이다."라는 이야기들도 있다. 누구의 이야기가 맞을까? 비트코인은 버블이며, 이러한 버블 속에 미래의 씨앗이 들어 있다. 바로 이것이 신기술 정책의 핵심이다. 그렇다면 이러한 인식의 벽을 어떻게 돌파해야 하는가?

기술과 시장의 장벽, 그리고 사회 인식의 장벽이라는 난관도 해결해야 한다. 그러나 아직도 블록체인과 암호화폐를 '바다이야기'로 인식하는 사람이 있다. 이러한 혼돈의 바다에서 미래 정책은, 신기술의 발전 방향을 아무도 예측할 수 없다는 점에 초점을 두어야 한다. 빌 게이츠조차 PC 메모리는 64KB 이상 필요하지 않을 것이라고 했다. IBM 창업자 왓슨은 전 세계 컴퓨터는 5대이면 될 것이라고 했다. 이메일과 SNS 규제론이 등장했다. 인터넷 속도 300 bps로 시작했었다. 이런 거대 신기술의 미래는 과도한 거품이 발생한다.

복잡계의 영역인 기술과 산업에 대한 구체적인 예측은 불가능하다. 그러므로 우리가 주목해야 하는 것은 사회적 가치의 미래이지 개별 기술이 아닌 것이다. 우리가 4차 산업혁명에서 풀어야 할 신뢰의 문제를 어떻게 풀어갈 것인가? 하는 이런 미래의 비전이 중요하다. 그리고 현재 문제의 본질을 봐야 한다. 거품 영역의 투기 발생 원인이 무엇인가. 그래서 결론은 'Do Not Harm', 해를 끼치지 않는 규제 샌드박스를 만들라는 것이다.

그러면 답이 무엇인가? 어려운 비탈길을 내려갈 때는 버스보다 버스운전사가 중요하다. 정책보다 정책 책임자가 중요하다는 것이다. 개별 정책은 혼돈의 바다에서 상황 변화에 따라 변화하고, 미래의 비전과 현재 문제의 균형 감각을 가진 정책 책임자가 중요하다.

2018년 선물파생상품위원회CFTC 크리스토퍼 의장은 "젊은 세대들의 열정은 사려 깊고 공정하게 봐야 하지만 사기와 조작행위는 엄격하게 단속해야 한다"고 얘기했다. 즉, 비전과 문제를 같이 본 것이다. 2018년 1월에 시카고 선물거래소CMF에서 비트코인 선물거래가 시작되었다. 핵심은 '해를 끼치지 않는다'라는 미래와 현재의 균형감각이 있는 정책 책임자이다. 늘 혼돈의 영역에서는 작을 때는 규제하지 않는 규제 샌드박스가 필요하다. 그리고 일단 안정화되면 구체적 제도화가 필요하다.

이러한 맥락에서 미국 공화당 소속 오하이오주 렌 데이비슨, 대런 소토 하원의원이 암호화폐의 유가증권 적용에서 배제하는 법안을 제

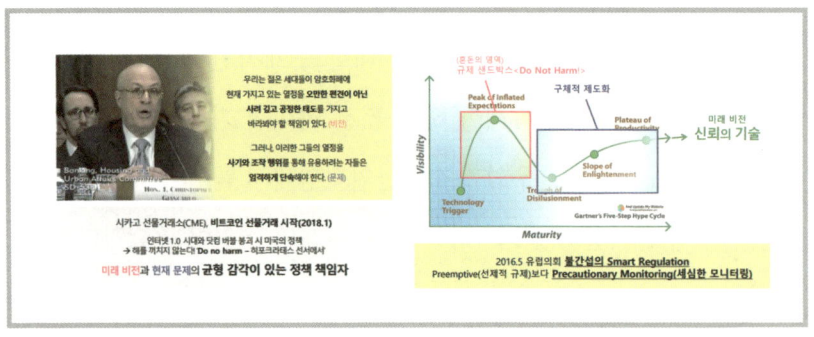

블록체인과 스마트 규제

출했다. 관련 법안은 암호화폐의 법률적 성질을 디지털 토큰으로 정의하고, 미 재무부가 디지털 통화 거래로부터 발생하는 수익 또는 손실에 대해 명확한 규제를 제정해야 한다고 규정했다. 그러나 이 법안의 내용보다 더욱 중요한 것은 법안의 성명서이다. 워렌 데이비슨 하원의원은 "인터넷 초창기 시절 미 의회는 시장을 과도하게 규제하려는 유혹을 이겨냈고, 시장에 확실성certainty을 부여할 수 있는 법안을 통과시켰다."며, "이때와 같은 승리를 또다시 미국 경제에 가져오고, 이 혁신적인 산업에 미국적 리더십을 가져오는 것이 목표"라고 밝혔다. 이러한 기조는 비단 미국만이 아니라 2016년 5월 유럽에서도 불간섭의 Smart Regulation을 만들고 선제적preemptive 규제 보다 세심한 모니터링precautionary monitoring을 하겠다는 정책 방향을 천명하였다.

현시점에서 암호통화의 국가별 현황을 살펴보면 허용, 제한, 금지 국가가 있다. 세계 각국의 동향을 살펴보면 미국은 'Do Not Harm' 원칙, 유럽은 'Smart Regulation' 원칙, 우루과이와 베네수엘라와 캐나다는 국가화폐를 내놓았고 독일, 스위스는 자산으로 인정하였고, 스위스는 화폐로 인정하여 CryptoValleyZug를 구축하여 암호통화의 메카화를 추진하고 있다. 러시아도 자체 암호통화를 준비하고 있다. 우크라이나도 합법화하고 있고, 중국은 가장 규제가 심한데도 불구하고 국가화폐를 내놓을 것이라고 본다. 일본은 이미 통화로 인정하고 있다. 싱가포르는 ICO의 메카화를 하고 있다.

그런데 한국은 어떠한가. 한국은 ICO를 금지하고 거래소를 규제하고 있다. 갑자기 거래소를 폐지하고, 국민 청원에 의해 갑자기 블록체인 발전법 추진을 하는 등 어디로 튈지 모르는 상황이다. 국가의 에너지를 극대화하여 미래를 설계하는 비전이 절실하다. 바람직한 방향은 미래 비전 수립, 정책 책임자의 역량, 최소 개입의 원칙이다. 이 중 가장 중요한 것은 정책 책임자의 역량이다.

스마트 규제라는 방향에서 블록체인 활용 정책을 보면, 암호 주식, 암호 자산화, 암호 바우처(상품권), 암호통화 거래소, 암호 카드와 같은 구체적인 정책에 초점을 둘 필요가 있다. 암호통화의 성격은 스위스는 화폐, 일본과 독일은 통화, 미국과 싱가포르는 상품, 중국과 인도는 자산, 뉴질랜드와 미국은 증권으로 보고 있다. 아직은 분화 이전의 복잡계이다. 지금은 상세 제도화는 시기상조이다. 우선 암호 주식Private ICO은 스타트업의 자금 조달에서 대단히 중요하며, 기업의 주식 관리와 의사 결정 투명화에 필요하다.

블록체인 활용분야

이 개념은 전자 주권의 스마트화로 봐야 한다. 증권예탁원을 인증 기관으로 할 수도 있다. 기존 플랫폼을 이용해서 이러한 암호 주식을 만들면 창업 활성화, 배당과 증자 가능, 주주총회 가능, 분산자율조직으로 자본주의 진화 촉매, 기업 주식 관리의 비효율과 분쟁의 원천 해소, K-OTC 거래가 가능해진다. 간단하다. 크라우드 펀딩과 ICO를 연결하거나, 아니면 사모의 경우에는 ICO를 금지하지 않으면 된다. 공모는 크라우드 펀딩으로, 사모는 ICO를 금지하지 않는다. 이것을 통해서 우리는 스타트업 자금 조달에 1조 이상의 투자 효과를 기대할 수 있다. 2017년 4/4분기 전 세계 ICO 금액이 벤처 캐피탈 금액의 16배였다. 기업 거버넌스 구조의 획기적 개혁으로 10조 이상의 효과를 기대한다. 결과적으로 한국이 제2의 벤처의 메카가 될 수 있을 것이다.

암호 자산은 자산 가상화와 유동화, 그리고 자산의 거래기록 유지와 스마트 계약을 통해 국가 전체의 자산을 효율화시키는 것이다. 모든 자산을 정보와 물질을 일치시킨다. 그리고 자산의 스마트 계약 기능을 제공하고, 여기에 NameCoin 플랫폼 기술이 동원될 수 있다. 자산별 관리 주체를 뒷받침하는 제도가 필요하다. 자산의 투명화로 분쟁 방지하고, 상속 등 조세를 강화하고, 자산의 유동화로 다양한 거래를 하고, 각종 자산을 블록체인화 한다. 의무기록, 학적부 등은 조작이 안 되도록 한다. 국가자산이 최적화되는 것이다.

암호 바우처는 상품권과 정책 자금 운영의 스마트화를 하고 지역과 분야별 화폐를 만들 수 있다. 바우처를 프라이빗 블록체인화 하고 암호통화와 달리 실물화폐에 1:1 연동시킨다. 이미 나와 있는 거래 플랫폼을 활용할 수 있다. 그리고 이미 나온 암호 바우처 앱들이 많다. 상품권에 준하는 제도로써 스마트 상품권화 시키고, 정책 자금의 막대한 관리비용을 절감하고 투명화 시킨다. 20조 원 국가 R&D와 146조 원 복지예산의 3%만 절감해도 5조 원의 효과가 있다.

그리고 지금의 암호통화 거래소는 無제도, 無비전, 無규제가 만들어낸 혼란에 빠져있다. 두 가지 원칙인 금융실명제와 자금세탁방지를 전제로 하는 전향적인 정책이 절실하다. 바젤 협약은 기술 중립성을 유지하라고 되어 있다. 기존의 전자금융법은 중앙집중 규제로 바젤 협약과 배치된다. 최소 사전 규제와 자율 규제를 하고 강력히 사후 징벌을 하는 방향으로 가야 한다. 암호통화의 거래 규제에는 Do Not Harm과 Smart regulation원칙을 가져가고, 기본적으로 정보 비대칭을 해결하면 된다. 목적별 분류를 하고, 법률적 문제로서는 블록체인

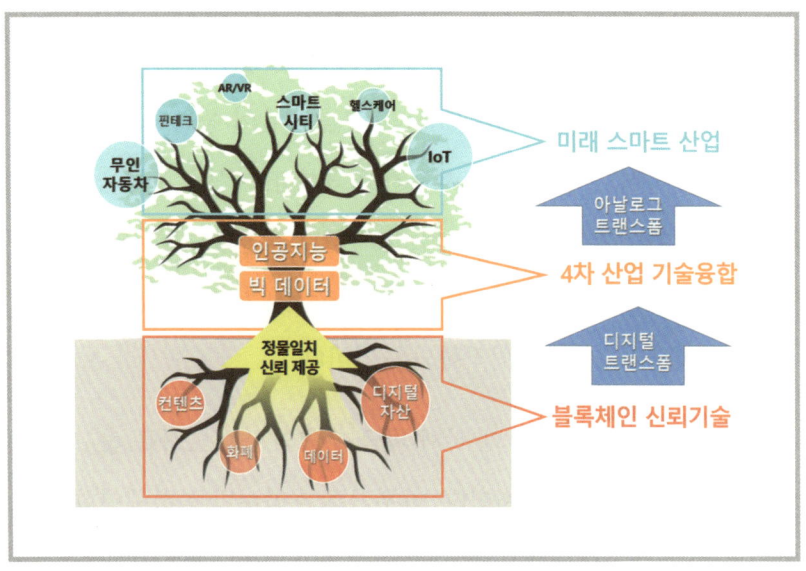

4차 산업혁명과 블록체인

성격상 과거 정보를 유지해야 하는 문제를 법적으로 뒷받침하고, 청산은 금융결제원이 독점할 수 있을 것이다.

4차 산업혁명의 핵심, 블록체인 신뢰기술이 뒷받침하고 이것이 정물일치의 신뢰를 제공하면 아날로그 트랜스폼을 통한 4차 산업혁명 기술 융합이 인공지능, 빅데이터로 현실 세계를 만드는 새로운 산업을 만들 수 있다. 결국, 인공지능이 혁신을 통한 성장을 이끌고 블록체인이 신뢰를 통한 분배를 이끄는 4차 산업혁명의 쌍끌이로 가면서 상생 국가로서 대한민국의 미래를 만들어 갈 수 있을 것이다.

Smart Transform

욕망을 지속하게 하는 기술, 게임화

●● 결과 중심 동기부여 관리의 한계

4차 산업혁명 시대를 맞아 수많은 사람들의 다양한 일들을 결과 중심으로 일괄 관리하던 과거의 동기부여 방식은 이제 한계에 도달했다. 정해놓은 목표치를 달성하면 당근을 주고 달성하지 못하면 채찍질하는 결과중심의 동기부여 관리방식은 철저히 관리자 중심적인 방식이다.

소수의 관리자가 다수의 직원, 학생들을 동기부여 시켜야 했던 산업화 시대에는 이러한 방식이 유효했다. 마땅한 대안이 없었기 때문이다. 개인의 특성과 상황을 정확히 파악하여 개개인별로 목표달성 과정을 맞춤관리 해주는 것이 최선인 것을 알아도 높은 비용과 시공간의 제약으로 인해 이를 현실화시키기 힘들었다.

같은 목표를 추구하더라도 어떤 사람은 목표달성 과정에서 고통을 느끼고, 어떤 사람은 재미를 느낀다. 이러한 차이는 어디서 올까? 목표 달성 과정에서 모두가 재미를 느끼게 하려면 어떻게 해야 할까? 지금부터 이 질문의 해답인 게임화Gamification에 대해 알아보도록 하자.

•• 스마트혁명, 동기부여 방법의 변화를 촉발

스마트혁명으로 디지털 세계에서만 존재하던 고도의 게임적 동기부여 Tool들을 현실에 적용하는 것이 가능해졌다. 오프라인에서 걷기 운동을 하는 사람의 위치정보, 생체정보 등을 스마트폰이 측정해 그에 합당한 퀘스트와 보상을 주는 것이 가능해졌다는 것이다. 이렇듯 오프라인에 게임적 사고와 기법들을 결합시키는 것을 게임화Gamification라고 한다.

다시 한 번 정리하면 게임화란 '게임적 사고와 기법을 통해 플레이어를 지속적으로 동기부여 시켜 현실을 개선하는 것'이며, '현실의 의미에 게임의 재미를 융합하는 것'이라고 정의내릴 수 있다.

여기서 게임적 기법이란 다양한 보상시스템 등을 바탕으로 참여자의 관심도를 올리는 방법들을 의미하는데 가치 있는 스토리, 명확한 목표와 규칙, 가능한 도전, 빠른 보상을 기본전제로 설계된다.

게임적 기법을 이해하고자 할 때 보면 좋은 대표적 사례가 애니팡이다. 애니팡은 게임 속에서 플레이어에게 높은 점수 획득이라는 목표를 제시하고 있으며, 플레이어의 활동과 성과에 따라 포인트 및 아이템 등 다양한 리워드를 빠르게 제공한다. 또한 친구들과 점수경쟁을 할 수 있도록 순위표(리더 보드)도 제공한다. 플레이어는 이러한 게임적 기법들로 인해 게임에 몰입하게 되고 재미를 느끼게 된다.

오프라인에 고도의 게임적 기법을 적용하는 것에는 명백한 한계가 존재한다. 디지털 세상에서는 간단하게 구현할 수 있는 게임적 기법이라도 오프라인에서 그것을 구현하려면 여간 어려운 일이 아닐 수 없다. 디지털 세상에서는 게임의 관리자와 규칙을 하나의 플랫폼으로써 실체화 시킬 수 있다. 디지털 기술로 실체화 된 게임 관리자는 정해진 규칙아래 플레이어를 항상 1대 1로 관리할 수 있다. 오프라인 세상에서는 불가능한 일이다. 오프라인에서는 게임 관리자와 경쟁자들이 동일한 시간에 물리적으로 가까이 있어야만 고도의 게임적 기법들이 활성 가능하다.

디지털 기술에 의해 실체화 된 게임적 기법들은 인간을 동기부여 시키는데 탁월한 효과를 보인다. 이는 즉 설계자의 의도대로 플레이어들을 유도하는 것이 가능하다는 점을 시사한다. 오늘날은 과잉의 시대다. 경쟁자들보다 더 뛰어난 제품을 만들지 않으면 시장에서 쉽게 도태된다. 아무리 뛰어난 성능의 제품과 서비스를 출시하더라도 고객들이 지속적으로 사용하지 않는다면 무용지물이 된다.

앞으로 우리는 고객을 동기부여 시키기 위한 주요수단으로써 게임화에 주목해야 한다. 게임화는 사람들을 동기부여 시키는데 탁월한 방법론이고, 이 기능은 스마트 기술의 발전과 함께 강화되고 있다. 4차 산업혁명 시대를 선도하고자 한다면 게임화로 인해 촉발 될 인간 행동 양식의 근원적인 변화를 누구보다 잘 이해할 필요가 있을 것이다.

•• 스마트폰의 등장 함께 주목받기 시작한 '게임화(Gamification)'

자 그러면 여기서 궁금해지는 게 한 가지 있을 것이다. 과연 게임화라는 개념은 언제 어디서 출현한 것일까? 게임화gamification라는 용어 자체는 2002년 닉 펠링Nick Pelling이 컨설팅 회사를 시작하면서 처음으로 사용하였다. 그러나 그 당시의 일반적인 기술수준으로는 오프라인에 게임적 기법을 적용하는 것이 상당히 제한적이었기 때문에 게임화라는 개념은 대내외적으로 주목받지 못하고 사장되었었다.

이후 스마트폰이 대중화됨으로 인해 온-오프라인이 결합된 게임 환경을 설계하는 것이 부분적으로 가능해지면서 게임화라는 개념도 다시 주목받게 되었다. 그 당시 구글의 회장이었던 에릭 슈미트는 "앞으로 온라인의 모든 것은 멀티 플레이어 게임과 비슷해질 것이다."라고 말한바 있는데, 이후 스마트폰 대중화 시기와 맞물려 현실을 게임화 하는 사례들도 증가하기 시작했다.

게임화가 적용된 비즈니스 사례들이 점차 증가하기 시작하면서 게이미피케이션 서밋Gamification Summit이 2011년 미국에서 개최되기에 이르렀고, 포럼 개최시기를 기점으로 하여 게임화에 대한 개념적 논의가 본격적으로 이루어지기 시작했다. 그러나 높아진 관심에 비해 게임화는 한동안 대중화 되지 못했다. 게임화 설계가 가능한 전문가 집단이 전무하다는 이유도 있겠지만 무엇보다 스마트폰만으로 오프라인에 게임적 기법을 효과적으로 결합시키는 것이 사실상 어려웠기 때문이다.

하지만 이제 상황은 달라졌다. IoT, 웨어러블, 클라우드, AI와 같은 스마트 기술들이 범람하고 있다. 과거에는 기술적 한계로 인해 막혀있던 부분이 해결된 것이다. 독자들의 이해를 돕기 위해 게임화의 발전 단계를 3단계로 나누어 설명하고자 한다. 게임화 1.0은 게임적 사고와 기법들을 현실에 단순 적용하는 단계를 말한다. 이는 게임화에 대한 논의가 막 시작되던 단계에 해당하며 아직 게임화를 위해 디지털 기술을 활용한다는 발상이 미약했던 시기이다.

게임화 2.0은 모바일을 통해 현실에 게임적 기법이 적용되기 시작한 단계를 말한다. 모바일로 데이터의 실시간 수집과 공유는 가능했지만 수집된 데이터가 아직은 빅데이터화 되지 못했고, 플레이어와 디지털을 연결해주는 통로가 오직 스마트폰뿐이었던 시기이다.

게임화 3.0은 고도의 게임적 기법을 현실에 적용하기 위해 스마트 기술들을 복합적으로 활용하는 단계를 말한다. 성공적인 게임화 설계를 위해서는 반드시 이와 같은 형태로 설계되어야 한다.

게임화 3.0 설계를 위해서는 알아야 할 것들이 많다. 온라인과 오프라인을 어떻게 연계시킬지에 대한 고민은 기본이고, 게임 속 보상 시스템, 플레이어 유형, 피드백 시스템 등을 전부 이해해야 한다. 하지만 조급해지지 말자. '천리 길도 한걸음부터'라는 옛말이 있듯 지금부터 게임화의 기초부터 차근차근 들여다보도록 하자.

●● 게임화와 게임, 게임과 놀이

　게임화를 이해하기 위해서는 게임에 대한 이해가 선행되어야 하고, 게임을 이해하기 위해서는 놀이에 대한 이해가 선행되어야 한다. 놀이가 갖는 문화적인 의미를 연구하여 'Homo Ludens(놀이하는 인간)'를 주창한 요한 하위징아Johan Huizinga는 놀이를 '비일상성, 규칙성, 시공간의 제약성 등을 특성으로 지니며, 허구적임에도 불구하고 행위자를 몰입시키면서 물질적 이해와는 관계가 없는 자유로운 활동'으로 정의했다.

　하위징아의 연구를 비판적으로 계승하여 놀이의 체계적인 분류를 시도한 로제 카이와Roger Caillois는 '강요가 없는 자유로운 활동, 공간과 시간이 한정·분리된 활동, 결과가 확정되어있지 않은 활동, 새로운 부(富)의 생산이 없는 비생산적인 활동, 일시적인 약속에 따르는 규칙이 있는 활동, 비현실이라는 의식을 수반하는 허구적인 활동'이라는 여섯 가지 형식적 특성으로 놀이를 정의했다. 이 두 연구자의 주장을 간단히 요약해보면, 놀이란 물질적 이해와 무관하게 몰입하는 활동을 총칭한다고 볼 수 있다.

　게임도 근본적으로는 놀이의 일종이기 때문에 상당부분이 놀이와 비슷한 속성을 가지지만 게임에는 놀이와 구분되는 중요한 특성이 한 가지 있다. 바로 가시적이며 측정 가능한 승패, 목적 또는 목표가 있다는 점이다.

　게임에 대해서도 많은 연구자들이 개념적 정의를 내렸는데, 그들의 정의를 요약해보면 게임이란 '행위자가 규칙의 통제 속에 자발적으로 참여하여 목표를 수행하면, 목표수행의 결과가 측정 가능한 형태로 도출되는 구조물'이라 할 수 있다.

우리는 게임의 정의를 살펴봄으로써 게임에는 '목표'가 존재해야 한다는 사실을 알게 되었다. 자 그렇다면 여기서 게임 설계자가 고민해야 하는 것은 무엇일까? 게임 참여자들이 어떤 목표들을 추구하게 할지, 그 목표추구 행위를 어떻게 지원할 수 있을지를 고민해야 할 것이다.

게임의 구조를 극히 단순화시켜보면 게임은 Component(구성요소)와 Rule(규칙)이라는 2가지 요소로 구성되는데, 이는 모두 참여자의 목표추구 행위를 지원하는 방향으로 설계되어야 한다. '가위바위보 게임'을 예로 들어보자. 우선 이 게임에는 '손으로 표현 가능한 가위, 바위, 보'라는 컴포넌트가 존재한다. 우선 준비물인 '손'은 휴대성과 반응성이 뛰어나고, '가위, 바위, 보'는 매우 직관적이라 유아기 아동도 쉽게 이해할 수 있다. 다음으로는 규칙이다. 가위바위보에는 우리 모두가 너무나도 잘 알고 있는 승패의 규칙이 존재한다. 하지만 우리는 이 게임을 할 때마다 보상이나 벌칙 같은 부수적인 규칙을 추가한다. 룰과 컴포넌트를 어떻게 설계하느냐에 따라 참여자의 동기부여 수준이 달라지는 것이다.

잘 설계된 컴포넌트와 규칙은 참여자 목표추구 행위의 '몰입도'를 높여주고, 몰입해서 목표를 성취해가는 과정에서 참여자는 '재미(만족감)'를 느끼게 된다. 게임설계에서 가장 중요한 것은 몰입과 성취의 선순환으로 참여자들이 게임에 지속적이고 자발적으로 참여하게 만드는 것이다.

●● 게임의 핵심은 몰입과 성취의 선순환

몰입이란, 어떤 행위에 깊게 몰입하여 시간의 흐름이나 공간, 더 나아가서는 자신에 대한 생각까지도 잊게 될 때를 일컫는 말로 개인에게 최적경험을 제공하는 상태이다. 일반적으로 몰입은 명확한 목표가 주어져 있고, 활동의 효과를 바로 확인할 수 있으며, 도전challenge과 숙련도skill 사이의 균형이 알맞게 이루어져야 가능하기 때문에 현실 세계에서 몰입의 순간은 쉽게 오지 않는다.

반면 게임에는 참여자의 몰입을 지원하는 Component(구성요소)

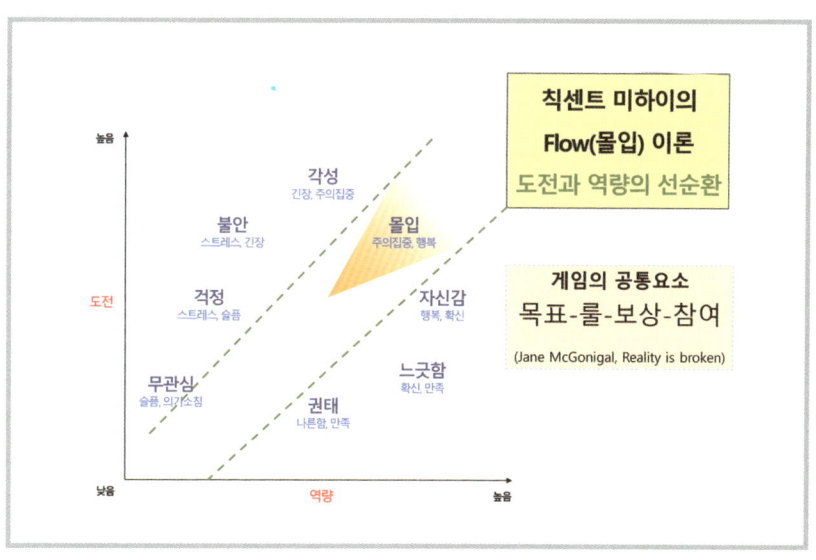

동기유발 요인
자료: 마시미니와 칼리(1988), 칙센트미하이(1990)

와 Rule(규칙)이 존재하기 때문에 남녀노소 불문하고 쉽게 몰입을 경험할 수 있다. 특히 디지털게임의 경우 가상세계의 특성상 고차원적인 컴포넌트와 룰의 설계 및 적용이 용이하기 때문에 게임 참여자들은 보다 더 쉽게 몰입을 경험할 수 있다.

디지털게임은 게임 참여자의 수준에 맞춰 적절한 숙련도skill훈련 프로그램과 도전challenge 과제를 제공할 뿐만 아니라 다양한 게임적 요소를 통해 사용자의 참여와 몰입을 장려한다. 또한 게임 참여자는 게임에 몰입함으로써 물질, 지위, 트로피 등 부수적인 보상을 얻게 되는데, 이는 인간의 욕망을 자극하여 만족감을 극대화 시켜준다.

인간이 몰입을 통해 만족감을 느끼는 과정을 좀 더 자세히 들여다보자. 인간의 뇌는 게임과 같이 진화해 왔다. 인간 뇌의 존재이유는 계산이 아니라 예측이다. 이동하는 동물은 예측해야 하므로 뇌가 있으나, 이동하지 않는 식물은 뇌가 없는 것과 같다. 말미잘 유충은 이동하므로 뇌가 있고, 붙박이 성충은 정착하므로 뇌가 없다.

인간은 생존경쟁 과정에서 더 잘 예측을 하도록 진화했다. 미래를 예측하고 최적의 맞춤을 하면 살아남는다. 결과가 맞으면 뇌의 모델을 강화하고, 틀리면 수정하여 인간의 생존 기회를 높였다.

게임의 퀘스트(도전과제)와 리워드는 예측과 보상의 압축 과정이다. 인간이 오랜 진화 과정에서 익숙해 왔던 패턴이다. 보상은 엔돌핀과 같은 물질로 재미를 제공한다. 바로 중독 현상이 발생하는 이유다. 재미와 의미가 분리되면 타락하거나 삭막해진다. 의미 없는 재미는 타락이고, 재미없는 의미는 삭막이다. 의미 없는 재미의 극한이 마약 중독이다. 그러나 예측, 즉 도전의 퀘스트가 의미 있는 결과를 만들면 재미는 의미와 순환하여 세상을 이롭게 만든다. 이것이 바로 게임화이다.

이제 4차 산업혁명의 생산과 소비의 순환을 이룩하는 기술과 욕망의 공진화는 욕망이 주도한다. 욕망을 디자인하고 욕망을 지속시켜야 한다. 이렇게만 얘기해서는 감이 잘 안 잡히는가? 지금부터 몇 가지 사례를 통해 게임 속 몰입과 성취의 선순환 구조에 대해 알아보도록 하자.

게임화 사례

글로벌 기업 서비스 곳곳에 녹아있는 게임화 기법

모든 서비스들의 지향점 중 하나는 'Zero Effort Service'이다. 지금까지는 서비스의 수혜자인 고객도 원하는 것gain을 얻으려면 일정 수준의 노력effort을 해야 했다. 전자상거래 사례를 보자. 10년 전만 하더라도 인터넷으로 무언가를 구입하려면 그 절차가 상당히 귀찮았다. 다운로드 받아야하는 것도 많았고, 매번 공인인증서도 필요했다. 그런데 최근에는 이 문제들이 기술로 해결되었다. 원클릭으로 쇼핑이 가능해지면서 온라인 쇼핑에 들어가는 소비자의 Effort가 Zero에 수렴되고 있는 것이다.

반면 아무리 기술적으로 고민해도 Zero Effort Service 실현이 어려운 영역들이 있다. 대표적으로 교육, 피트니스, 헬스케어 등이다. 소비자가 Effort에 의한 고통을 감내하지 않으면 그 어떤 Gain도 얻을 수 없다. 여기서 유용한 것이 게임화 기법들이다.

기술적으로 Zero Effort Service를 구현할 수 없다면, Effort로 인해 발생하는 고객들의 고통을 게임화 기법으로 경감시켜줘야 한다. 대표적인 사례로 교육에 게임화 기법을 적용한 칸 아카데미와, KnowRe를 들 수 있다. 학생이 교육과정을 성실히 수행해 나가면 자연스럽게 레벨업이 되고, 뱃지, 포인트 등 리워드가 주어진다. 피트니스에 게임화를 적용한 사례로는 Noom과 Fitbit을 들 수 있다.

게임화 기법은 소비자들에게 정신적인 보상을 제공함으로써 소비자들을 동기부여 시킨다. 사실상 아무런 경제적 가치가 없는 가상의 보상으로도 사람들의 행동을 유도할 수 있다. 이러한 대표적인 사례가 네이버의 지식인 서비스(내공 시스템과 등급제도), 유튜브의 업로더 관리 정책(우수 업로더 뱃지수여, 시청 데이터의 실시간 확인 시스템) 등이다.

사실 세부적으로 들어가 보면 글로벌 IT 기업 대부분의 서비스에는 게임화 기법이 적용되어 있다. 온라인 쇼핑 업체들의 고객등급제도, 네이버의 실시간 검색어 순위(리더보드), 페이스북의 초기 가입자 튜토리얼 등등 다양한 사례가 있다. 이제 주요 사례들에 대해 좀 더 세부적으로 알아보도록 하자.

●● 수학교육의 게임화, KnowRe

정규 교육과정에서 수학 기초학력미달 학생이 계속해서 증가하고 있다. 학급에 수업을 못 따라가는 학생들이 있어도 선생님들은 계속 진도를 나가고, 정해진 기간이 되면 시험을 통해 그 수준을 판별한다. 이런 시스템 속에서 학생들은 수학을 학습하고자 하는 동기를 상실한다. 만약 개인 맞춤형 교육을 원한다면 과외를 받으면 된다. 하지만 과외는 각 학생마다 1대 1로 선생님이 배치되어야 해서 상당히 고비용이다.

노리KnowRe는 맞춤형 수학교육 솔루션을 제공하는 온라인 플랫폼으로, 학교에서 진행되는 선생님의 수업방식과 디지털 콘텐츠를 결합한 블랜디드 러닝blended learning 프로그램을 제공한다. 예를 들어, 어떤 학생이 2차 방정식 문제를 틀렸다면, 이 학생이 이항에서 어려움을 느끼는 것인지, 인수분해를 못 하는 것인지, 근의 공식을 모르는 것인지에 대해 분석하고, 그에 따른 맞춤 솔루션을 제공해준다.

아울러 이 과정은 선생님에게 실시간으로 전달된다. 선생님은 개별 학생들의 수준을 파악한 뒤 직접 '노리'에서 과제도 줄 수 있다. 학생의 학습 수준에 따라 과제의 수준도 달라진다. 게다가 여기에는 게임적 요소가 곳곳에 결합되어 있다. 학습단원 별 일정수준 이상의 성취도를 보여야 다음 스테이지로 이동가능하며, 문제해결 시 배지나 메달 등 보상이 제공된다. 시험점수라는 결과만 가지고 학생들을 동기부여 시키는 것이 아닌 목표달성을 위한 과정에서 재미를 느낄 수 있도록 수학교육을 혁신한 것이다.

•• 피트니스의 게임화, Noom

Noom은 사용자들이 효과적으로 식단관리와 다이어트를 할 수 있도록 도움을 주는 앱이다. 기본적으로 걸음 수, 소모 칼로리, 심박 수 등 운동 데이터들이 자동기록 되며, 이 데이터는 Dashboard를 통해 실시간 확인 가능하다. 눔은 이 데이터들을 바탕으로 소비자에게 맞춤 미션과 정보성 콘텐츠 등을 제공한다.

이 앱의 핵심은 사용자가 스스로 목표를 설정하게 하고, 목표달성 과정에서 발생하는 운동정보와 식사정보 등을 전문코치가 실시간으로 확인하여 피드백을 준다는 것이다. 또한 사용자는 그룹 멤버들과 서로 응원하고 경쟁하며 건강관리를 할 수 있다.

Noom에는 환급 미션이 존재하는데, 프로그램 커리큘럼만 잘 준수하면 최초 결제한 서비스 이용금액 전액을 환급해 주는 것이다. 게

눔코치 앱 사용화면
자료: Noom

임화 기법에 의한 정신적 보상과 더불어 금전적 보상까지 주어지니 사용자들의 다이어트 효과는 높아질 수밖에 없다.

•• 치아관리의 게임화, Playbrush

자녀의 양치질 습관을 길러주기 위해 많은 부모들이 노력하지만 이는 정말 어려운 일이다. 단기적으로는 양치질이라는 행위가 아이들에게 고통만 주지 그 어떤 보상도 주지 못하기 때문이다. Playbrush는 이런 문제를 해결하기 위해 만들어진 스마트 칫솔이다.

스마트폰 게임과 연동된 IoT 칫솔은 아이가 양치질 하는 동작을 인식해 이를 실시간으로 게임에 반영한다. 아이가 양치질을 시작하면 충치악마에게 왕관을 되찾아야 하는 퀘스트가 주어지고, 주어진 2분이라는 시간동안 열심히 양치질을 하지 않으면 이 목표는 달성할 수 없다.

퀘스트에 성공을 하면 그에 합당한 트로피와 배지 등의 보상이 주어지고, 이 게임에는 가족들이 전원 참여가능하기 때문에 서로 점수경쟁을 할 수 도 있다. 양치질이라는 행위에 대해 단기적이면서도 매력적인 보상들이 제공되는 것이다.

게임화 설계

게임 설계 방법론, MDA 프레임워크(framework)

MDA 프레임워크는 Robin Hunicke와 Marc LeBlanc, Robert Zubek이 게임의 시스템과 플레이어와의 관계를 설명하기 위해 제시한 프레임워크로, 기법Mechanics, 역학Dynamics, 미학Aesthetics의 줄임말이다.

MDA 프레임워크는 본래 재미만을 위한 게임설계를 위해 창안된 프레임워크다. 그래서 게임의 구조에 대해서는 잘 설명해주지만 부가가치 창출구조에 대한 논의는 빠져있다. 즉 무언가 부가가치를 창출해야하는 게임화 구조설계 시 일부 영역에서는 한계를 보인다는 것이다. 이 점을 유의하여 참고 바란다.

M(Mechanics, 게임 기법)

게임 기법은 재미를 만들어내는 게임의 기능적 요소이다. 다양하게 존재하는 게임 기법들은 게임을 구성하는 각종 규칙, 알고리즘 등에 반영되어 플레이어의 특정 행동, 감정 등을 유도한다. 쉽게 설명해서 레벨업 시스템이나, 퀘스트, 포인트 등 게임의 골격을 이루는 '기능적 요소'들이 이에 해당된다고 보면 된다. 아래 4가지 사례는 게임 기법을 쉽게 설명해주고 있다.

① 점수Points: 포인트는 플레이어의 게임 참여 및 성취에 대해 제공되는 가치를 포인트(수치)로 시각화하여 나타내는 시스템이다. 포인

트는 일반적으로 플레이어 행위에 대한 보상으로 활용되며, 이는 직위나 상태를 나타내는 지표도 될 수 있다. 플레이어는 포인트를 사용해 콘텐츠에 접근하거나, 가상의 상품 또는 선물을 구입할 수 있기 때문에 플레이어들은 일반적으로 더 많은 포인트를 추구하게 된다.

② 레벨Levels: 게임에서 레벨은 일반적으로 플레이어들의 참여 및 성취에 따라 자동적으로 상승한다. 사용자의 레벨은 새로운 콘텐츠에 접근할 수 있는 접근권이나 제어력을 나타내는 핵심적인 지표가 된다. 게임 커뮤니티 내에서의 레벨은 사회적 지위를 나타내는 지표로 작용되며, 레벨이 높을수록 더 많은 시스템적 혜택을 받을 수 있다.

③ 순위표Leader Boards: 사용자들이 명성을 떨칠 수 있도록 여타 플레이어들에게 레벨, 위치, 최고 득점자, 성취도 등을 순위별로 공개하는 시스템을 순위표라 한다. 게임 속에서 순위표는 경쟁 요인을 활용하여 서로 추적하거나 행동을 이끌어 낼 수 있는 인간의 욕구를 자극하는 요소로 활용가능하다.

④ 퀘스트Challenges & Reward: 퀘스트는 사람들에게 미션(도전과제)을 제공하고, 달성 시 그들에게 적절한 보상을 제공하는 시스템이다. 도전과제는 사람들의 성취욕을 자극하고, 사람들은 보상으로 받은 트로피, 배지를 통한 명예, 성취감을 경험할 수 있다. 즉 퀘스트는 플레이어들이 목표를 향해 끊임없이 노력하게 만드는 동력으로 작용하는 것이다.

D(Dynamic, 게임 역학)

게임 역학은 각종 게임 기법들로 설계된 게임 구조 내에서 플레이어가 시간이 흐름에 따라 '왜', '어떻게' 게임과 상호작용하는지에 대해 설명하는 것이다. 게임 역학은 다양한 인간 욕구이론에서 제시되는 인간의 욕구들과 사실상 일치하기 때문에 게임역학 요소들을 매슬로우 욕구 5단계 분류법으로 분류하는 것도 가능하다.

① 생존과 안전에 대한 욕구: 플레이어는 게임 상에서 발생하는 부정적인 결과(패배, 상실, 지속불가능)를 피하고자 하는 욕구를 가진다. 만약 게임에서 패배하거나 규칙을 어길 경우 포인트나 경험치를 잃게 된다면, 플레이어는 패배하지 않기 위해 유료 아이템을 구입하거나, 위험에 처한 순간 게임에 고도로 몰입하게 된다.

② 소유에 대한 욕구: 현실과 가상을 불문하고 원하는 것을 자신의 것으로 만들고자 하는 소유에 대한 욕망은 인간의 행동을 가장 효과적으로 유도할 수 있는 방법 중 하나이다. 이미 수많은 디지털 게임들의 유저들로 인해 검증 된 사실이지만 사람들은 특정 가상 아이템, 레벨, 칭호 등을 소유하기 위해 상당한 금전과 노력을 투자한다. 대표적으로 퀘스트 완료 또는 몬스터 사냥 등의 과정에서 주어지는 보상을 얻기 위해 반복적이고 지루한 과정도 상당한 시간을 투자해 완수하는 사례를 들 수 있다.

③ 자기표현에 대한 욕구: 자기표현에 대한 욕구는 자신의 스타일, 정체성, 개성 등을 알리고 싶어 하는 과시적 욕구이다. 주로 가상의 상

품으로 아바타를 치장하거나, 특수 칭호 및 행위를 자랑하는 방식으로 표현된다.

④ 관계에 대한 욕구: 사회적 관계를 기반으로 하는 욕구이다. 소속, 직위, 이타심 등의 욕구가 전부 관계에 의한 욕구에 포함된다. 사람들이 게임 속에서 높은 지위를 얻거나 좋은 모임(길드, 클랜 등)에 들어가기 위해 노력하는 모습은 흔히 볼 수 있다.

⑤ 성취에 대한 욕구: 장기적이며 반복적이고 고난이도 스킬을 요하는 작업을 통해서 의미 있는 결과를 달성하고자 하는 욕구이다. 인간의 욕구 중 가상 상위에 존재하는 자아실현의 욕구와 매칭 된다. 고난이도 작업의 결과 얻어지는 포인트, 경험치, 배지 등의 보상은 성취욕을 더욱 강화시킨다.

A(Aesthetics, 게임 미학)

게임 미학은 플레이어가 게임과 상호작용하면서 발생하는 미학적 반응(감정)들을 의미한다. 미학의 경우 인간 감정의 영역이기 때문에 동일한 컴포넌트와 룰, 역학을 가진 환경에서도 게임 참여자마다 느끼는 바가 달라 통제하기 힘들다.

게임 미학은 게임 기법과 역학이 혼합되어 상호작용하면서 만들어지는 결과물로, 만족, 놀라움, 기쁨, 부러움, 공포심, 긴장감, 감동, 흥분 등 인간이 가질 수 있는 거의 모든 감정들이 포함된다.

●● 게임을 바라보는 2가지 관점

게임은 크게 2가지 관점에서 바라볼 수 있다. 첫 번째가 설계자 관점이고, 두 번째가 게임 참여자 관점이다. 우선 게임의 설계자가 게임 Play의 결과로 얻고자하는 미학(가치)을 정의한 뒤, 그 미학(가치)을 이끌어낼 수 있는 게임 역학을 선택하고, 그 역학이 작동하는 게임 메카닉(기법)을 선택하여 설계하면, 게임 참여자(플레이어)는 설계되어진 게임의 구조(기법) 속에서 상호작용(역학)하면서 결과물인 미학(가치)을 만들어낸다.

그런데 여기서 중요한 건 제작자의 의도와 실제 역학과 미학 간 괴리 가능성이 존재한다는 점이다. 게임 참여자가 게임을 하면서 느끼는 감정적 결과물인 미학(가치)은 개발자가 처음 의도한대로 결과가 도출되지 않을 가능성이 다분하다. 설계자는 게임화 설계 시 컴포넌트와 룰은 의도대로 설계할 수 있지만, 역학과 미학까지 본래 의도대로 100% 이끌어내는 것은 사실상 매우 어려운 일이라는 것을 반드시 인지하여야한다.

●● 게임 상에 존재하는 플레이어의 유형 이해

플레이어의 유형을 파악하고, 그에 맞는 설계가 필요하다. 게임 내에도 현실세계와 같이 다양한 성격과 특징을 가진 사람들이 존재한다. 게임을 설계할 때 다양한 유형의 사람들에게 동일한 게임 경험을 제공할 수 있다고 자만할 경우 부작용이 발생할 수 있다. 이에 게임 플레이어의 대략적인 분류를 이해하고 그에 적합한 대응방안을 모색할 필요가 있다. 게임 상에서 다른 플레이어들에게 피해를 주고 그것을 즐기는 악독한 유형의 플레이어들에 대한 맞춤형 관리체계가 필요하다는 것이다.

•• 플레이어 페르소나 및 개인 맞춤형 시스템

가상의 인물을 설계하여 개발 전 시뮬레이션 '페르소나'

심리학에서 페르소나는 타인에게 비치는 외적 성격을 나타내는 용어이지만 여기서 얘기하는 개발 방법론적 관점에서의 페르소나는 특정 계층의 평균적인 특징들을 기반으로 가상의 인물을 설계하여 서비스 개발에 활용하는 것을 의미한다.

방법론적 페르소나는 90년대부터 소프트웨어 개발과 인터렉션 디자인 분야에서 점점 인기를 끌게 되었으며, 소프트웨어, 가전제품, 인터렉션 디자인 개발 등의 영역에서 적극 활용되고 있다. 게임화 설계 시에도 가상의 인물로 최종결과물을 플레이하게 될 실제 플레이어의 개인적인 성격, 속성, 태도 등을 포착하기 위한 목적으로 페르소나를 활용을 고려해야 한다.

개인 맞춤형 시스템은 게임화 성공의 핵심

몰입도 높은 게임을 설계하기 위해서는 플레이어의 행동과 능력을 평가하고 단계적으로 맞춤형 지원 및 도전 등을 제공하는 시스템이 반드시 필요하다. 하지만 지금까지 설계되어온 게임화 케이스 중 대다수는 기술적 한계 및 설계비용 등의 문제로 인해 플레이어 개인의 수준을 파악하고 맞춤형 도전과제를 제시하는 시스템이 적용되지 못했다. 즉 20세 이상 성인들만 수행 가능한 도전과제를 영유아기 아기에게 똑같이 적용해 왔다는 것이다.

빅데이터 분석 기반 대량 맞춤이 적용된 게임화

현재 디지털 게임의 경우 플레이어의 수준을 파악하고 맞춤형 스토리와 도전과제를 제공하는 시스템이 체계적으로 설계되어 있다. 레벨과 퀘스트를 연동해서, 레벨에 적합한 퀘스트를 단계적으로 제시하는 것이 대표적인 사례이다. 게임화의 경우 디지털 게임에 비해 플레이어의 역량을 측정하고 수치화하는 작업에 어려움이 따르는데, 이는 게임화 1.0, 2.0의 사례 중 대다수가 지속가능하지 못했던 이유이다.

이 문제는 빅데이터 분석기술을 통해 해결 가능하다. 플레이어 개인의 데이터와 플레이어 집단의 데이터를 분석하여, 플레이어의 역량을 정량적으로 수치화하고, 그에 맞춘 지원 및 도전을 제공하는 시스템적 설계가 가능한 것이다.

•• 보상 시스템의 이해

SAPS Framework(Gabe Zichermann)

게임 상에서 존재하는 대부분의 보상유형들은 SAPS Framework

에 의해 분류 가능하다. 여기서 SAPS란 Status(지위), Access(접근권), Power(권력), Stuff(물품)의 줄임말인데, 바틀의 플레이어 8가지 유형과 연계해서 각 플레이어 유형별 선호하는 보상 유형을 파악하고, 맞춤형 보상을 제공함으로써 플레이어의 참여와 몰입을 증진시키는데 활용할 수 있다.

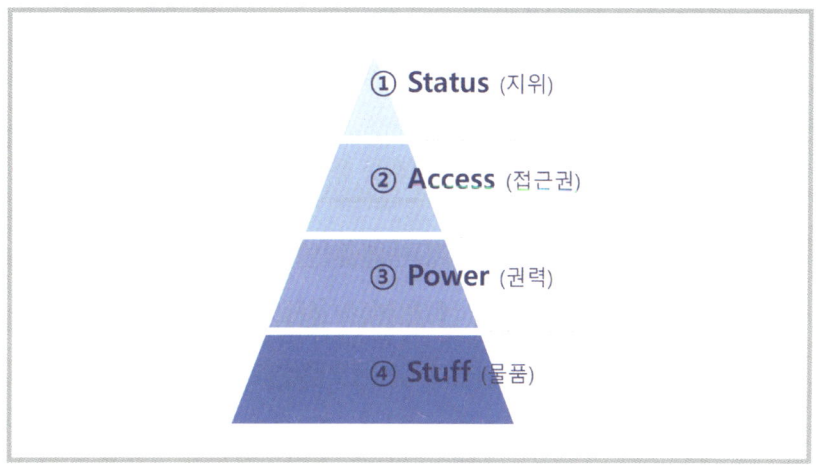

Gabe Zichermann's SAPS Framework
자료: Gabe Zichermann

① Status(지위): 지위는 다른 사람과의 관계 속에서 나타나는 상대적 위치를 뜻한다. 플레이어는 획득한 지위로 인해 특정영역에서 자신이 특별한 대우를 받는다는 느낌을 받을 때, 어느 때보다 강력한 만족감을 느끼게 된다. 대표적인 사례로는 순위표, 배지, 레벨, 특수 아이템 등이 있다.

② Access(접근권): 접근권은 특정 게임 서비스 등에 대해 접근할 수 있는 권리를 말한다. 백화점의 VIP시스템이 대표적인 사례이며, 온

라인 게임에서는 주로 특정 가상의 장소에 들어갈 수 있는 권리와 게임을 진행하는데 반드시 알아야할 정보에 접근하는 권리 등이 포함된다.

③ Power(권력): 권력은 게임 안에서 다른 플레이어들에게 영향력을 행사하거나 지배할 수 있는 권한 또는 능력을 뜻한다. 플레이어에게 권력을 제공하면 게임 운영자를 위해 무료로 일하기도 한다. 대표적인 사례로는 그룹 장의 권한, 방장의 권한, 이벤트 및 포럼 관리 권한 등을 들 수 있다.

④ Stuff(물품): 물품은 공짜 물건 등을 얻고 싶어 하는 물질욕과 직결된다. 지위, 접근권, 권력에 비해 덜 중요한 보상(지속불가능 등의 한계 존재)으로 보일 수 있지만, 가장 단기간에 효과를 볼 수 있다는 점에서 무시할 수 없다. 시간이 지날수록 플레이어들이 보상을 당연한 것으로 여기거나 더 많은 보상을 요구하는 경우가 자주 발생하기 때문에 주의가 필요하다.

실시간 피드백 가능 설계

설계자 의도와 창출되는 결과값 사이의 괴리를 해결하기 위한 '실시간 피드백'

설계자의 개발 의도와 참여자 반응(역학, 가치 등) 사이에는 대부분의 경우 괴리가 존재한다. 이 괴리를 해결하기 위한 방법으로 '실시간 피드백 루프'의 적용이 필요하다. 게임 내에서 플레이어들이 발산하는 데이터를 수집, 측정, 분석하여 개발의도와 산출되는 결과값의 방향을 맞춰나가는 것이 실시간 피드백 구조의 목적이다. 게임 개발자가 실시간 피드백을 통해 게임의 구조를 견고히 만들어나가는 과정을 반복함으로써 완성도 높은 게임이 탄생하게 된다. 수없이 많은 피드백을 거쳐 탄생한 스도쿠, 바둑, 체스 등의 게임은 오랜 시간 세계적으로 사랑을 받고 있다.

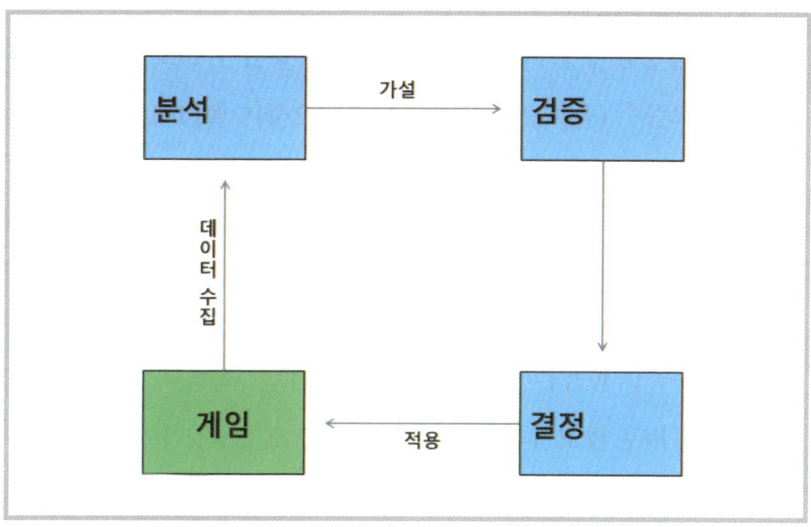

게임 피드백 루프

●● 동기부여를 위한 8가지 핵심동인의 이해

Octalysis의 Gamification Framework

게임화 연구자인 Yu-Kai Chou에 의해 개발된 Octalysis Gamification Framework에는 게임화가 사람들을 동기부여 시키는 여덟가지 핵심 동인에 대해 잘 설명되어 있다.

● Epic Meaning & Calling: 참여에 큰 의미 혹은 소명의식을 부여하기

플레이어에게 스스로 엄청난 일을 하고 있다는 인상을 주고, 주어진 도전과제를 위해 선택받은 사람이라고 믿게 만듦으로써 동기부여시키는 방법이다. 참여에 대해 큰 의미 혹은 소명의식을 가지게 될 경우 플레이어는 자신이 속한 소모임이나 전체 커뮤니티를 위해 많은 시간을 할애하여 헌신하려는 경향을 보인다. 대표적인 사례로는 네티즌들의 자발적인 참여로 구성된 인터넷 백과사전인 위키피디아를 들 수 있다.

게임 초기 단계에서 다른 사람이 갖지 못하는 선물을 가지게 되거나, 놀라운 무기 아이템을 가지게 되는 경우를 "입문자의 행운"이라고 하는데, 플레이어는 이 행운으로 인해 게임에 대한 의미와 소명의식을 가지기도 한다.

● Development & Accomplishment: 개인의 발전과 성취

게임 속 플레이어의 발전과 성취는 인간의 내적 동인과 직결된다. 플레이어는 기술 습득, 아이템 습득, 레벨업 등을 위해 상당한 노력을 기울인다. 이때 플레이어에게 주어지는 도전 과제는 매우 중요한데, 도전 과제는 플레이어의 발전과 성취 욕구를 자극시킨다. 이 요소는 Points, Badge, Leader board 등을 디자인하는 데에 중요한 역할을 한다.

- **Empowerment of Creativity & Feedback: 창의적인 시도 및 즉각적인 피드백 받기**

창의성 부여 및 피드백은 사람들이 무엇인가 밝혀내야 하거나 시도해야 하는 상황처럼 무언가 창조해야 하는 상황에서 발생한다. 사람들은 자신의 창의성을 나타낼 수단을 필요로 하며, 결과물에 대해 즉각적으로 피드백을 받고 싶어 하는 욕구를 가지고 있다.

창의성 부여 및 피드백에 대한 구조가 치밀하게 설계된다면 게임 기획자는 계속해서 새로운 콘텐츠를 제공하지 않아도 되는데, 이는 플레이어 스스로 재미를 얻기 때문이다. 대표적인 사례로는 레고나 퍼즐을 들 수 있다.

- **Ownership & Possession: 나의 것, 나의 일이라는 느낌**

소유의식은 플레이어가 무엇인가를 소유하고 있다는 느낌을 줌으로써 동기유발을 시키는 것이다. 플레이어는 내적으로 더 나은 것을 소유하고 싶거나 더 많은 것을 소유하고 싶을 때 소유의식을 느끼게 된다.

부를 축적하고 싶어 하는 강한 욕구를 만들어내기 위해 게임설계자들은 주로 가상 상품이나 가상 화폐를 활용한다. 때문에 자신의 프로필이나 아바타를 꾸미는 일에 몰두하는 사람은 자연스럽게 설계자의 의도대로 행동하게 된다. 대표적인 사례로는 도장을 모으거나 유료 아이템을 결제하는 행위를 들 수 있다.

- **Social Influence & Relatedness: 사회적인 관계와 영향력**

사회적인 영향력에는 사람을 움직이는 모든 사회 요소가 포함된다. 사람들은 자신보다 월등한 기술이나 능력을 가진 다른 사람을 보면 그 사람처럼 되고 싶은 동기를 가지게 된다. 사회적 요소에는 멘토, 수용, 사회적 반응, 동료애, 경쟁, 선망 등이 있다.

또한 이 요소는 사람들을 자신과 가까운 사람, 친근한 장소, 의미 있는 사건에 더 이끌리도록 만든다. 그래서 사람들은 자신의 과거, 지인 등을 떠올리게 만드는 물건을 보면 감정에 사로잡혀 물건을 구매하기도 한다.

- **Scarcity & Impatience: 희소성으로 사람들을 조급하게 만들기**

사람들은 자신이 가지지 못한 것에 대해 원할 때 강한 동기 의식을 느끼게 된다. 많은 게임들은 약속 역학Appointment Dynamics을 사용하여 사람들의 동기를 자극한다. 예를 들어 2시간 안에 게임으로 돌아올 경우 플레이어에게 특별한 보상을 제공한다는 알림을 보내면 사람들은 지금 당장이 아니면 그 보상을 얻을 수 없기 때문에 초조해 하게 되고, 계속 그것을 생각하게 된다.

- **Curiosity & Unpredictability: 결과를 예측 불가능하게 하여 궁금증 유발하기**

사람들은 다음에 무슨 일이 벌어질까 궁금하게 되면 그것을 파헤치고자 하는 강한 동기를 가지게 된다. 궁금증이 생기면 사람의 뇌는 그 일에 몰두하게 되고 계속해서 집중하게 된다. 영화나 소설을 보기 시작하면, 계속 몰두하게 되는 이유가 바로 그것이다. 예측 불가능과 호기심은 도박, 내기, 복권 등에서 많이 이용하는 전략 중 하나이다.

- Loss & Avoidance: 참여하지 않으면 기회를 잃거나 손해를 보는 느낌을 주기

플레이어들은 게임 상에서 일어나는 부정적인 일을 피하고 싶어 한다. 게임의 결과 경험치나 포인트가 깎일 경우, 이를 모면하기 위해 상당한 집중을 기울인다. 주어진 시간에만 기회를 주는 게임 시스템은 손실과 회피를 아주 잘 이용한 사례이다. 사람들은 그 기회를 놓치면 손해를 입는 느낌을 받기 때문에 당장 그 기회를 얻기 위해 행동한다.

명확한 목표와 규칙, 스토리의 중요성 이해

명확한 목표는 게임화의 최대 특성

명확한 목표는 게임이 놀이와 구분되는 주요한 특징인데, 이때 이 목표는 사람들의 욕구를 자극하는 목표여야만 한다. 그래야 사람들이 재미를 느끼고 게임에 참여하게 된다. 게임에는 단기적인 목표와 장기적(궁극적)인 목표가 별도로 존재하는데, 이 두 분류의 목표는 서로 긴밀한 연관성을 가져야한다.

게임을 들었다 놨다하는 규칙(Rule)

100% 같은 컴포넌트Component를 가진 게임이라도 규칙이 바뀌면 전혀 다른 게임이 된다. 대표적으로 바둑알과 바둑판으로 바둑도 둘 수 있고, 오목도 할 수 있고, 땅따먹기도 할 수 있다. 즉 같은 구성요소를 가져도 규칙이 다르면 전혀 다른 성격의 게임이 되는 것이다. 매력이 없거나 공정하지 않은 규칙을 가진 게임은 아무리 게임 환경이 잘 설계되었다고 하더라도 플레이어 집단의 마음을 얻기가 쉽지 않다.

게임의 매력, 스토리(Story)

스토리는 사람들이 게임에 호감을 느끼도록 만드는 가장 중요한 요소이다. 세계관 설정, 시나리오, 도시 및 인물 역사 설정 등이 이에 포함된다. 스토리의 핵심은 플레이어를 평범한 게임 참여자가 아니라 특별한 세상 속 주인공으로 만드는 것이다.

멀티 플레이어 게임의 경우, 다수의 플레이어를 모두 주인공으로 만들어야 한다는 점에서 어려움을 겪을 수밖에 없다. 게임 참여자 전부가 납득할 만큼 논리적이고 감성적인 스토리를 설계하는 역량은 게임화 설계 시 핵심 경쟁요인이다.

•• 게임화 설계 시 필요한 질문과 유념사항

Marczewski가 제시한 Marczewski's Gamification Framework 에는 게임화 디자인을 위한 반드시 필요한 8가지 질문과 디자인 시 주의해야할 7가지를 포함하고 있다.

8가지 게임화 디자인 질문(8 Questions for Designing Gamification)

① WHAT is being gamified: 어떤 활동을 게임화 시킬 것인가?

② WHY is it being gamified: 이 프로젝트에서 무엇을 얻길 원하는가?

③ WHO are the users: 타겟유저가 누구인가? 그들에 대해 얼마나 이해하고 있는가?

④ HOW is it being gamified?: 당신이 원하는 시스템에 꼭 들어맞는 요소와 아이디어는 무엇인가? 외적 보상을 이용할 것인가? 내적 보상을 이용할 것인가?

⑤ ANALYTICS are set up: 게임을 통해 산출되는 결과값을 분석할 척도와 도구를 준비해라. 그렇지 않으면 잘 작동되고 있는지, 체크 포인트를 어떻게 찾을지, 어떤 식으로 피드백 보고를 해야 할지 난해해질 것이다.

⑥ TESTED with users: 타겟 플레이어(사용자)와 함께 디자인된 서비스를 테스트하라. 이 서비스는 당신과 기획자를 위한 것이 아니라 플레이어를 위한 것임을 명심하라.

⑦ ACTED/ITERATED on feedback: 피드백은 당신의 서비스가 올바르게 작동되고 있는지 알 수 있는 아주 중요한 정보이다. 만약 플레이어가 당신의 서비스를 좋아하지 않는다면, 서비스를 당장 그만둬

야 할지도 모른다.

⑧ RELEASED the solution: 완성과 출시는 다른 개념이다. 조용히 새로운 시스템을 출시하는 것은 아무 의미가 없다. 서비스 출시 전에 미리 서비스에 대한 소문을 만들고 사람들이 관심 갖게 만들어라.

⑨ Etc: 서비스 출시 전, 6번(사용자와 테스트하기)과 7번(반복적 피드백 대응)은 충분히 반복하며 피드백을 받고 적용하며 서비스를 보충하라. 서비스 출시 이후, 정기적으로 5번(분석 방법 설정)부터 8번(솔루션 출시)을 반복하며 서비스를 계속해서 발전시켜 나가라.

7가지 기억할 것들(Things to Remember)

① 게임 디자이너처럼 생각하라: 좋든, 싫든, 이제 당신은 파트 게임 디자이너로, 게임 디자이너가 되기 위해서는 스스로에게 게임 디자이너라고 선언하라.

② 자발적으로 참여하게 만들라: 자발적 참여자는 강제로 참여한 사람보다 훨씬 나은 결과를 보여준다.

③ 속임수를 쓰는 유저를 대비해 계획을 만들라: 시스템의 허점을 이용하려는 것은 인간의 자연적 본성 중 하나이다. 특히나 외적 보상을 제공하게 되는 경우이면 더욱 정교한 계획이 필요하다.

④ 내적 동기 → 외적 동기: 내적 동기는 언제나 외적 동기보다 강력하다. 즉, 외적 동기로 플레이어를 유인할 수 있지만 장기적으로는

이 시스템에 의존해서는 안 된다.

⑤ 악마가 되지 말라: 게임화 된 시스템은 사람을 이용하기 위한 기회가 아니다. 그들은 당신의 의도를 알아챌 것이고, 곧 시스템에서 떠날 것이다.

⑥ 재미를 언제나 염두에 두어라: 재미는 플레이어가 귀찮음을 참고 견디게 하기 위한 핵심요인이라는 점을 기억하라.

⑦ 함께하라: 혼자 플레이하는 것 보다 함께하는 것이 좋다. 소셜 기능은 장기적인 고객 관계를 위해 필수적 요소이다.

그 외 유념사항

Marczewski's Gamification Framework에는 설명되어 있지 않지만, 게임화 설계 시 추가적으로 고려해야할 사항을 3가지 추가적으로 설명하고자 한다.

과도한 경쟁유도로 인해 야기 되는 문제

설계자의 욕심이 지나치면 게임의 특성을 활용해 과도한 경쟁을 유도할 우려가 존재한다. 이는 게임화를 현실에 재미를 불어넣기 위한 방법이 아니라 오로지 생산성만을 끌어올리기 위한 방법으로 바라본 것이다. 제품이나 서비스의 목적은 사회에 부가가치를 제공하는 것이다. 과도한 경쟁유도로 발생하는 역기능이 본질을 훼손시킬 수 있다는 점을 유의하도록 하자.

플레이어가 자각하지 못하는 '보람, 노동 착취의 문제'

게임화에 대한 일반적인 우려 중 하나는 보람, 노동 착취의 문제이다. 게임적 요소의 도입으로 사람들의 노력을 이끌어 내는 경우, 플레이어에게 줄 수 있는 것이 성취감과 행복감이라는 내적 동인인지, 합당한 물질적 보상이라는 외적 동인인지를 고려하여 게임화를 설계하고, 플레이어에게 자각시킬 필요가 있다. 그렇지 않을 경우 어느 순간 플레이어의 보람, 노동 착취라는 사회적 문제를 초래할 수 있다.

프라이버시 및 개인정보에 대한 이슈

게임화 3.0은 현실과 가상을 아우르는 게임 구조를 가지고 있기 때문에 게임 속 개인정보 등 데이터가 수집된다. 때문에 어떤 데이터를 어떻게 활용할 것인가에 대한 윤리적, 법적 이슈가 항상 존재할 수밖에 없다. 이 문제는 개방과 공유를 원칙으로 데이터 정책을 설계한다면 자연스럽게 해결될 수 있다. 개발목적, 활용범위, 활용목적 등을 사전에 충분히 개방하고 공유함으로써, 선순환이 일어날 수 있는 구조를 만들 필요가 있다.

•• 게임화 모델 캔버스(Gamification Model Canvas)

게임화 설계 고려요소를 한 페이지에 정리한 Gamification Model Canvas

- **PLAYERS(플레이어)**: 플레이어는 누구이고, 어떤 사람들이고, 무엇을 원하며, 그들의 어떤 행동을 유도하길 원하는지 정의하라. 우리의

PLATFORMS	**MECHANICS**	**DYNAMICS**	**STORY**	**PLAYERS**
◇ 이용 가능한 플랫폼은?	◇ 원하는 행동을 이끌어내는 방법	◇ 타겟 플레이어와 적절한 상호작용을 위해서는?	◇ 어떤 요소가 관심을 끌 것인가?	◇ 우리의 플레이어는 누구인가?
◇ 어떤 플랫폼에서 작동 가능한가?	**COMPONENTS**		**BEHAVIORS**	◇ 어떤 모습인가?
	◇ 어떤 요소들을 사용할 것인가?	◇ 실제 게임에서 어떤 방식으로 상호작용 할 것인가?	◇ 플레이어에게 요구되는 행동은 무엇인가?	◇ 무엇을 원하는가?
COSTS		**REVENUES**	**VALUE**	
◇ 게임 개발/운영에 드는 주요한 비용들은 무엇이 있는가?		◇ 이 게임으로부터 성취하고자 하는 결과 (성과)는 무엇인가?	◇ 이 게임이 플레이어에게 제공하는 가치는 무엇인가?	

Gamification Model Canvas
자료: GAMEONLAB의 'Gamification Model Canvas'를 재작성

플레이어는 누구인가? 플레이어는 어떤 모습인가? 플레이어는 무엇을 원하는가?

• **DYNAMICS(역학):** 플레이의 게임 플레이에 따라 작동되는 게임 역학은 무엇인지 정의하라. 게임의 미적 감각을 만들어내기 위해 사용할 게임 역학은 무엇인가? 타겟 플레이어에게 가장 잘 적용될 게임 역학은 무엇인가? 실제 게임에서 이러한 게임 역학은 어떤 식으로 작동될 것인가? (게임 역학의 종류 : 약속, 지위, 진행, 보상, 희소성, 정체성, 생산성, 창조성, 이타심)

• **STORY(이야기, 미학):** 플레이어가 게임을 할 때 떠올릴 가치 있고 감정적인 반응이 무엇인지 정의하라. 어떤 요소가 플레이어의 관심을 끌 것인가? 왜 플레이어가 이 게임을 해야 하는가? 어떻게 플레이어가

재미를 느끼는가? (게임 미학의 종류 : 이야기, 표현, 도전, 공산, 유대감, 센세이션, 발견, 굴복)

• **MECHANICS(구조, 기법)**: 게임 역학을 만들기 위한 요소를 이용해 게임의 규칙을 정의하라. 선택한 게임 요소 Components를 활용해 구체적으로 어떻게 플레이어의 행동을 이끌어낼 수 있을 것인가? 플레이어에게 어떻게 게임 기법 Game Mechanics을 설명할 것인가? 시간에 따라 어떻게 게임 기법 Game Mechanics의 난이도를 상승시킬 것인가? (게임 기법의 종류 : 포인트, 배지, 리더보드, 레벨, 카운트다운, 주사위, 아바타, 가상상품, 가상화폐 등)

게임 기법 적용 예시: 설문에 참여하고 전문가 레벨을 획득하세요! 이 문서를 작성하고 배지 badge를 획득하세요! 15분 이내 주어진 내용을 읽으세요!

• **BEHAVIORS(행동)**: 프로젝트 성과를 얻기 위해 플레이어에게 요구되는 행동이나 활동을 정의하라. 도전을 향상시키기 위해 플레이어에게 요구되는 행동은 무엇인가? 플레이어의 어떤 행동을 향상시키고 싶어 하는가? 플레이어들의 어떤 행동들이 향상될 수 있는가?

행동에 관한 예시: 비디오 시청하기, 설문에 답하기, 주어진 양식을 완성하기, 구매하기, 콘텐츠를 읽기, 웹사이트에 방문하기, 이메일 읽기, 무엇인가 추천하기 등

• **COMPONENTS(공통요소)**: 게임 기법을 구현하기 위해, 그리고 플레이어에게 피드백을 전달하기 위해 필요한 게임의 공통요소와 특징

을 정의하라. 게임의 역학을 만들어내기 위해 어떤 요소를 사용할 것
인가? 어떤 요소를 활용해 게임 기법을 구현할 것인가? 피드백을 제공
하기 위해 어떤 요소를 활용할 것인가?

- **PLATFORMS(플랫폼):** 게임 기법을 실현시킬 플랫폼을 정의하라. 게임 기법을 포함하기 위해 사용 가능한 플랫폼은 무엇인가? 게임 기법을 플레이어에게 전달하기 위해 사용할 수 있는 플랫폼은 무엇인가? 어떤 플랫폼에서 게임이 작동할 수 있을 것인가?

- **COSTS(비용):** 게임 개발을 위해 얼마만큼의 투자가 필요한지 정의하라. 게임 개발/운영에 드는 주요한 비용들은 무엇이 있는가? 플레이어의 도전과제 성취에 따른 금전적, 물질적 보상을 위한 예산은 얼마나 드는가? 목표 달성에 따른 비용을 단계적으로 구분할 수 있는가?

- **REVENUES(수익):** 게임화 도입을 통해 얻고자하는 사회적, 경제적 이익을 계산하라. 어떤 경제적, 사회적 도전 과제들을 게임이 다루는가? 게임의 성공 지표를 어떻게 다룰 것인가? 이 게임으로부터 얻고자하는 결과는 무엇인가?

- **VALUE(가치):** 이 게임이 플레이어게 제공하는 가치가 무엇인지 정의하라. 어떤 가치를 제공할 것이며, 왜 그 가치를 제공하고자 하는가? 플레이어에게 가치를 어떻게 전달할 것인가?

Smart Transform

욕망을 공유하는 기술, 플랫폼[48]

●● 플랫폼의 개념과 의의

공유경제에서 지식과 자원을 공유함으로써 인간은 개개인의 능력을 증폭할 수 있다. 자신만의 차별화된 모듈만 설계하면 나머지는 공유 플랫폼에서 조달하면 된다. 즉, 공유경제를 가능하게 하는 인프라는 '플랫폼'이다.

플랫폼은 객체와 주체가 어떤 요소를 공유할 수 있도록 장소를 제공하는 기술이다. 기술의 발달로 그 요소는 어떤 것이든 가능해졌다. 기존의 소비 측면의 공유경제를 생산까지 확장될 수 있도록 한 것은 O2O 플랫폼이다. 온라인 플랫폼의 등장은 정보의 공유비용 제로 사회로 진입하게 하였으며, O2O 플랫폼은 물질의 공유비용을 급격히 떨어뜨리고 있다. 2018년 기준 세계 시가 총액 상위 10위 기업 중 7개가

---

48) 이민화(2018), "공유 플랫폼 경제로 가는길"

공유경제 기업이며, 신생 거대 벤처인 유니콘 기업의 70%가 공유경제 기업들인데, 이들은 모두 플랫폼 기업들이라는 점에 주목할 필요가 있다.

플랫폼은 인수분해를 예로들어 설명할 수 있다. 인수분해를 통하여 반복되는 X를 절약하여 효율을 올리는 것이다. 여기에서 X는 공통역량, 개별적인 a, b, c는 핵심 차별화 역량이 된다. 'aX+bX+cX = (a+b+c)X'는 인수분해 시, 3개의 X를 한 개로 대체하여 두 개의 X 비용을 줄일 수 있다. 예를 들어 공항을 공유하면 비행기 노선마다 공항을 새로 만들 필요가 없으므로 d, e라는 새로운 노선을 만들 경우 X인 공항을 만들지 않아도 된다. 이렇게 반복되는 공통 역량을 공유하면 효율도 높아지고, 새로운 혁신도 쉬워진다. 그러므로 플랫폼은 상호배타적인 성격을 갖는 혁신과 효율이 결합하는 대안이 된다.

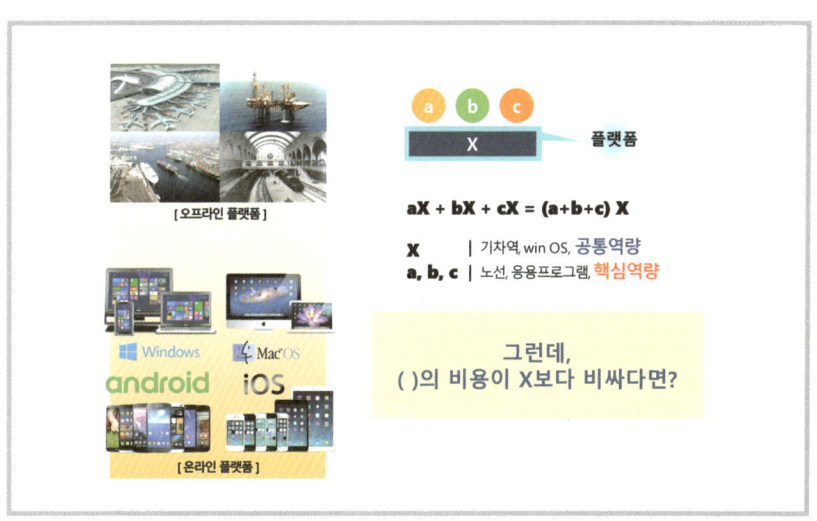

플랫폼의 개념

그렇다면 그동안 플랫폼이 확산되지 못했던 이유는 뭘까? 답은 그림에서 ( )괄호 비용으로 나타나는 거래비용, 즉 연결비용 때문이다. 만약 괄호의 비용이 X보다 크다면 인수분해로 인한 이득은 없게 된다. 연결비용(거래비용)이 높은 오프라인 세상에서 플랫폼의 형성은 부진할 수밖에 없다. 그러나 인터넷의 발달로 연결비용이 한계비용 제로화되면서 플랫폼이 급속도로 확산되었다.

정리해 보면 플랫폼이란 1) 반복되는 공통 역량을 공유하고, 2) 공유로 얻어지는 효율을 분배하여, 3) 개별 사업자는 혁신역량에 집중할 수 있게 하는 기업 생태계이다. 이와 같이 플랫폼은 공유와 협력을 위한 표준과 룰이 있는 체계화된 공간이다.[49]

•• 플랫폼의 진화 방향

기업의 활동은 혁신을 하는 '핵심역량'과 효율을 만드는 '시장역량'의 결합으로 정의할 수 있다. 플랫폼 역시 '혁신 플랫폼'과 '시장 플랫폼'이라는 두 가지 방향으로 발전하고 있다.

그러나 이들은 서로 다른 성격을 가진다. 플랫폼은 양면 시장이라 설명하나, 이는 모든 플랫폼을 설명하기에는 미흡하다. 시장 플랫폼은 시장이 본래 공급과 소비를 연결하는 양면이므로 시장 플랫폼도 양면이다. 하지만 소비자와 생산자를 연결하며, 자원을 공유하는 자원 플랫폼은 단면 시장이라 할 수 있다. 즉, 이 두 가지가 결합한 것이 바로

---

49) 이민화(2018), "공유 플랫폼 경제로 가는길", p.99

생산자와 소비자가 하나의 총체적인 생태계에서 연결된 4차 산업혁명의 구조인 것이다.

예를 들어 플랫폼으로 R&D와 프로덕션, 마케팅, 서비스가 파이프라인으로 연결된 파이프라인 기업은 소멸하게 되고 기업들은 핵심역량에 집중하게 된다. 핵심역량을 강화하고 주변역량은 플랫폼에서 협력하는 개방 혁신을 추구하고, 개방 플랫폼에서 시장 플랫폼으로 연결하고 이를 혁신시장이 순환시키는 구조가 4차 산업혁명의 Value Network인 것이다.

혁신 플랫폼은 아이디어를 얻는 단계, 지식재산권을 탐색하는 단계, 시제품을 만드는 단계, 자금조달 단계, 대량 생산/서비스 단계, 소비자 개선 단계 등 다단계에 걸쳐 새롭게 태어나고 있다. 반면 시장플랫폼은 제품·서비스의 글로벌 시장진입 비용을 획기적으로 줄이고 있다. 앱스토어, 아마존, 알리바바, 유튜브, 페이스북과 같은 것들이 대표적인 예이다. 과거에는 게임분야에서 시장개척 비용이 제품개발 비용의 몇 배에 달했으나, 이제는 앱스토어에 올리면 끝이다.

즉 플랫폼은 연결과 공유의 수단으로써, 공유가 이루어지는 모든 것들을 의미한다. 예를 들어 쿠팡, 배달의 민족은 양면인 시장 플랫폼이나, 핏빗, 네스트 등의 제품-서비스 융합은 단면인 제품 플랫폼이다. 특히 핏빗과 네스트와 같은 단면 플랫폼에 대한 구체적인 내용은 제품 플랫폼PSS에서 구체적으로 다루도록 하겠다.

혁신과 시장 플랫폼의 결합은 창업비용을 믿지 못할 수준으로 줄였다. 창조성이 돈이 되는 공유경제 시대에는 창조성을 가진 작은 벤처들은 효율을 갖춘 거대 플랫폼과의 결합으로 진화할 수 있다. 대형 플랫폼은 시장효율을 제공하고 작은 앱 개발자들은 혁신을 제공하면 되기 때문이다.

4차 산업혁명 시대의 글로벌 비즈니스의 변화

•• 롱테일 법칙과 빅 플랫폼의 등장

4차 산업혁명은 플랫폼 경제라고도 표현할 수 있는데, 이는 거대 플랫폼 기업의 등장이 수많은 롱테일 기업들의 등장과 맞물려 있기 때문이다. 특히 크리스 앤더슨이 말하는 롱테일 경제는 거대 플랫폼 기업들이 수많은 롱테일 기업들과 결합하면서 복합 산업 생태계를 만들어 나가고 있다.

'롱테일 경제'란 기존의 잘 팔리는 상위 20%의 상품이 시장을 지배하는 현상에서 벗어나 다양성을 갖춘 수요자 중심의 상품이 대세가 되는 현상을 말한다. 이는 "결과물의 80%는 20%에 의하여 생산된다."라는 파레토 법칙에 반하여 80%의 비주류 니즈 혹은 가치창출이 20%보다 크다는 원리이다.

롱테일 경제에서는 유통의 비효율을 극소화시킴으로써 다품종소량 생산·유통 혹은 P2P 시장 등 다양하고 창의적인 거래가 가능하게 되었다. 구글, 아마존, 알리바바 등 거대 플랫폼 기업들은 이러한 롱테일 영역을 뒷받침하면서 성장하였고, 동시에 거대 플랫폼의 효율 위에서 롱테일 영역의 다양한 혁신기업들이 나타난다.

한 예로, 필자의 영어로 쓴 두 권의 책은 오프라인 서점에서는 팔리지 않아 진열대에서 사라졌으나, 인터넷의 온라인 서점에서는 살 수 있다. 무한 온라인 전시 공간에서의 롱테일 법칙 때문이다. 그런데 롱테일의 끝에 있는 필자의 책을 사기위해서는 누군가 전체를 알려주는 거대 플랫폼이 필요하다. 즉, 개별 롱테일을 연결하는 빅 플랫폼이 존재해야 한다.

다양한 롱테일 기업은 플랫폼 기업이 없다면 존재하기 어려운데, 이는 플랫폼의 가치에서 규모와 가입자 간의 끈끈함이 중요하기 때문이다. 플랫폼의 가치를 설명한 N의 법칙에서 '사노프Sarnoff의 법칙'은 플랫폼의 가치는 가입자 간의 상호적 관계가 없는 경우에는 크기에 비례한다고 설명한다.

하지만 '메트칼프Metcalf의 법칙'에 따르면 통신 혹은 인터넷은 제곱에 비례한데, 이는 구성원 간의 연결을 통해 상호작용하면서 자기조직화 되기 때문이다. 나아가 2의 N승에 비례한다는 '리드Reed의 법칙'이 적용되는 것은 SNS인데, 예를 들어 수많은 카톡방을 스스로 만들면서 카카오톡의 가치는 급속히 증가한다는 것이다. 즉, 플랫폼의 가치는 임계점을 넘으면 급속히 증가하며, 임계점을 누가 먼저 도달하고, 참여자간의 끈끈함을 어떻게 유도할 것인가가 플랫폼 기업의 핵심이다.

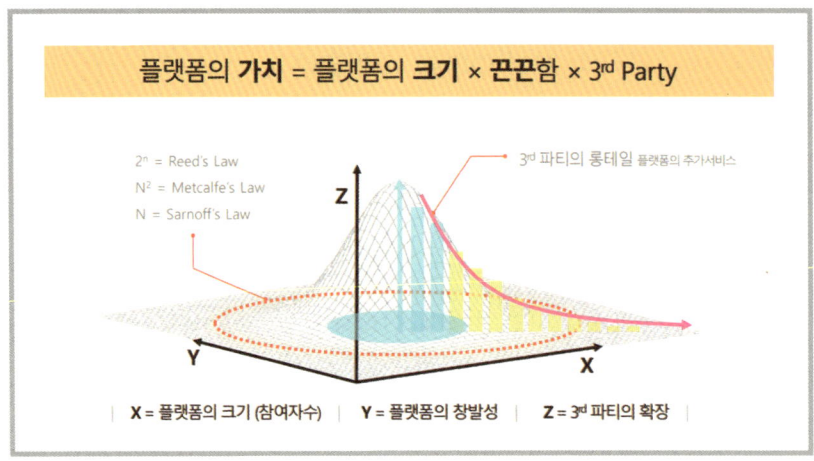

KCERN의 플랫폼 가치 모델

•• 플랫폼의 구축, 컴포넌트(Component)와 룰(Rule)

플랫폼 구축의 핵심은 컴포넌트Component와 룰Rule이며, 공항의 사례를 통해 이를 설명할 수 있다. 공항에는 많은 공급자들과 많은 이용자들이 있는데, 공급자와 이용자가 공항, 비행기, 직원, 탑승권, 여권 등 수많은 컴포넌트와 예매 절차, 탑승수속 등 복잡한 절차를 가지고 있다. 즉, 공항은 컴포넌트와 룰로 구성되어 있는 것이다. 이처럼 SW, HW, architecture와 같은 컴포넌트(구성요소)들과 standard, protocol, policy 등은 주요한 룰이 되어 생산자와 공급자 사이를 연결하는 역할을 한다.

플랫폼의 컴포넌트와 룰을 보면, 제품, 시장, 자원이 대표적인 컴포넌트들이라 할 수 있고, 이것을 어떻게 이용하고 어떻게 비용을 낼 것이며, 어떻게 수익을 배분할 것인가가 룰이 된다. 플랫폼에서 생산자의 역할은 혁신, 소비자의 역할은 효율, 플랫폼 제공자Provider는 강건성을 제공함에 따라 연결하는 표준 API가 제공되어야 하고, 여기에 신뢰의 문화가 필터로서 작용해야 한다.

즉 생산자와 소비자가 가치 교환을 하는 플랫폼에서는 참여자와 무엇을 교환할 것인가에 해당하는 트위터의 트윗, 우버의 차량 목록 등의 가치 단위와 필터가 여기에 신뢰를 제공하는데, 페이스북은 뉴스피드에서 골라주고 최적의 상황을 만들어준다. 이 안에서는 정보, 상품, 통화 등을 교환하고, 성공적인 플랫폼을 따라 쉽게 접근하고, 가면 즐겁고, 결과적으로 가치를 얻는 이 세 가지의 상호작용이 필요하게 된다.

공항의 컴포넌트 및 룰과 오픈 플랫폼

•• 플랫폼 종류와 사례

• 혁신 플랫폼

혁신 플랫폼이란 창업 및 신사업 개발 시 필요한 공통요소들을 플랫폼화해 빠른 제품 개발과 실행 등을 지원해 창업비용과 리스크를 줄이고 창업기업이 핵심역량에만 집중할 수 있도록 하는 것이다. 구체적으로 기업의 사업개발 단계별로 필요한 자원과 정보, 네트워킹 등을 지원하여 창업생태계를 구성하는 창업기업, 수요시장, 투자자 및 회수시장 등의 이해관계자들을 연결하는 역할을 한다.

기업의 혁신역량을 돕는 혁신 플랫폼은 크게 비즈니스 아이디어 플랫폼, 개발 및 시제품 플랫폼, 오픈 이노베이션 플랫폼, 자금 지원 플랫폼, 교육 및 네트워킹 플랫폼, 기술이전 플랫폼 등 다양한 종류로 나

창업·사업 플랫폼

눌 수 있다.

A. 아이디어 플랫폼

아이디어랩Idealab은 벤처 인큐베이팅을 전문으로 하는 기업으로 1996년부터 스타트업들을 도와주었고, 대표적인 성공사례로는 검색광고의 기틀을 닦은 오버추어overture가 있다. 아이디어랩은 45개 이상의 IPO 및 인수를 통해 150개 이상의 회사를 창업시켰고 최근에는 로보틱스, 신재생에너지 등 다양한 분야의 기업들이 상주하고 있다.

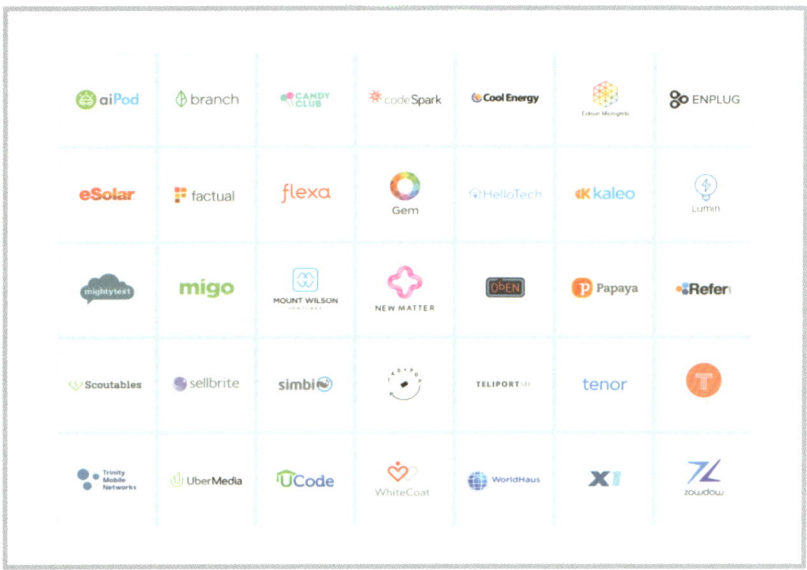

아이디어랩 창업 회사

B. 시제품생산 플랫폼

아이디어를 실제로 시제품으로 만들 수 있도록 도와주는 플랫폼은 대표적으로 Shapeways, Thingiverse 등이 있다. 미국의 Shapeways

는 아이디어를 3D프린팅을 활용해 생산, 3D프린팅 제품, 디자인 파일을 거래할 수 있는 플랫폼으로 자신이 만든 디자인 파일을 다른 사람에게 팔 수 있는 기회를 제공하는 일종의 온라인 마켓 플레이스 서비스이다. 특히, Shapeways는 누구나 쉽게 간단한 물체를 모델링 할 수 있고, 플라스틱, 세라믹, 금속 등 다양한 재료들로 개인적 취향에 따른 변형을 가하여 다양한 디자인으로 물체를 만들 수 있는, 3D프린팅 서비스를 제공하고 있다.

셰이프웨이스는 도면을 공유하거나 사고 파는 서비스뿐만 아니라 사용자가 출력하고자 하는 모형을 설계하는 데 도움을 주기도 한다. 직접 출력해 배송 및 판매까지 담당하는 것에서 비즈니스 가능성을 발견했다. 특히, 마이리틀포니My Little Pony 등 인기 있는 유명 캐릭터와 디자인 협력을 통해 고품질 도면을 제작하고 공유할 수 있도록 한다는 점이 특징이다.[50]

미국의 싱기버스Thingiverse는 FDM 방식의 3D프린터 개발업체로 잘 알려져 있는 메이커봇MakerBot에서 운영하고 있는 회사로, 도면 공유 서비스를 제공하며 전 세계에서 가장 많은 사용자를 보유하고 있다. 사용자들은 씽기버스 웹사이트에 접속해 자신이 직접 설계한 도면을 업로드하거나 다른 이들이 만든 도면 stl 파일을 내려 받아 3D프린터로 출력할 수 있다.

---

[50] 오원석(2016.5), "3D프린팅"

C. 오픈이노베이션 플랫폼

오픈이노베이션 플랫폼이란 조직 내부에 국한되어 있던 연구개발 활동을 기업 외부까지 확장하여 외부 아이디어와 R&D 자원을 활용하여 혁신을 가능하게 하는 플랫폼이다. 오픈이노베이션 플랫폼으로 데이터 분석상의 문제를 해결하는 Kaggle, 문제에 직면한 기업, 정부와 문제를 해결해줄 수 있는 전문가를 연결해주는 이노센티브, 나인시그마 등이 존재한다.

이노센티브는 기업이 필요로 하는 기술을 다양한 분야의 외부 전문가가 해결할 수 있도록 하는 역할을 담당한다. 엑슨모빌의 경우 유조선 발데즈호의 좌초로 생긴 환경문제를 17년 동안 해결하지 못하고 있었는데, 이노센티브를 통해 불과 3개월 만에 해결할 수 있었고, 해결책을 제시한 존 데이비스는 2만 달러의 보상금을 수령한 바 있다. 또한 국방선진개발연구소DARPA, 우주항공국NASA, 에너지국DOE에서는 관련 공모전을 정부 단위로 추진하며, 주정부는 나인시그마와 협력하여 주내 중소기업에게 개방형 혁신 서비스를 제공 중이다.

D. 크라우드 펀딩 플랫폼

크라우드 펀딩 플랫폼은 혁신적 아이디어에 일반대중의 자금을 십시일반으로 모아 자금조달을 연결해주는 플랫폼이다. 대표적인 플랫폼인 킥스타터KickStarter는 2009년부터 2018년 12월말까지 총 42만 9,691건의 캠페인이 진행됐고, 모금된 금액만 40억7,000만 달러(4조 6,000억 원)에 이른다. 킥스타터는 등록, 심사, 후원금 모집, 관리, 배송

5가지 단계로 구분되며, 자신의 아이디어를 성공적으로 실현하고자 사이트에 '프로젝트(크라우드 펀딩에 등록한 제품이나 서비스)'를 등록하게 되면, 킥스타터 회사는 기존에 있던 프로젝트의 중복 여부, 진행 여부, 배송 계획을 꼼꼼히 따지는 '심사절차'를 거친다. 이후 정해진 기간 내에 목표액을 모금한 후, 목표에 도달하게 되면 제품을 출시하고, 목표 도달에 실패하게 되면 전액을 후원자에게 환불하는 시스템을 가지고 있다. 킥스타터는 진행 상황들을 엄격하게 점검하며, 어느 정도 프로젝트가 진전됐는지 수시로 체크한다.[51] 최근 크라우드 펀딩은 스타트업이 자금을 모으는 수단을 넘어, 온라인 마케팅과 유통채널로 이어지는 징검다리 역할로 진화하고 있다.

E. 교육 및 네트워킹(인큐베이팅, 액셀러레이팅) 플랫폼

교육 및 네트워킹 플랫폼은 다양한 교육 기회를 제공함으로써 창업자의 역량을 배양하는 플랫폼이다. 대표적인 기업은 Y 콤비네이터 Y Combinator와 스타트업 칠레가 있다.

Y 콤비네이터는 2005년에 설립된 미국의 시드 액셀러레이터 Seed accelerator로 시드머니와 자문, 인맥을 제공하는 회사이다. 매년 3개월 두 번의 프로그램을 운영하고 있는데 일반적으로 7%의 지분을 받고 자문 및 지원 등을 제공해주고 있다. 2019년 기준 1,900여개의 스타트업에 투자하였고 에어비앤비, 드롭박스, 스트라이프, 코인베이스, 레딧, 제네피츠 등 Y 콤비네이터가 키운 기업들의 시장 가치가 1,000억

---

51) http://www.dailypop.kr

달러를 넘어서고 있다.

스타트업 칠레는 칠레와 해외의 창업가들 간의 네트워크 형성을 지원하는 정책 프로그램이다. 칠레 내 창업 문화를 전파하는데 중요한 역할을 하고 있으며, 지난 몇 년간 현지 스타트업뿐만 아니라 72개국으로부터 1,300여 개의 해외 스타트업을 유입시켜 국제적으로 주목받는 창업생태계를 구축하고 있다.

F. 기술이전 플랫폼

기술이전 플랫폼은 개인, 기관 등이 보유한 기술 및 지식재산권을 거래하는 플랫폼이다. 기술이전 플랫폼은 크게 정부, 공공기관이 중심이 되어 플랫폼 사업자가 보유한 기술을 기반으로 플랫폼을 구축한 공유형 플랫폼과 민간을 중심으로 하는 중개형 플랫폼으로 나뉜다. 대표적 사례로는 미국의 국립기술이전센터[NTTC], 유럽의 IRC, 독일의 INSTI, Steinbeis Transfer Center 등이 있으며, 국내에서도 특허청의 특허기술장터, 한국기술거래소의 NTB, 정부출연연구소의 자체 플랫폼이 있다.

민간을 중심으로 하는 중개형 플랫폼의 사례는 세계 최대 지식재산권 마켓 플레이스인 Yet2.com이다. Yet2.com은 대기업, 중소 스타트업, 발명가, 신생 기업 및 학술 기관을 연결하여 모든 유형의 기술을 온라인 마켓 플레이스를 통해 사고 팔게 한다. 1999년 창업이후 세계 최대 특허시장을 형성하였으며, 최근 기술 수요자 중심의 지원을 강화하고 있다.

G. 생산 플랫폼

생산 플랫폼은 기획 및 개발을 통해 시제품이 나오고 본격적인 생산 계획이 만들어진 이후 대량생산을 할 수 있도록 하는 플랫폼이다. 대표적인 기업으로 스마트폰을 전문 조립 및 생산하는 중국의 폭스콘, MFG.com, 자동차를 전문 생산해주는 로컬 모터스 등이 있다. 애플의 경우 자사는 디자인 및 서비스 혁신에 집중하고 폭스콘에 하드웨어 생산을 아웃 소싱하고 있으며, 이에 따라 최근 심천은 생산 플랫폼과 더불어 다양한 하드웨어 생태계를 구축함으로써 하드웨어 스타트업의 새로운 성지로 부상하고 있다. 이러한 사례를 바탕으로 제조강국 대한민국의 미래전략으로 심천과 같은 생산 플랫폼의 경쟁력을 강화할 필요가 있다.

H. 유통·홍보 플랫폼

유통·홍보 플랫폼은 제품 및 서비스의 유통, 홍보, 마케팅을 지원해주는 서비스로 대표적인 플랫폼으로 아마존 웹서비스Amazon Web Services가 있다. 아마존 웹서비스는 전자상거래 솔루션은 물론 글로벌 컴퓨팅, 스토리지, 데이터베이스, 분석, 애플리케이션 및 배포 서비스를 제공하고 있으며, 스타트업 기업들이 웹 및 모바일 애플리케이션, 데이터 처리 및 웨어하우징, 스토리지, 아카이브 등을 저렴한 비용으로 이용할 수 있다.

I. 제품 플랫폼(PSS)

플랫폼은 연결을 통해 공유를 가능케하는 기술이다. 이러한 관점에서 본다면 데이터 기반의 Product Service System을 구현하는 모든 제품은 또 하나의 플랫폼이 된다. 그렇다면 제품이 어떻게 플랫폼이 될 수 있는지 지금부터 생각해보자.

지금까지 제품은 유형의 형태로 만들어지며, 이를 통해 특정한 기능(서비스)을 구매자에게 제공하는 것이었다. 쉽게 말한다면 MP3는 음악을 들려주는 음향기기, 세탁기는 세탁을 해주는 가전기기로서 기기가 목적이 아니라 해당 제품이 제공하는 서비스가 핵심이었던 것이다. 이처럼 제품이 제공하는 서비스가 목적이었으나 지금까지 제품들은 판매된 이후의 활용은 소비자의 몫이었다. 이후에 소비자를 지원하기 위한 AS가 있지만 생산자와 소비자를 연결하기 어려웠기 때문에 간헐적으로 이루어졌으며, 그 비용도 매우 높았다.

그러나 IoT, 클라우드, AI의 출현으로 제품은 달라지고 있다. Data를 기반으로 생산자와 소비자는 연결되고, 제품은 스마트해지고 있다. 제품을 통해 수집되는 데이터를 통해 생산자와 소비자는 항상 연결되며, 보편화된 서비스에서 개인별 맞춤 서비스가 가능해지고 있다. 이러한 과정에서 제품은 다양한 소비자들과 생산자를 연결해주는 플랫폼이 된다. 이는 다수의 공급자와 소비자를 연결하는 양면 플랫폼이 아니라 다수의 소비자와 단수의 공급자를 연결하는 단면 플랫폼의 구조를 가진다.

●● 시장 플랫폼

시장(유통) 플랫폼이란 다수 이용자를 확보하여 서비스를 제공할 수 있는 제공자로써 네트워크 효과를 누리며, 판매자는 플랫폼을 활용하여 낮은 비용으로 게임과 같은 앱을 판매함으로써 수익 창출이 가능한 형태를 말한다.

과거에는 세계 시장개척 비용이 제품개발 비용의 몇 배에 달했으나, 이제는 앱 스토어, 아마존, 알리바바, 유튜브, 페이스북과 같은 시장유통 플랫폼은 제품/서비스의 글로벌 시장진입 비용을 획기적으로 줄이고 있다. 즉, 시장(유통) 플랫폼은 다수 이용자를 확보하여 서비스를 제공할 수 있는 제공자로 네트워크 효과를 누리며, 판매자는 플랫폼을 활용하여 낮은 비용으로 앱을 판매하여 수익을 창출할 수 있게 되었다. 특히 아이디어에서 유통 및 홍보로 이어지는 가치사슬에서 유통이 차지하는 수익 비중은 매우 크기 때문에 시장 플랫폼의 중요성 또한 크다고 할 수 있다.

실제 글로벌 기업가치 상위권 기업 중 절반 이상이 플랫폼 기업 혹은 플랫폼 활용 기업으로, 최근 ICT 발달로 스마트기기를 통한 서비스/콘텐츠의 소비시장이 급증하며 스마트폰의 앱스토어가 중요한 유통시장이 되었다. 이로 인해 과거 통신사가 절대자였던 피처폰 시대에는 디지털 콘텐츠/서비스의 생산 및 제공에 많은 제약이 있었으나 구글과 애플로 대표되는 스마트폰 어플리케이션 생태계에서는 오픈 API 등을 통해 개발자들의 참여가 쉬워졌다.

MS의 윈도우, 애플과 구글의 iOS 및 Android 운영체제는 하드웨어 기기와 응용 소프트웨어를 유통할 수 있는 플랫폼을 구상하였으며, 이러한 유통 플랫폼은 온·오프라인에서 유무형으로 널리 퍼져나가고 있다. 또한 시장 플랫폼 위에 다양한 서비스, 콘텐츠, 커머스, 광고 사업자 등이 올라 탈 수 있으며, 이들의 결합으로 가치의 선순환이 이루어지고 있다.

CB insights에 따르면 2018년 전 세계 유니콘 기업은 약 288개에 달하고, 총 기업 가치는 약 9,530달러에 달하며, 국가별로 미국 136개 중국 82개 순으로 집계되었으며, 한국은 3개(쿠팡 33위, 옐로모바일 112위, L&P코스메틱 112위)를 유지하고 있다.

중국은 유니콘 기업 상위 20개 기업에 5개 기업이 올랐고, 1순위 기업 또한 차지한 만큼 꾸준히 증가세를 보이고 있다. 특히 중국 유니콘은 인공지능AI, 핀테크, 교통, 인터넷 보안, 헬스케어, 교육, 미디어 등 다양한 분야에서 성장하고 있는데 이는 세계 최대 규모의 내수시장을 바탕으로 활발한 벤처투자, 정부의 전폭적 지원 등이 선순환 창업 생태계를 형성하여 스타트업이 유니콘으로 성장하는데 큰 영향을 미치는 것으로 분석된다.

특히, 후룬 연구소에 따르면 2018년 초 스타트업의 빠른 기업공개 IPO를 돕기 위해 4대 신흥 산업(AI, 바이오테크, 클라우드, 첨단 제조업) 분야 유니콘 기업에 통상 1~2년 걸리는 상장 절차를 2~3개월로 단축시켜주는 중국 정부의 특혜와 같은 전폭적 지원이 유니콘 증가세에 큰 영향을 미쳤다고 분석하고 있다.

Company	Valuation ($B)	Category
Bytedance	$75	Media
Uber	$72	On-Demand
Didi Chuxing	$56	On-Demand
WeWork	$47	Other
Airbnb	$29.30	E-commerce
SpaceX	$21.50	Other
Stripe	$20	Fintech
Epic Games	$15	Other
JUUL Labs	$15	Other
Pinterest	$12.30	Social
Bitmain Technologies	$12	hardware
Samumed	$12	Healthcare
Lyft	$11.50	On-Demand
Global Switch	$11.08	Hardware
Grab	$11	On-Demand
Palantir Technologies	$11	Data Analytics
DJI Innovations	$10	Hardware
GO-JEK	$10	On-Demand
Infor	$10	Internet Software & Services
One97 Communications	$10	Fintech

상위 20개 유니콘 현황
자료: CB Insights(2019)

●● 연결 플랫폼

연결 플랫폼은 '연결'이라는 요소를 공유하는 플랫폼이다. 연결의 속성상 양면 이상의 다면 시장이 형성된다. 연결플랫폼은 소비자에게 가치를 전달하는 시장 플랫폼으로 참여자들 간의 연결, 매개 역할을 하는 중개 플랫폼, 결제 플랫폼, SNS와 같은 커뮤니티 플랫폼으로 구성 된다.

참여자		제품, 서비스 예	기반 기능
중개	호텔과 이용자 발주자와 수주자	예약 사이트 : 라쿠텐 트래블 거래처 소개 사이트 : 트라박스(Trabox), 알리바바	광고 영역
	등록점포와 소비자	비교 사이트 : 가격.com 소개 사이트 : 구루나비	통신 판매 채널 가맹점 컨설팅
	출품자와 입찰자	경매사이트	
결제	가맹점과 소비자	신용카드 : 비자(VISA), 마스터(Master), 아멕스(Amex) 전자머니 : 라쿠텐에디(Edy), 아이디(ID)	포인트 서비스
커뮤니티	작성자와 독자	SNS 사이트 : 페이스북(Facebook)	소셜 앱 기반
	등록자와 시청자	동영상 사이트 : 유튜브(Youtube)	
	작성자와 독자	입소문 커뮤니티 : 타베로그, 앳코스메 지식 커뮤니티 : 위키피디아(Wikipedia)	통신 판매 사이트
	개발자와 이용자	개발자 커뮤니티 : Linux 고객, 개발 커뮤니티 : 드림라이더스	

연결 플랫폼의 사례
자료 : 후지츠 총연 외(2014)

●● 중개 플랫폼

알리바바는 중개 플랫폼 비즈니스 모델을 구축하여 B2C, C2C, 공동구매, 신용거래, 웹사이트분석, 무역 등 전자상거래에 관련된 모든 서비스를 제공·운영하고 있다. 알리바바의 타오바오와 티몰이 중국 시장점유율 1위(56.9%)를 차지하며 소비자들은 알리바바를 거의 유일한 플랫폼으로 이용하고 있다. 알리바바가 중국에서 전자 상거래 1위를 차지한 이유로는 알리페이Alipay로 결제의 편의성을 높였고, 판매 수수료를 폐지해 많은 판매자를 유치하였다는 점, Aliwangwang 메신저를 통해 판매자와 구매자간 제품 상담 및 흥정을 할 수 있도록 기록하여 분쟁 시 증거로 사용할 수 있게 하는 등 거래에 대한 신뢰도를 높

인 것 등을 들 수 있다.52)

최근 알리바바는 오프라인 마켓으로 확장하면서 온·오프라인이 융합한 신유통(新零售)시대를 준비하고 있다. 특히 허마셴셩은 마윈이 주창한 신유통(新零售)을 대표하는 모델로 직원들은 고객의 주문이 접수되면, 매장 내에서 직원들이 제품을 장바구니에 담고, 이를 물류 센터로 보내고 직원들은 모바일 기기로 재고관리를 하고 있다.

또한 매장에서는 현금을 받지 않고 결제는 알리페이로만 이루어지며, 결제 후에는 허마셴셩 앱에서 내가 어떤 제품을 구매했는지, 제품에 대한 만족도는 어떠한지를 바로 체크할 수 있다. 알리바바는 이러한 시스템으로 온·오프라인에서 소비자 데이터를 수집하여, 고객의 소비 패턴을 추적하고 분석하여 맞춤형 서비스를 제공하고 있다.

아마존은 세계 최초 최대 온라인 쇼핑몰이다. 아마존의 성장 과정에서 주목할 점은 기존의 오프라인 유통기업의 주요한 법칙이었던 '파레토 법칙Pareto Principle'53)에서 벗어나 새로운 전략을 펼쳤고, '롱테일 법칙Long Tail'54)에 기반하여, 개별 매출액은 적지만 유통시장에서 주목받지 않았던 80%의 틈새시장Niche Market을 통해 새로운 비즈니스를 창출했다는 것이다.

---
52) Chosun(2016), "알리페이·위챗페이, 韓·日·유럽으로 팽창 유커가 이용… 홍콩선 외국인도 사용 가능"
53) 파레토 법칙은 이탈리아 경제학자였던 빌프레도 파레토(Vilfredo Pareto)의 이름에서 유래한 것으로 '전체 결과의 80%가 전체 원인의 20%에서 일어나는 현상'을 가리켜 말한다.
54) 롱테일 법칙은 2004년 와이어드지 10월호에 크리스 앤더슨(Chris Anderson)에 의해 처음으로 소개된 것으로 80:20의 집중현상을 그래프에서 긴 꼬리처럼 나타난 것을 가리켜 표현한 것이다.

아마존은 막대한 양의 제품을 배송하기 위해 다른 제조사나 유통사들도 이 물류 망을 활용할 수 있게 하는데, 이는 아마존이 물류 플랫폼으로써 다양한 중소회사를 네트워크에 끌어들이는 효과를 낳았다. 동시에 아마존은 혁신적인 기술을 통하여 물류의 혁신도 이끌어가고 있다. 아마존 프라임 에어[55]가 대표적인 사례로 배송시간을 최소화하기 위하여 인공지능 기반의 결제예측배송 기술 및 드론을 이용한 배송 관련 특허를 등록했고 고객의 주문으로부터 30분 이내로 배달되는 것을 목표로 하고 있다. 또한 IoT 기술을 활용한 옴니채널 쇼핑 솔루션을 출시하는 등 상당히 파격적인 행보를 보이고 있는데, 이 역시 플랫폼의 핵심역량을 강화하기 위한 것으로 해석된다.

•• 결제 플랫폼[56]

세계 양대 결제전산망 제공회사인 비자Visa와 마스터카드MasterCard가 기존의 신용카드를 사용한 현금결제 방식에서 모바일 플랫폼을 이용한 모바일결제 방식을 도입하기로 하면서 미국 모바일결제 시장에서 주도권 확보를 위한 경쟁이 본격적으로 점화되었다.

최근 비자와 마스터카드는 각각 소비자들이 신용카드나 직불카드를 직접 사용하지 않고 온라인상으로나 또는 모바일기기나 단말기를 이용하여 결제할 수 있는 서비스를 제공하기 위해 휴대폰제조업체, 단

---

55) 2016년 12월 영국에서 최초로 드론을 이용한 상용화 배송에 성공했고 유통 패러다임을 혁신했다.
56) 주간금융브리프(2013.03.), "미국의 모바일결제시장 주도권 쟁탈전 점화: 비자와 마스터카드의 대결"

말기제조회사 등과 전략적 사업제휴를 체결하고 있다. 일반적인 모바일 결제는 크게 ①폰빌phone bill ②모바일 신용카드 ③전자지갑 등 세 가지로 구분되는데, 모바일 신용카드는 사용성은 뛰어나지만 고가의 전용단말기 구입이 요구되는데 반해, 전자지갑은 어플리케이션 개발과 계정관리 등만이 요구되어 신규 시장진입에 상대적으로 용이하다는 장점이 있다.

비자Visa는 모바일결제 시장의 지분 확대를 겨냥해 우리나라 휴대폰제조업체인 삼성전자 및 단말기제조회사인 Roam[57] 등과 전략적 사업제휴를 체결했으며 비자는 휴대폰이나 결제단말기를 이용하여 기존의 신용카드 보안수준은 유지하면서도 결제를 신속하고 수월하게 할 수 있도록 PCI DSS 준수, 결제 구간별 암호화 강화, 카드 정보의 토큰화, EMV 칩 전환 등 크게 4가지 목표를 달성하고자 2019년부터 2021년까지 3개년에 걸쳐 진행할 '시큐리티 로드맵'을 설정했다.

마스터카드가 구축하는 모바일플랫폼인 마스터패스MasterPass는 카드회원이 스마트폰이나 태블릿PC 등에 설치된 단일프로그램에 카드정보를 저장하여 가맹점 물품 구입 시 대금결제가 가능하도록 지원한다. 마스터카드의 마스터패스는 복수계정을 단일프로그램에 넣어 사용하는 전자지갑 어플리케이션의 한 종류로, 구글, eBay의 자회사인 Paypal, Square 등이 앞서 유사한 서비스를 제공하고 있다.

---

57) Roam은 중소형 가맹점 사이에서 인기를 모으고 있는 모바일신용카드 판독기를 생산한다.

국내 결제 플랫폼회사는 케이뱅크 및 카카오뱅크가 있다. 케이뱅크는 한국최초의 인터넷 은행으로, 기존 은행에서는 카드발급 신청 등 많은 업무를 주중 영업시간에만 할 수 있는 것과 달리 케이뱅크는 모든 업무를 365일, 24시간 내내 소비자들에게 제공하고 있다. 또한 영업점이 없어 비용을 줄인 만큼 시중은행에 비해 예금금리는 높고 대출금리는 낮게 적용하고 있다.

카카오뱅크는 카카오가 운영하는 인터넷전문은행으로 지점이 없는 대신 시중은행보다 더 높은 금리를 주는 예금상품과 이자가 싼 대출상품을 판매하고 있다. 카카오뱅크는 출범 1년 6개월 만에 고객 수 800만 명을 넘어섰는데, 이는 국민 5명 중 1명이 카카오뱅크를 이용하고 있는 셈이다. 카카오뱅크는 사잇돌 대출, 모임통장 등 차별화된 상품과 서비스를 지속적으로 출시하며 성장하고 있다.

●● 커뮤니티 플랫폼

페이스북은 미국에서 가장 성공한 소셜 네트워크 서비스Social Network Service, SNS 웹사이트로, 여러가지 기능이 있다.[58] ①플랫폼으로써 페이스북은 페이스북앱을 통해 누구나 페이스북 이용자를 대상으로 페이스북 내의 자신의 앱을 서비스하거나 홍보할 수 있고, ②'공유하기Share button' 기능을 통해 플랫폼을 확장시킬 수 있다. 또한 ③'좋아요Like'버튼과 같은 소셜 플러그인 기능으로 간편하게 공유 및 외부 웹

---

58) 김태현(2012), "플랫폼으로서의 페이스북", http://www.slideshare.net/mushman1970/ss-13366966

(앱)을 페이스북과 연결할 수 있고, ④페이스북의 친구관계Social Graph를 내 웹(앱)에 간편하게 적용 가능하다. 또한 ⑤외부 서비스에서의 활동이 페이스북에 바로 공유되어 별도의 SNS가 아닌 웹(앱)자체가 소셜하게 동작된다. 2018년에는 페이스북만의 강점인 '연결성'을 무기로 동영상 플랫폼인 '워치'를 출시하며 플랫폼 영역을 확장해나가고 있다.

최근 미국에서는 1인 콘텐츠 제작자들의 플랫폼인 다중채널네트워크MCN · Multi- Channel Networks가 진화를 거듭하면서 온라인 동영상 시장의 판도를 바꾸고 있다. 현재 미국 내에서는 전통 미디어 영향력이 급격히 줄어들고 1인 콘텐츠 제작자의 힘이 커지면서 AwesomenessTV와 같은 MCN 기업들이 우후죽순 생기고 있는 상황이다. MCN은 연예기획사가 연예인들을 육성하듯이 능력 있는 개인 창작자들에게 방송장비와 교육, 마케팅 등을 지원하고 유튜브를 비롯한 동영상 서비스업체로부터 얻는 광고 수익을 나누는 신종 콘텐츠 사업으로, 유튜브가 배출한 스타 '브이로거Vlogger · 비디오와 블로거를 합성한 신조어로 직접 영상을 제작해 온라인에 게시하는 사람'들을 관리하는 일종의 기획사 개념이다.

대표적인 미국의 MCN 기업인 어썸니스TV는 2013년 드림웍스 애니메이션에 인수된 이후 6~12세를 위한 드림웍스TV를 론칭했고, 또 다른 크리에이터 매니지먼트 회사인 빅 프레임Big Frame을 인수했다. 어썸니스TV는 9만 개가 넘는 채널을 보유하고 있으며 구독자가 5,000만 명이 넘는다. 또한 탈유튜브 전략의 하나로 오리지널 콘텐츠 제작에 나서 자체 시트콤 및 영화를 넷플릭스, 아이튠즈, 구글플레이, 컴캐스트, 버라이즌, X박스 등 여러 경로를 통해 유통시키고 있다.

메이커스튜디오Maker Studio 미국 여배우 리사 도노반Lisa Donovan이 2006년 유튜브에서 시작한 채널인 '리사노바LisaNova'에 뿌리를 두며 게임과 스포츠, 라이프스타일, 가족, 엔터테인먼트 등 4개 카테고리로 채널을 구별해 예비 인기스타와 엔터테이너를 발굴하고 있다. 메이커스튜디오는 6만여 개의 채널을 운용하고 있으며, 전 세계 100여 개국 3억4,000만 명의 구독자를 보유하고 있고 매달 평균 약 45억 뷰를 올리고 있다.[59]

크몽은 비즈니스 거래 플랫폼으로 일선에서 은퇴한 전문가나 경력이 단절된 사람 등에게 디자인, 마케팅, 컴퓨터 프로그래밍, 번역, 문서작성, 레슨 등 다양한 분야에서 일거리를 제공하고 중소기업이나 소상공인은 합리적인 가격에 서비스를 제공받을 수 있다. 크몽은 누적 투자금만 300억 원, 회원 수 40만 명으로 공유경제의 한축을 담당하고 있다.

●● 공유 플랫폼[60]

A. 숙박: 에어비앤비와 야놀자

에어비앤비는 2008년 미국 샌프란시스코에서 시작된 세계 최대의 숙박 공유 서비스이다. 누구나 쉽게 집의 빈 방부터 저택을 통째로 빌

---

59) https://terms.naver.com/entry.nhn?docId=3543411&cid=42171&categoryId=58478
60) 이민화(2018), 공유 플랫폼 경제로 가는길, KCERN

려주는 서비스로 인기를 끌고 있으며 공유숙소, 현지인이 진행하는 트립 활동, 미국 내 레스토랑 예약과 같은 서비스를 제공하고 있다. 에어비앤비는 현재 310억 달러의 시장 가치를 기록하며 세계 최대 호텔체인인 힐튼호텔의 가치를 넘어서는 놀라운 성과를 올리고 있다.

야놀자는 국내 여행 앱의 선두 주자로 호텔, 모텔, 펜션, 게스트하우스 등 숙박시설을 쉽게 예약해주는 숙박 O2O 서비스 업체이다.[61] 특히 '좋은 숙박 캠페인'을 주도하여 모텔이 기존에 가졌던 어두운 이미지를 벗을 수 있게 하여 영세 숙박 시설의 양적 성장도 이뤄냈다는 평가를 얻고 있다. 야놀자의 이수진 대표는 영세 숙박시설의 임직원을 위한 '야놀자 평생교육원'을 통해 숙박업 리모델링 과정, 중소형호텔 창업 과정 등 다양한 방법으로 숙박산업 서비스의 질을 끌어올리고 있다. 또한 야놀자는 2018년 기존 숙박예약앱에서 지난해 레저·액티비티 상품 라인업을 갖추며 여가플랫폼 기업으로 발돋움한 바 있으며, 2019년부터는 글로벌 호텔 예약 서비스를 시작하며 글로벌 여가 플랫폼으로 확장하고 있다.[62]

B. 금융: 렌딩클럽과 와디즈

렌딩클럽Lending Club은 2007년 시작된 P2PPeer to Peer 기반의 대출 플랫폼 회사로 기존 대출 방식에 혁신을 불러오고 있다. 은행권에서 IT기술을 도입한지는 오래되었으나, 소액 거래를 위해서는 고비용의 수백만 건을 처리할 수 있는 시스템이 필요했다. 그러므로 기존의 은행 비

---

[61] 서울경제, 와이즈앱 "야놀자, 휴가철 여행 앱 실사용자 1위 기록", (2017.09.19.)
[62] 데일리 한국, 국내 숙박업 ,→글로벌 여가 플랫폼 ...야놀자앱으로 전 세계 종횡무진(2019.1.16)

즈니스 모델에서는 P2P 대출 플랫폼과 혁신적인 플랫폼을 도입하기 힘들었다. 일대다 대출 방식과 송금에 비용이 많이 드는 수익 구조를 송두리째 바꾸지 않으면 어려운 일이었던 것이다. 렌딩클럽은 매달 1억~1억5천만 건의 거래를 처리할 수 있는 거대한 프로세싱 머신을 만들어 냈다.[63] 투자금 모집과 대출 신청 및 집행을 온라인 플랫폼에서 처리하고, 오프라인 지점이 없으므로 고객에게 보다 낮은 대출 금리와 높은 예금금리를 제공하고 있다. 2019년 기준 약 1,600억 원의 누적 대출을 기록하였으며, 대출 신청자의 250여 가지 신용 정보를 수집 후 빅데이터, 머신러닝으로 분석해 맞춤형 금리를 제공하고 있다.

와디즈Wadiz는 2012년 5월에 설립된 대한민국 최초의 지분 투자형 크라우드 펀딩 플랫폼 기업이다. 와디즈는 2018년 한 해에만 3,500여 개 프로젝트를 진행했고 펀딩액만 601억 원에 달하며 2019년 누적 펀딩액이 1,000억 원을 돌파했다. 한편, 2019년 1월 15일부로 자본시장법 개정안이 시행됨에 따라 올해부터 연간 최대 15억까지 투자형 펀딩으로 자금을 조달할 수 있게 됐다.[64] 또한 스타트업 및 중소기업 관련 정책자금 지원 대상임에도 시기를 놓쳐 혜택을 받지 못하는 사례가 많은 점에서 착안, 이를 지원하기 위한 일환으로 자금조달이 필요한 스타트업 및 중소기업 대상으로 와디즈 펀딩 신청 시 정책자금 무료 컨설팅을 지원하는 프로모션을 진행하고 있다.

---

63) Bloter(15.05.15.), '렌딩클럽 창업자, "기술로 대출 투명화 이룩했어요"'
64) 플래텀, 외디즈 누적펀딩 1,000억, 2018년에만 600억

C. 배달: 딜리버리히어로와 배달의 민족

40개 국가 이상, 15만 개 이상의 식당에서 사용하는 음식주문 배달 서비스 스타트업체 딜리버리히어로Delivery Hero는 2011년 독일 베를린에서 니클라스 오스트버그Niklas Osteberg와 3명이 공동 창업했다. 국내에는 요기요YoGiYo를 통해 진출했다. 딜리버리히어로는 종전 앱의 소비자 사용 패턴, 빈도 등을 모아 분석하고, 이를 AI가 알아서 분석, 진화시키는 머신러닝 방식을 접목시켜 개인 맞춤형 마케팅 전략을 세우고 있다. 또한 2016년 요기요를 통해 드론을 활용한 배달을 성공시키는 등 드론 배달을 통한 물류 혁신을 실험 중이다.

국내 배달앱 시장을 선도하고 있는 배달의 민족은 디자이너 출신인 김봉진 대표가 설립한 '우아한형제들'에서 2010년 제작한 앱이다. 모바일 앱을 통해 주변 맛집을 파악하고 이용 후기를 비교해 원하는 메뉴를 선택할 수 있게 한, 당시로서는 새로운 개념의 서비스였다. 최근 배달의 민족은 배민마켓 전용 '도심형 물류센터'를 별도로 구비하고 예상되는 판매량만큼 재고를 미리 사입하는 방식을 사용하여 온라인 편의점 배달 서비스 '배민마켓'을 시범 운영하고 있으며, 자율주행 배달로봇에 대한 실증특례를 신청했다.

D. 송금(핀테크): 토스와 리플

토스Toss는 2015년 2월 국내 핀테크 스타트업인 비바리퍼블리카VivaRepublica가 개발한 간편 및 안전 송금 서비스이다. 공유경제를 기반으로 P2P 결제 서비스부터 부동산 P2P 투자까지 가능하다. 토스는 송금·결제 수수료, 그리고 파트너사로부터 플랫폼 사용료 명목으로 받는 투자·보험·카드 서비스 등에 대한 수수료 등을 수익 모델로 삼아 서비스를 제공하며, 변동비 기준으로는 이미 손익분기점BEP을 돌파했고 2019년에는 BEP를 넘어설 것으로 예측된다.65)

리플은 본래 2009년에 코인이 아닌 간편송금을 목적으로 개발된 결제 프로토콜이다. 이후 2012년 오픈코인OpenCoin이라는 회사가 설립된 이후 가상화폐가 발행됐다. 다만 비트코인이나 이더리움과 달리 채굴이 불가능하다. 리플은 블록체인 네트워크인 '리플넷' 안에서 일종의 송금 수수료 개념으로 쓰인다. 1회 송금당 걸리는 시간이 3~4초로 비트코인(7초)보다 빠르다. 이 같은 강점 때문에 뱅크오브아메리카, 스탠다드차타드, UBS 등 100곳이 넘는 금융회사들이 리플과 송금 협약을 맺었다. 한국에선 신한은행과 우리은행이 리플과 협약을 맺고 일본과의 송금에 리플 기술을 활용할 예정이다.

E. 공유사무실: 위워크와 르호봇

위워크WeWork는 2010년 미국 뉴욕에서 아담 노이만Adam Neumann과 미구엘 맥켈비Miguel McKelvey가 설립한 작업 공간 공유 서비스 기업이다. 프리랜서, 스타트업, 중소벤처기업, 대기업 등에게 사무실을 대여하면서 커뮤니티 조성 및 다양한 서비스들을 함께 제공하고 있다. 위워크는 전 세계 24개국, 여 330개 도시에 진출해 있다. 또한 현재 기업가치 450억 달러로 세계에서 여섯 번째로 큰 유니콘 기업으로 자리 잡았다.

---

65) (https://terms.naver.com/entry.nhn?docId=4383163&cid=42107&categoryId=42107)

국내 최대의 비즈니스 센터 프랜차이즈인 르호봇Rehoboth 비즈니스 인큐베이터는 노마드 창업자들을 위한 네트워킹 협업공간으로, 공동작업 공간과 기존의 독립된 사무공간이 결합된 형태의 '코워킹 오피스co-working office'를 런칭했다. 르호봇은 1인 창업자 및 예비 창업자들에게 자금대출 지원 사업과 창업 세미나 등의 기회를 제공하고 있다.

F. 부동산: 질로우와 다방

질로우Zillow는 미국의 대표적인 온라인 부동산 데이터베이스 전문 웹사이트다. 2006년 리치 바턴Rich Barton과 로이드 프링크Lloyd Frink가 설립한 이후 2011년에 온라인 부동산 목록을 만들고 배포하는 플랫폼인 포스트렛Postlets을 인수해, 부동산 테크기업으로 성장했다. 질로우의 등장으로 기존 부동산 산업에서의 투자 개념이 바뀌었다. 과거 부동산 산업의 투자가 땅을 사고 새로운 건물을 짓는 것으로부터 창출되는 수익을 기반으로 했다면, 이제는 질로우와 같은 공유경제 기반의 부동산 IT회사에 투자하고 회사의 성장과 배당을 통해 이윤을 추구할 수 있게 됐다. 질로우는 2019년부터 주택 판매를 원하는 소유주는 온라인상에서 몇 가지 주택 정보를 입력하고 주택 사진과 함께 전송하면 2일 이내에 질로우 오퍼스Zillow Offers에서 예비 오퍼를 소유주에게 제안, 주택 소유주는 직접 방문한 질로우 오퍼스 직원과 매입 계약을 맺고 최종 매매일, 즉 클로징 날짜를 지정하고 나면 판매 관련 업무는 질로우 오퍼스에서 담당하는 주택 매매업에도 나설 예정이다.

다방Dabang은 스테이션3의 한유순 대표가 2013년 창업한 국내 부동산 온라인 중개 플랫폼이다. 부동산 중개 서비스 외에도 월세 자동 결제 시스템 도입과 허위매물 분석 자동화를 위한 알고리즘 개발 등에 힘쓰면서, 국내 부동산 시장에 새로운 패러다임을 개척하고 있다.[66] 또한 2019년부터 신한은행과 다방은 오픈 API(응용프로그램 인터페이스) 기반의 서비스를 구축하여 은행 앱으로 이동하거나 부동산 매물정보를 입력할 필요 없이 매물 검색과 대출한도 조회를 한 번에 할 수 있게 할 예정이다.

●● 플랫폼의 구축과 경쟁전략

플랫폼의 가치와 특성을 이해하였다면 플랫폼의 구축전략은 크게 만들기 위한 '끌어오기', 서로 상호작용을 올리기 위한 '촉진하기', 그리고 필터로 '매칭하기'가 플랫폼 사업자의 3대 전략이라 할 수 있다.

이를 위해, 공급자와 소비자에 있어 공급자에게는 혁신과 효율, 소비자에게는 대량 맞춤의 가치를 제공해야 하며, 구체적으로 전략적 제휴, 킬러 콘텐츠의 제공, 이들 사이에 교차 보조 등이 필요하게 된다. 또한 교차 네트워크 효과를 통해서 플랫폼은 확산되어야 하는데 이러한 플랫폼 교차 보조 전략에는 프리미엄Freemium, 최저가격 할당, 개방 API 등과 같은 많은 보조 수단이 존재한다. 플랫폼의 가격 전략에서도 원가 그대로 다 받으면 임계질량 도달이 늦어지게 되는데 플랫폼의 성장을 위해서는 빨리 임계질량에 도달하는 것이 중요하다. 이 단계에서

---

66) IT동아, '다방 "허위매물 줄이고 사용자 편의성 개선한다"'. 2017.07.18.

여기에서 투자를 받지 못하면 플랫폼이 불가능해지므로 현재의 수익보다는 장기적 플랫폼을 위한 전략적 사고가 필요하다.

이러한 플랫폼 거버넌스는 결국 플랫폼의 가치 창출과 가치 분배의 룰을 만드는 데에 달려 있다. 전체적인 그림을 보면 플랫폼은 컴포넌트와 룰로 구성되며, 참여자들은 플랫폼 위에 모듈들의 표준 API를 통한 확산으로 새로운 가치를 창출하며, 여기에 책임과 권한, 개방과 통제의 메커니즘을 거버넌스가 결정하게 된다. 여기에 멀티 호밍 비용과 보완재와 외부효과를 가지고 순환되고 있는 것이다.

플랫폼이 붕괴하는 경우를 보면, 플랫폼 발굴과 양적성장 단계에서 임계질량에 도달하지 못하거나 물관리가 되지 않는 경우이거나 과도한 수익화로 어려움을 겪는 경우라 할 수 있다. 따라서 플랫폼 경쟁 전략은 가치 창출, 분배 구조, 미래 가치, 비용과 수익, 지속 가능성을 고려하면서 먼저 시작하고, 매력이 있어야 하며, 무조건 빨리 키워야 하고, 합병과 지속적인 진화가 필요하다.

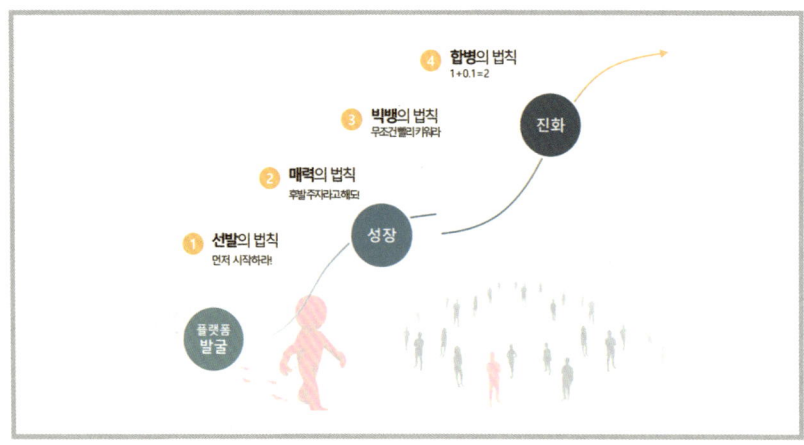

플랫폼 경쟁 전략

6장

Smart Transform

스마트 트랜스폼 활용 전략

Smart Transform

구글, 온라인 거인에서 오프라인 도전자로

•• GAFA(Google, Apple, Facebook, Amazon)의 주요 전략

다음 페이지의 그림은 2012년부터 2018년 초까지 글로벌 기업의 전략흐름을 나타낸 도표이다. GAFA로 대표되는 미국의 글로벌 ICT 기업들은 AI를 활용하여 O2O 서비스로 사업 규모를 확장해 나가고 있으며, M&A와 오픈소스 전략을 통해 AI를 자사의 사업에 적용하고 있다. 특히 AI의 발전은 디지털 트랜스폼 기술과 아날로그 트랜스폼 기술을 연계되고 빅데이터를 통한 맞춤과 예측이 가능해지면서 모든 산업의 혁신을 촉진하고 있다.

이 장에서는 각각의 산업분야에서 빅데이터를 이미 축적하고 O2O 환경에 맞춰 AI + 12 Tech 기술을 활용하여 다양한 산업에 진출하는 글로벌 ICT 기업들(미국의 GAFA, 중국의 TAB)의 전략을 분석했다.

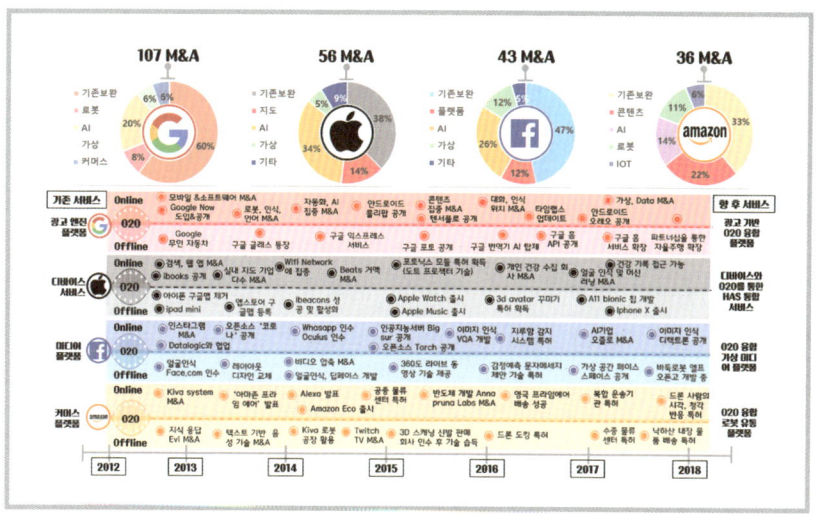

Google, Apple, Facebook, Amazon의 전체 기업 인사이트
기타의 내용은 의료, 금융, 교통 등 아직까지 낮은 비율을 차지하고 있는 산업들을 정리하였으며,
M&A와 3rd Party에는 높은 비중을 차지한 오픈 소스, 대표 서비스 위주로 정리함
자료: Wikipedia와 각 기업 홈페이지에서 GAFA 기업 내용을 분석함

●● 온라인에서 오프라인으로

검색엔진으로 시작한 구글은 사용자의 니즈를 충족시킬 수 있는 공급자를 연결하는 거대 플랫폼으로 성장하였고, 이로부터 광고수익을 발생시키는 비즈니스 모델을 구축하고 있다. 최근에 구글은 구글 어시스턴트와 스마트 스피커의 음성인식 기술을 통해 사용자의 접근성 확대 및 검색의 양을 증가시키면서 구글의 광고 표시 능력의 중요성을 높이고 있다.[67]

강력한 온라인 플랫폼을 기반으로 구글은 자율주행차, 구글 하드

---

67) http://www.itworld.co.kr/ "자체 아마존을 만들고 있는 구글전략"

웨어, 구글 의료, 구글 익스프레스 등의 사람 삶의 모든 분야에 진출하고 있다. 구글은 각 분야에서의 삶의 질과 사회문제 해결에 역점을 두고 있지만, 구글의 핵심 사업은 생태계 구축을 통한 검색기능 강화로 귀결된다.[68]

결국 구글은 새로운 기술 사회의 변화에 플랫폼 생태계 구축을 통한 광고 수익 모델의 패러다임 전환으로 움직이고 있으며, 기존의 광고 엔진에서 AI를 활용하여 미래기술을 확보한 후 광고가 등장할 수 있는 모든 오프라인으로 영역을 확대하고자 한다.

●● M&A를 통해 바라본 구글의 미래전략

구글 벤처스라는 세계에서 가장 공격적으로 투자하는 CVC를 보유한 구글은 안드로이드와 유튜브라는 거대 플랫폼을 바탕으로 혁신기술을 보유한 스타트업을 과감히 M&A 하고 있다. 구글의 M&A 전략은 2가지로 분류할 수 있다. 초기에는 기존의 핵심 기술인 검색엔진에 기반한 M&A[69]를 진행하였다면, 이후에는 모바일 플랫폼 경쟁력 향상을 위한 안드로이드 OS 생태계 구축을 중심으로 한 M&A[70]를 진행한다.

시기적으로 보면 구글은 안드로이드(2005년)와 유튜브(2006년) 인수를 통해 플랫폼 사업자로서의 입지를 구축하였으며, 이후 2014년 홈 IoT 플랫폼 업체 네스트랩스 인수를 시작으로 스마트홈 사업을 본

---

[68] https://www.thebalancesmb.comHow Google's Business Model Works
[69] (01.2~05.3) 검색엔진 중심의 M&A 14건 진행 (Digieco 보고서)
[70] (05.5~11.8) 안드로이드 생태계 강화를 위한 86건의 M&A 진행 (Digieco 보고서)

격적으로 추진한다. 그리고 온라인 에너지 모니터링 업체인 마이에너지, 홈 모니터링 업체인 드롭캠과 홈 자동화 업체 리볼브를 연달아 인수하였으며, 센싱기술과 함께 온라인을 통해 스마트폰으로 사용자 생활의 모든 분야를 장악하고 있다.

최근에는 AI 스타트업 인수를 중심으로 기술 확보를 위한 글로벌 기업들과 치열한 M&A 경쟁을 벌이고 있다. 특히 주목할 기업으로, AI 기술을 통해 이미지를 분할하고 모습을 자유자재로 변형하는 응용 프로그램을 만든 AIMatter가 있다. 이를 통해 구글은 이미지와 비디오 프레임 안에 있는 특정 대상의 윤곽을 보다 정확하게 인식하고 변형할 수 있도록 관련 기술을 한 단계 발전시킬 수 있을 것으로 예상된다.

또한 AI 스타트업인 할리랩스와 예측모델 및 분석 대회 플랫폼인 캐글을 인수하고, 구글의 텐서플로우 등과 같은 AI 자산과 통합하였다. 이를통해 AI 기술의 경쟁력을 한 단계 더 끌어올린 것은 물론이며, 구글 중심의 AI 생태계를 구축해나가고 있다.

지난 4년간(2014~2017) 구글이 인수한 60개사를 분석해보면, 클라우드 기반 서비스, 데이터 분석, 사물인식, 증강현실, 드론, 인공지능 관련 기업들이 대부분이다. 구글은 이들을 인수함으로써 다양한 분야로 사업영역을 확대하고 있다.

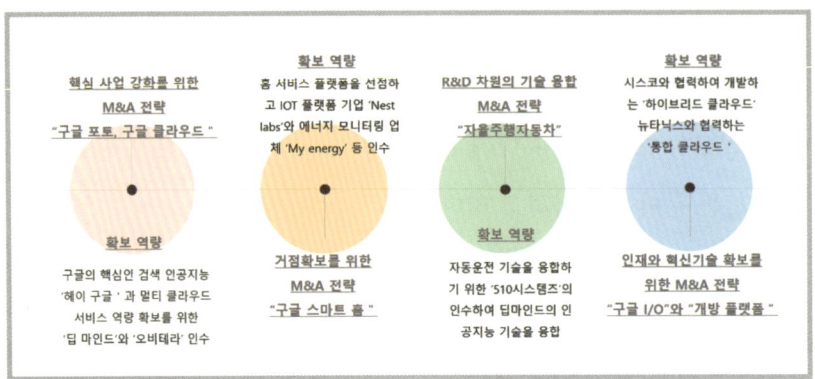

구글의 M&A 전략
자료: 각 기업 홈페이지, Dieco 글로벌 기업 M&A 전략 시사점 보고서를 참고

●● 구글의 AI 개발 및 활용 전략

구글은 AI와 기존 기술의 접목을 통해 능동적이고 미래 예측이 가능한 기술을 선보이고 있으며, 이를 활용할 인터페이스에 대한 개발도 함께 진행하고 있다. 특히 '인공지능을 통해 문제를 해결한다.'는 구글의 정신은 한 단계 더 발전하여 기존 AI의 문제점을 AI로 극복하기 위한 새로운 기술들을 선보이고 있다.

2018 구글 I/O에서 소개한 '구글 듀플렉스'는 기존의 일방적으로 묻고 답하는 대화형 AI에서 진화하여 능동적으로 사람과의 대화를 진행했다. 이를 통해 업무에 보조적인 일을 제공하는데서 나아가 사회적인 문제를 해결할 수 있는 능동적인 인공지능을 준비하고 있다. 이러한 구글의 전략은 결국 사용자 생활환경에서 구글 중심의 생태계 구축 전략으로 귀결되며, 향후 아마존과의 인공지능 경쟁도 본격화 될 것으로 예상된다.

특히 AI 스피커에서 이미 구글은 아마존과 치열한 경쟁을 벌이고 있다. 구글은 스마트폰과의 쉬운 연동을 장점으로 AI 스피커 시장을 장악하기 위한 콘텐츠 확보에 중점을 두고 있으며, IoT를 중심으로 HW 사업부를 재편하고 있다. 이와 동시에 기존 음원 서비스 업체와의 제휴를 통해 '열린 플랫폼' 형태를 구축하고, 소비자의 니즈를 적극적으로 충족할 수 있는 빅데이터 확보전략을 취하고 있다.

이외에도 구글은 인공지능을 통해 비식별 의료 기록 정보를 분석하여 환자의 특정 질병에 대한 발생 위험률을 딥러닝을 통해 예측하며, 재입원, 입원 기간 등의 내용까지도 예측한다. 비단 의료만이 아니라 구글은 앞으로 인류가 직면한 문제를 인공지능으로 예측하고, 오픈 소스와 교육 기회의 제공을 통해 집단지능을 구현하고자 한다.

즉, 구글은 미래의 인공지능 시장에서는 새로운 기술 개발보다 AI 활용 시장이 급격히 성장할 것으로 예측하고, 사전에 데이터를 축적하고 관련 생태계를 먼저 구축해나가고 있는 것이다.

•• 구글의 플랫폼 전략

아날로그 트랜스폼에서 플랫폼의 가치는 규모와 3rd Party의 참여에 따라 결정된다고 설명하였다. 이에 글로벌 주요 ICT기업들은 개방 플랫폼과 Freemium전략, 그리고 3rd Party 확산 전략을 펼치고 있다. 따라서 주요 기업들의 플랫폼 전략을 이러한 관점에서 분석해 보고자 한다.

구글의 플랫폼 전략은 안드로이드를 오픈소스로 배포하고, 3rd Party가 보완재로서 다양한 제품 플랫폼과 앱을 개발하도록 지원하고 있다. 구글은 오픈소스를 통해 사용자들이 많을수록 클라우드로 보완하고, 컨설팅 서비스로 수익을 창출한다. 그리고 오픈소스로 혁신기술을 개발한 기업은 M&A나 협약을 통하여 다시 새로운 기술의 초기 시장을 만들고 있다.

3rd Party도 구글의 플랫폼을 통해 개발비 부담을 줄이고, 마케팅 비용을 감소시킬 수 있다. 예를 들어 소상공인들에게 전문적인 동영상 광고를 무료로 제작해주는 YouTube Director Onsite를 출시하거나, 머신러닝을 통해 효율적인 광고 집행을 도와주는 AdSense Auto 상품을 출시하여 네트워크 광고 경쟁력을 강화하고 있다. 그리고 온라인 고객과 오프라인 유통 업체들을 이어주는 '구글 익스프레스'를 출시하며 커머스 시장에도 진출하고 있다. 구글은 쇼핑검색 데이터를 토대로 고객과 유통 업체들을 연결하고, 결제와 배송을 지원하면서 수수료를 수익으로 하는 전략을 취하고 있다.

구글은 Freemium 전략을 통해 지불 가능한 고객들을 확보하고, 확장된 고객 범위에서 발생한 네트워크 효과로 제공되는 서비스의 가치는 기하급수적으로 증가하고 있다. 2014년을 기준으로 구글 Play Store의 매출의 90%이상이 Freemium 전략에서 발생하고 있으며, 이와 같은 비즈니스 모델을 계속해서 유지할 것으로 예상된다. 또한 기존에 Freemium 전략에서 지불 고객으로 유인하는 금액의 장벽을 다양화하여 수익 증대로 이어질 수 있는 체계화를 이룰 수 있을 것이다.

또한 구글은 2013년 I/O에서 발표한 3rd Party 전략을 유지하면서 안드로이드를 3rd Party의 검증된 제품을 통해 발전시키고 있다. 2014년에는 구글의 헬스케어 제품인 구글핏을 3rd Party에 공유하여 헬스케어 플랫폼을 구축하고 있으며, 2015년에는 디지털 비서인 구글 나우를 오픈하고 2016년 구글 어시스턴트의 가능성을 확대하기 위해 3rd Party에 공개하였다. 이후에도 구글은 플랫폼을 통해 다양한 하드웨어 제품에 서비스를 통합할 수 있도록 하였고, 애플의 홈팟도 구글의 웹 검색을 활용하는 중이다.

구글은 지속적으로 3rd Party 서비스와 구글 어시스틴트를 연계한 기능을 갖추고, 이를 안드로이드와 아이폰 모두에서 사용이 가능하도록 지원한다고 2017년 I/O에서 밝혔다. 특히 2017년에 G-mail Add-ons을 발표하면서, G-mail에 개발자들이 만든 서비스를 통합할 수 있도록 하였다. 그 결과 애드온을 사용하면 지메일 웹은 물론 안드로이드와 IOS앱 내에서 개발자들의 서비스를 실행할 수 있으며, 구글독스와 구글시트에서도 활용이 가능하다. 구글은 이 기능을 통해 구글 웹과 이메일에서 떠나지 않고 사용자를 묶어두는데 성공하였다.[71]

---

71) ciokorea "구글, '지메일 애드온' 발표 … 서드파티 서비스 통합 가능"- Blair Hanley Frank -

Smart Transform

애플, 디바이스와 서비스를 융합하라

•• PSS를 통한 온·오프라인의 융합

하드웨어를 핵심 사업 모델로 시작한 애플은 소프트웨어와 콘텐츠로 시장을 확대하면서 플랫폼을 구축하고, 개발자와 사용자를 연결하는 비즈니스 모델을 구축하였다. 애플의 기본전략은 제품과 서비스를 데이터로 연결하는 DPSS$^{Data\ Product\ Service\ System}$에 기반을 두고 있으며, 아이팟 + 아이튠즈로 시작한 서비스는 아이폰 + 앱스토어로 진화하면서 거대한 기업으로 성장하였다.

애플은 하드웨어와 다양한 소프트웨어를 연결함으로써 고객이 디바이스(아이폰)를 통해 모든 서비스를 이용할 수 있도록 소프트웨어를 보완하고 있다. 이러한 전략 하에 애플은 DPSS가 AI를 통해 진화한 H.A.S$^{Hardware\ +\ AI\ +\ Service}$ 전략에 집중하고 있다. 이를 위해 애플은 하드웨어 플랫폼을 선점하고, 아이폰X에 투입할 AI칩 개발에 성공하면서 시장 점유율을 높이고 있으며, 하드웨어에 활용될 수 있는 AI 업체들을 인수하고 있다.

●● M&A를 통해 바라본 애플의 미래전략

애플의 경쟁사인 구글, 아마존, MS는 클라우드 기반 리소스에 의존하는 전략을 펼치고 있지만, 애플은 기기에서 로컬로 연결하는데 초점을 맞추고 있다. 애플은 인공지능을 휴대기기로 가져오는 장기적 계획을 발표하면서, 자사의 미래전략 방향을 대내외에 알렸다.

애플은 M&A를 통해 외부의 혁신기술을 수혈하고 이를 애플 전용 기기에서만 사용할 수 있는 ML(Machine Learning)로 융합하고 있다. 이를 통해 애플은 인공지능에 관련된 모든 산업을 애플 기기에 통합하고 있으며, 이를 위해 애플은 다양한 분야의 롱테일 기업들을 인수하고 있다.

예를 들어 애플 워치를 통해 수면 모니터링 기능을 도입하면서, 사용자들의 수면 건강을 위해 헬스케어 전문 업체 베딧을 인수하고 앱을 개발하였다. 그리고 기업의 인공지능 비서에 밀리는 평을 받고 있는 Siri의 다크 데이터[72]를 정형 데이터로 바꾸어 주는 AI 스타트업 래티스 데이터를 인수하였다. 그리고 타임스탬프에 블록체인 기술을 도입[73]하여 다양한 앱 개발 준비를 하고 있으며, 스마트 기기와 연결되는 AR 헤드셋 개발을 위해 Metaio를 인수하였다. 동시에 VR과 AR 헤드셋 스타트업 VRvana까지 인수하면서 2020년에 최고의 AR 헤드셋 개발

---

72) 컴퓨터가 분석하기 어려운 이미지, 텍스트나 비정형 데이터

을 계획하고 있다.

애플은 하드웨어 기기 사업을 넘어 '오리지널 콘텐츠'에 관심을 갖고 있다. 또한 음악, 영화대여 서비스가 넷플릭스, 아마존 등 가입자 기반의 스트리밍 서비스에 밀리면서 콘텐츠 사업에 경쟁력을 구축하기 위해 거액의 투자를 진행하고 있다.

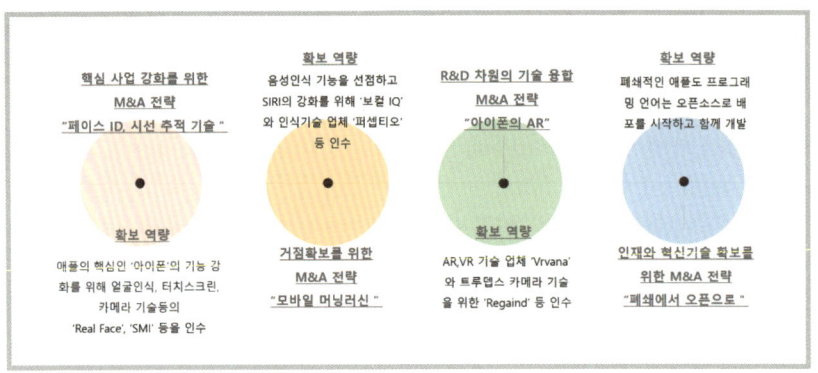

애플의 M&A 전략
자료: Digieco 글로벌 기업 M&A 전략 시사점 응용

●● 애플의 인공지능 활용 전략

애플의 소프트웨어 책임자 Craig Federighi는 애플은 개인정보보호에 중점을 두고 있으므로 클라우드와 오픈소스 중심의 다른 글로벌 기업과는 달리 기기자체에서 데이터를 모으고 처리한다.[74] 애플의 전략은 개발자들이 CORE M/L과 CREAT M/L을 통하여 애플 기기와 PC로 배포할 수 있도록 지원하고, 구글의 ML kit를 통해 IOS에서 활용이 가능하도록 하였다. 애플은 클라우드 서버를 활성화하는 대신, 자체

---

[73] 2017년 12월 애플 발표 "애플, 블록체인 기술 특허 출원 힌트" - The 4th Wave

앱과 아이폰 카메라를 통해 사용자의 데이터를 수집한다. 그러나 외부와 연결이 쉽지 않은 단점으로 인하여 대표적인 제품인 '시리', '홈팟', '아이폰' 등 AI가 도입된 제품들은 타 기업에 비해 뒤떨어지고 있다.

이에 애플은 아이폰X에 최신 AI 기술을 도입하기 위해 다수의 M&A를 진행하면서 얼굴인식기술, 시선추적기술, OLED 터치스크린 기술, A11 바이오닉 칩 기술 등의 도입에 성공하였다. 이후 IOS 점유율이 급등하면서 이러한 인공지능 전략이 성공적인 것으로 평가된다.

또한 애플은 2018년 4월 구글 AI 기술의 통합 책임자 존 지안안드레아를 영입하여 기존의 AI 기술을 보완하고, 다른 기업에 비해 뒤떨어진 AI 시장에서 도약을 준비하고 있다. 특히 아이폰X의 핵심기술인 A11 바이오닉 칩에 들어간 뉴럴엔진은 애플의 독자적인 인공지능 칩 개발의 대표적인 성공사례이다. 이러한 애플의 정책이 인공지능시대에 뒤처질 것이라는 예측을 깨고 AI 칩의 선두주자로 올라서고 있는 것이다.

즉 구글과 애플은 각각 온라인과 오프라인에서 자신의 강점을 극대화하면서 단점을 기존의 강자와 협력하면서 보완하는 전략을 취하고 있다. 이는 4차 산업혁명으로 현실과 가상이 융합하면서 O2O융합이 가장 중요한 승부처로 떠오른 결과로 해석된다.

---

74) 2018 애플의 세계 개발자 회의 - 소프트웨어 책임자 Craig Federighi

●● 애플의 플랫폼 전략

애플은 독자적 기술과 웹 플랫폼을 이용한 멀티 플랫폼 전략을 통해 혁신적인 소프트웨어를 빠르게 출시하면서 웹 플랫폼의 개방성을 키우면서 생태계 비난을 피해갔다. 특히 플랫폼의 규모를 키우기 위해 독자적인 소프트웨어를 개발하면서도 혁신기술을 개발한 기업들을 적극적으로 인수하였다. 또한 AI 관련 스타트업을 다수 인수하고 오픈 소스를 적극적으로 공개하면서, AI 사업 부문에서는 구글과 비슷한 사업전략을 펼치고 있다.

애플의 플랫폼 전략을 구체적으로 살펴보면 Freemium 전략의 대표적인 사례가 바로 앱스토어 운영이다. 앱스토어의 대부분의 제품은 유료 및 무료 사용자 모두 참여가 가능하며, 특히 앱을 사용하는 장벽을 낮추고 유료 사용자에게는 지불한 금액을 기반으로 맞춤형 경험을 제공하고 있다. 개발자들은 무료 고객들을 유료 고객으로 전환시키기 위해 보다 양질의 콘텐츠 개발이 필요함을 인식하고, 이를위해 애플은 개발자에게 필요한 분석 도구를 제공하고 있다.

이러한 분석 도구를 지원하기 위해 애플은 2014년에 '테스트플라이트'라는 앱 분석 업체 버스틀리를 인수했으며, 앱애널리틱스를 2015년에 공개하였다. 또한, 앱스토어의 활성화를 위해 IOS 앱을 만드는 언어인 Swift를 오픈소스로 배포하였다. 최근에는 MacOS 개발에 사용되는 소프트웨어 구성 요소를 통합하는 다윈을 오픈소스로 공개하면서 애플 운영체제의 수정과 보안을 원활하게 하였다. 그 결과 애플 운영체제의 버그나 오류가 발견되면 오픈소스 프로젝트 커뮤니티에서 원인 분석과 해결 방안을 제시하는 것이 쉬워져, 사용자의 편의성에 좋은 영향을 미치고 있다.

애플은 적극적으로 Freemium 및 오픈소스 활성화 전략을 펼치고 있지만 3rd Party 확산 전략은 다른 기업과 비교하면 폐쇄적인 경향이 짙다. 비록 애플의 3rd Party를 위한 정보 공개나 환경이 좋지 않지만, 앱스토어에서는 활성화되고 있다. 특히 2018 애플의 세계개발자 회의에서 클라우드보다 기존 애플의 기기와 ML을 활용한 개발자들 양성에 주력할 것이며, 발표 후 IOS를 활용하는 분야에서는 3rd Party 전략이 하나씩 등장하고 있다.

이미 2016 WWDC에서 시리 소프트웨어 개발 키트를 공개함으로써 3rd Party의 접근이 쉬워졌고, 애플의 하드웨어에 새롭게 개발한 소프트웨어를 넣을 수 있게 되었다. 그리고 2018년에는 애플 AI 비서 '시리'를 이용하여 애플워치에서 3rd Party의 앱을 사용할 수 있게 되면서 3rd Party들이 개발한 제품까지 시리로 구동할 수 있게 되었다. 나아가 2019년에는 애플 TV 앱에서 3rd Party 스트리밍 서비스의 가입과 구독 서비스를 직접 판매할 것이라 밝히면서 새로운 콘텐츠 서비스 개발을 언급하고 있다.[75]

그러나 아직까지도 애플의 폐쇄전략은 완전히 사라진 것은 아니다. 애플의 홈팟은 구글 검색엔진으로 교체하였지만, 여전히 3rd Party

---

[75] IT World "애플 TV, 2019년 서드파티 스트리밍 서비스 직접 가입 및 결제 지원…블룸버그 통신" – Jason Cross –

들이 활용할 수 없는 하드웨어 제품이다. 그리고 아이폰 수리점을 3rd Party들에게 허가를 했음에도 불구하고, 아이폰8이나 X의 디스플레이를 정품으로 교체해도 IOS는 비활성화되는 논란은 남아있다. 이러한 폐쇄성으로 인하여 애플의 홈팟은 하드웨어에 주력하고 웹 검색에서 구글을 이용하는 전략을 추진하고 있으나, 시장 확장성에서는 구글이나 아마존에 비교하여 뒤처지고 있는 실정이다.

Smart Transform

페이스북, 온라인 세상을 삼켜라

페이스북은 미디어 플랫폼으로서 AI 텍스트를 강화하다가 영상 콘텐츠를 거쳐 오감을 통한 가상공간 형성으로의 진화를 꿈꾸고 있다. 이미 SNS에서 압도적인 플랫폼을 구축한 페이스북은 2014년부터 VR/AR 기기와 소프트웨어에 대규모의 투자를 집행하고 있다. VR/AR의 특성상 특정 하드웨어로 네트워크에 접속하여 네트워크상에서 더 많은 서비스를 제공하는 데 집중하고 있다.

●● M&A를 통해 바라본 페이스북의 미래전략

페이스북은 창업 직후인 2005년~2008년까지는 M&A에 소극적이었으나, 2009년부터 본격적으로 M&A를 시작하여 약 60개 기업을 인수한다. 지금까지 페이스북이 보여준 M&A 전략을 보면 다수의 기업을 인수하기 보다는 굵직한 M&A 전략을 구사한다.

그리고 M&A가 성립되지 않으면 유사한 기술을 모방하여 상대방을 고사시키는 전략을 펼치기도 한다. 예를들어 페이스북을 위협할 수 있는 '왓츠앱'과 'Instagram' 등과 같은 경쟁사를 인수하였고, 스냅챗과의 M&A실패로 인스타그램에 스냅챗의 '스토리' 기능을 업데이트하여 스냅챗 고객을 흡수한 것이 대표적 사례이다.

동시에 페이스북은 미래 산업 준비를 위해 VR/AR 개발 업체인 '오큘러스'를 인수하여 모바일 메신저를 통한 새로운 커뮤니케이션을 발표하였다. 그리고 커뮤니케이션 플랫폼 구축을 위해 AR 관련 스타트업인 MSQRD도 추가로 인수하였다. 페이스북의 과감한 투자로 인하여 VR과 AR 산업은 새로운 생태계가 조성되고 있다.

그리고 페이스북은 인공지능이 도입된 메신저를 업데이트하기 위해 AI 텍스트 개발 회사인 오즐로를 인수하여 'M'을 강화하였다. 그러나 최근에는 일부 추천 기능을 제외하고 'M' 서비스를 중단한다고 밝히고, 기업 챗봇 개발과 머신러닝 프로젝트에 힘을 쏟고 있다. 또한 페이스북은 모바일 플랫폼 회사인 Parse를 인수함으로써 페이스북 플랫폼 환경 조성에 힘쓰고 있다. 다수의 개발자가 사용하던 Parse 플랫폼을 통해 사용자 관리, 결제, 저장 등 페이스북 데이터를 통합하고 있다.

이처럼 페이스북은 SNS를 장악하고 데이터 플랫폼을 인수하면서 온라인에서 강력한 영향을 가지게 되었지만, 최근의 5000만 명의 개인정보 유출 사건으로 어려움을 겪고 있다. 이에 회사 내부에 블록체인 전담 부서를 개설하고 창설 15년 만에 최대 규모로 조직개편을 단행하면서 블록체인 기술을 통해 기업의 이미지를 개선시키고자 노력하고 있다.

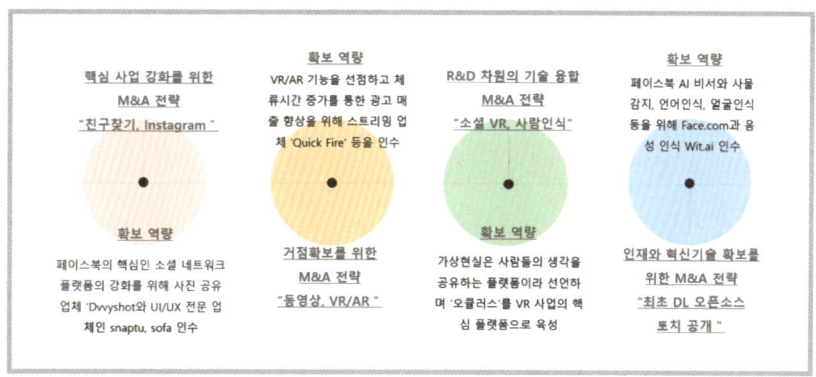

페이스북의 M&A 전략

●● 페이스북의 인공지능 전략

페이스북은 파이썬을 기반으로 하는 Pytorch 1.0을 자체적으로 개발하고, 오픈소스로 인공지능 개발과 기계학습 프로젝트를 진행 중이다. 페이스북의 Pytorch는 페이스북의 모든 AI 기본 기술을 제공하며, 다른 AI 알고리즘과 융합한 신경 기계 번역, AI 추론 응용 프로그램을 위한 플랫폼으로 발전하고 있다. 또한 페이스북은 통합된 학습 프레임워크와 M/L을 통한 인공지능 프로젝트를 통하여 3rd Party에게 끊임없는 커밋(버전관리)을 받고 있다.

인공지능을 활용한 페이스북의 전략은 온라인 세계의 영향력 강화에 초점을 두고 있다. 페이스북은 네트워크를 통해 수억 명의 고객을 확보했는데, 이들을 연결한다는 기존의 비전에서 공동체 커뮤니티 형성으로 확대로 새로운 목표를 세웠다.[76] 최근 발표한 '페이스북 스페이스'는 이러한 페이스북의 미래전략을 명확히 보여준다. 페이스북 사용자들이 가상공간에서 아바타를 생성하여 같이 얘기를 하고, 360도 영상과 가상 마카로 그림을 그리며, 메신저 통화, 셀카도 가능하다.

'페이스북 스페이스'는 페이스북에서 개발한 인공지능 기술들의 결합체로, 하드웨어는 VR영상을 만들기 위한 서라운드 360카메라, AR의 카메라 효과 플랫폼, 가상현실과 증강현실을 모두 포함한 가상 컴퓨팅 등이 도입되었다. 그리고 커뮤니티 구성을 위한 메신저 플랫폼에는 인공지능을 이용한 '봇'을 발견할 수 있도록 하였으며, 페이지가 회신할 수 있는 스마트 응답 등의 기술도 적용되었다.

또한 페이스북은 네트워크가 되지 않는 곳을 위해 밀리미터 전파를 기반으로 한 무선 데이터 기술, 도시 수준의 메시 네트워크 테라그래프, 소형 헬리콥터를 이용한 테더테나를 발표하였다. 즉 언제 어디에서나 온라인 세계로 사람들을 끌어들일 수 있는 인프라를 오프라인에 구축하고 있는 것이다.

●● 페이스북의 플랫폼 전략

페이스북의 플랫폼 전략은 철저히 임계점을 돌파하고, 3rd party의 확산과 참여자들의 끈끈함을 강화하는 전략에 집중하였다. 예를 들어 페이스북은 왓츠앱과 페이스북 메신저 서비스를 무료로 제공하고 있다. 특히 왓츠앱은 연간 사용료를 받아 왔지만, 페이스북의 인수 후 무료화를 선언한다. 이는 페이스북 메신저와 왓츠앱을 통한 소비자의 계

---

76) Slow News "페이스북 F8 컨퍼런스가 보여준 미래" -한상기-

정의 생성 및 소통을 지원함으로써 고객과 고객에게 제공되는 편리한 경험을 누적시켜 사업의 가치를 높이기 위함이다.

또한 페이스북이 인수한 Parse 모바일 앱 개발 플랫폼은 유저 인증, 푸쉬 알림, 소셜 미디어 통합, 데이터 분석 등의 기능을 어떤 앱이든 부가할 수 있으며, Freemium으로 운영되면서 사용자들이 무료로도 충분히 많은 양의 서비스를 받을 수 있도록 하고 있다. 그리고 오픈소스를 활용한 머신러닝, 사물감지, 얼굴 인식 등의 기술혁신을 추구하면서 20억 명의 회원들에게 더 좋은 기술을 제공하면서 수익을 창출하기 시작한다.

페이스북은 지속적으로 주요 기술을 개방하거나 혁신기술을 개발한 기업이 있다면 공격적인 M&A를 하거나 협약을 통해 플랫폼의 규모를 지속적으로 확장한다. 예를 들면 페이스북은 오픈소스 토치 DL 모듈을 최초로 공개하여 3rd Party의 다양한 서비스 개발을 지원하고 있다. 또한 협업 툴 시장에서는 페이스북의 기업용 SNS인 워크플레이스의 기능을 강화하여 기업이 3rd Party 앱을 워크플레이스에 통합할 수 있도록 지원하였다.[77]

그러나 빠르게 성장하던 페이스북은 어려움에 처하게 된다. 미 대선 과정에서 가짜 뉴스 사건으로 사용자의 신뢰를 잃기 시작한 것이다. 페이스북은 잃어버린 소비자의 신뢰를 회복하기 위한 대안이 필요했다. 2018년 페이스북은 양질의 뉴스를 제공하기 위해 ABC, CNN, 폭

---

77) Ciokorea "페이스북, 협업 툴 시장 '승부수' … '워크플레이스'에 3rd Party 앱 연동"

스뉴스 등의 전문 뉴스 방송 사업자가 콘텐츠 공급을 담당하며, 페이스북이 비용을 제공한다는 계약을 체결한다. 무료로 제공하는 '프리미엄 뉴스 서비스'를 가짜뉴스로 실추된 신뢰를 회복하고자 한 것이다. 페이스북은 프리미엄 방송 뉴스 서비스 담당부서를 블록체인 부서와 함께 대규모 조직 개편하고, 이러한 서비스가 미래의 수익원(광고)으로도 이어질 것이라 기대하고 있다.

페이스북은 플랫폼의 규모를 키우고 사용자의 이탈을 방지하기 위한 노력과 함께 플랫폼의 지속성과 확장을 위한 3rd Party 전략도 구사 중이다. 우선 페이스북 자체가 광고 시장과 방대한 데이터가 공유되는 곳이므로, 데이터를 크로스 체크할 수 있는 3rd Party가 필요하였다. 이에 개방과 투명을 골자로 한 API 정책을 펼치면서, 3rd Party 개발자에게 페이스북 활동흐름까지 공개하였다.

또한 새로운 페이스북 오픈 스트림 API로 개발자는 많은 애플리케이션을 개발할 수 있게 되었다. 그러나 최근의 데이터 유출 사고로 인하여 3rd Party가 API 사용하는데 절차와 제한을 두면서 큰 변화가 있었다. 3rd Party들이 데이터를 활용할 수 없는 대신에 데이터를 관리하는 방식의 변화에 대한 9가지 이니셔티브를 발표한 것이다.[78] 동시에 블록체인 부서가 개편되었고, 블록체인을 이용한 비식별화의 방안을 고민하고 있다.

Smart Transform

아마존, 콘텐츠와 커머스를 융합하라

아마존은 홀푸드마켓, 필팩과 같은 기존의 시장점유율이 높은 기업들을 인수하면서 기존의 유통 네트워크를 장악하고 있다. 다양한 소비자의 생활환경 거점을 확보하면서, IoT, 클라우드, AI를 활용한 고객 구매 및 유통 서비스의 편의를 제공하는 방식으로 유통시장에서 지속적으로 영향력을 키우고 있다. 동시에 로봇을 활용한 물류 플랫폼을 구축 중이다. 2013년 발표한 '아마존 프라임 에어' 이후로 드론, 물류센터 등 하드웨어와 오프라인 환경에 특허를 집중하면서, 유통과 물류를 장악한 커머스의 제국을 건설하고 있다. 그리고 이제 커머스를 넘어서 새로운 영역으로 제국의 영토를 넓혀나갈 준비를 하고 있다.

●● M&A를 통해 바라본 아마존의 미래전략

아마존의 기업전략은 오프라인과 온라인의 투 트랙으로 진행되었다. 오프라인은 과거 전자상거래 벨류체인을 강화하기 위한 M&A 전략을 취하면서, 온라인은 AWS[79] 중심의 클라우드 사업을 강화하는 방향으로 진행하고 있다. 각기 다른 방식으로 진행되는 것 같던 아마존의 기업전략은 이제 온라인과 오프라인이 융합하면서 새로운 국면에 들어선 것이다.

이러한 변화를 확인할 수 있는 분야는 바로 스마트홈 시장이다. 아마존은 스마트 디바이스 기업, 링Ring을 인수하면서, 인공지능과 스마트홈을 결합한 차세대 스마트홈 플랫폼 시장에 본격적으로 진출하였다. 그리고 사용자가 직접 경험을 공유할 수 있는 '아마존 스파크' 서비스를 통해 사용자에게 쇼핑의 최적화 서비스를 제공하고, 사용자의 정제된 데이터를 확보한다. 아마존이 소비자의 데이터를 확보하고 온라인과 오프라인의 융합을 통해 어떤 시장을 노리는 것일까? 이에 대한 답은 최근에 아마존이 보여주는 M&A 전략을 통해 명확해진다.

최근 아마존은 유기농 식료품 업체인 홀푸드 마켓을 인수하고, 패션의류 업계로의 진출을 위한 'Amazon Wardrobe'를 발표하였다. 그리고 온라인 약국 필팩PillPack을 인수하면서[80] 일상의 모든 분야로 사업의 영역을 확대하고 있다. 동시에 2018년에는 뷰직스의 스마트 안경에 알렉사를 도입하여 사용자의 스마트 환경에 대한 장악력을 높이고 있다. 즉 아마존 사용자의 데이터를 확보하고, 이를 활용하여 일상의 모든 거래를 자신들의 생태계(플랫폼)로 끌어들이겠다는 전략인 것이다.

---

78) http://www.itworld.co.kr/news/108818
79) Amazon Web Service
80) 연합뉴스(18.6.29.), "아마존, 온라인 약국 필팩 인수...미 제약시장 지각변동 예고"

이러한 전략은 구글과의 충돌로 이어질 수 있으며, 두 기업의 관계가 악화되면 서로 공유하는 서비스의 약화로 이어질 수 있다. 이미 두 기업은 서로의 제품과 서비스를 제공하지 않으면서 이러한 우려가 기우만이 아님을 보여주었다. 특히 아마존과 구글의 전략을 살펴보면, 이들의 경쟁은 심화될 것으로 보인다. 아마존이 최근 인수한 기업의 22%가 콘텐츠 기업인데, 이는 e커머스 검색과 동영상 제품군을 통한 새로운 광고시장을 개척하기 위한 것이다. 커머스와 콘텐츠의 융합을 통해 주력산업의 경쟁력을 높임과 동시에, 구글의 주력 산업이었던 콘텐츠 신업으로의 진출을 꾀하는 것이다. 반면 구글도 클라우드 서비스 역량을 강화하여 아마존과의 클라우드 부문의 격차를 줄이고자 노력하고 있다. 이들의 경쟁을 지켜보는 것도 상당히 흥미로운 일이며, 우리에게도 상당한 시사점을 줄 수 있을 것이다.

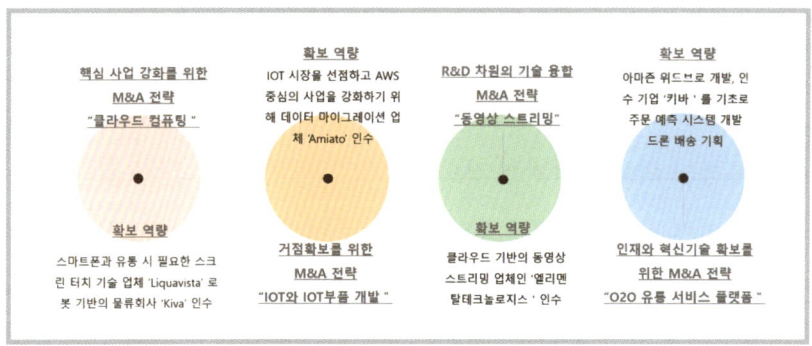

아마존의 M&A 전략

•• 아마존의 AI 전략

아마존은 인공지능의 플랫폼화에 선구적인 역할을 하고 있다. 아마존이 제공하는 개발 서비스로 다양한 개발자들은 기계 학습 모델과 알고리즘을 만들고, 시장의 피드백으로 이를 업데이트하는 선순환 구조를 구축하였다. 개발자는 누구나 쉽게 응용 프로그램을 만들 수 있고, 플랫폼에서 제공된 데이터로 맞춤형 추론 모델을 개발하여 고객에게 서비스의 편의성을 높여가고 있다.

아마존 세이지메이커는 원클릭 인공지능 개발 서비스로, 아무런 기술 기반이 없어도 손쉽게 기계학습 모델을 만들고, 학습과 배포를 진행할 수 있도록 하였다. 동시에 아마존이 자랑하는 AWS는 서버리스 플랫폼을 구축하여 엔지니어가 새로운 기능 개발 및 혁신에만 집중하고 나머지는 AWS가 제공하는 Lambda 서비스로 활용할 수 있다. 즉 인공지능에 대하여 잘 몰라도 인공지능을 활용한 서비스로 사업화가 가능한 세상이 온 것이다.

AWS를 기반으로 하는 서비스가 개발자의 생태계를 구축하는 것이라면, 아마존의 본업인 커머스에도 인공지능을 도입하고 있다. 대표적으로 드론에 인공지능을 활용하여 물류의 혁신을 시도하고 있다. 드론은 유통의 혁신을 가져올 것으로 기대되나, 지금의 방식으로는 드론 시스템 전체를 관리하거나 운영하는 인건비와 기타 비용의 상승이 야기된다. 이에 아마존의 드론 배송 서비스는 인공지능 시스템을 접목하여 미리 학습된 비행경로를 따라 자동 운행이 가능한 무인 자율운행 기술을 개발하고 있는 것이다. 또한 인공지능 카메라인 딥렌즈Deep Lens에도 진출하여 클라우드 컴퓨팅, IoT 등을 결합한 아마존 레코그니션 Amazon Recognition 으로 사람의 얼굴 및 사물의 이미지 인식 및 처리 분야까지 적용범위를 넓혀가고 있다.

아마존의 플랫폼 전략

아마존은 주력하고 있는 AWS의 오픈소스를 공개하고, 코드 개선과 코드 공헌의 수를 늘리기 위한 프로젝트를 함께 진행하고 있다. 아마존은 오픈소스를 통하여 혁신기술을 개발한 기업이 있다면 M&A나 협약을 통해 초기시장을 구축한다. 특히 아마존은 수만 명의 판매자와 소비자를 연결하는 유통 네트워크 활성화를 통해 시장을 적극적으로 창출하고 있다.

예를 들어 아마존은 인공지능 서비스인 알렉사의 3rd Party 개발자들에게 API를 오픈하며, 인공지능을 활용한 스마트 제품에 대한 3rd Party 생태계를 구축하고 있다. 아마존에 이처럼 다양한 3rd Party가 자연스럽게 유입될 수 있는 것은 아마존이 보유하고 있는 강력한 유통 네트워크의 시장창출에 유리한 결과이며, 간단한 활용절차로 3rd Party의 진입장벽을 낮춘 결과이다.

그 결과 2000년부터 3rd Party에 의한 매출이 꾸준히 증가하였으며, 지금 매출의 약 40%도 3rd Party가 담당하고 있다. 아마존 서비스에서 3rd Party가 판매할 수 있는 카테고리는 약 20개가 넘으며, Premium을 지불하는 공급자에게는 추가 카테고리를 제공하고 있다.

그러나 플랫폼의 진입은 쉽지만 철저한 3rd Party의 품질관리를 통해 소비자의 신뢰성을 확보하고 있다. 아마존은 3rd Party를 관리하는 자체 교환/환불 정책을 펼치고 있다. 그리고 고객들이 아마존을 통해서 제품이나 서비스를 이용할 때와 3rd Party로부터 직접 제공받아

이용할 때와의 품질 차이를 관리하며, 고객들에게 피해가 가지 않는 고객중심의 정책을 실시한다. 이러한 품질 차이의 관리는 아마존의 유통 네트워크를 이용하고자 하는 3rd Party에 대한 강력한 기준 적용을 통해 관리되고 있다.

공급 측면에서 적극적인 개방적인 자세를 취한 아마존이지만, 고객들과 바로 접촉하는 Front-End에서 아마존의 Freemium 전략은 소극적이다. 대신에 아마존에서 제공하는 동영상 플랫폼이나 알렉사 등은 일정 비용을 지불해야 서비스를 사용할 수 있는 비즈니스 모델을 유지하며, 고객에 대한 Premium 전략을 고수하였다. 그러나 최근에는 아마존의 광고수익 확장으로 본인들의 플랫폼에 대한 Freemium 전략을 추진할 것으로 예상되며, 이는 아마존이 고객군 확장을 통한 생태계를 구축하고자 하는 이해관계와 아마존 서비스를 사용하는 고객들의 Freemium 요구에 대한 이해관계에 의한 것으로 추측된다.

●● GAFA의 주요 전략비교

미국의 글로벌 기업들의 주요전략을 종합해보면, 자신들의 플랫폼 강화를 위한 적극적인 M&A를 하고 있다. 동시에 데이터를 확보하고 인공지능으로 예측과 맞춤이란 서비스를 제공함으로써 현실과 가상의 융합영역에서 기존 시장을 혁신하거나 새로운 시장을 창출하고 있다. 이러한 과정에서 GAFA는 경쟁과 협업을 통해 자신들의 강점을 차별화하고, 단점을 보완하는 전략을 펼치고 있다. 애플과 아마존은 협업을 통해 동영상 스트리밍 업체 1위인 넷플릭스를 견제하며, 구글과 애플은 전자기기와 클라우드에서 협업을 하고 있다. 반면 콘텐츠와 커머스의 영역에서 구글과 아마존의 갈등은 심화되고 있다.

구체적으로 개별 기업 전략을 살펴보면, 구글은 검색을 기반으로 광고시장을 장악하고, 인공지능, 관련 기업들을 적극적으로 인수하면서 클라우드 기반의 AI에서는 가장 독보적인 역량을 보여주고 있다. 반면에 하드웨어에 기반한 역량은 미흡하여, 주요 제조사들과 협업하여 스마트 기기의 OS를 담당하는 한편, 자체적으로 하드웨어 사업부를 통해 제조역량을 강화하고 있다.

애플은 다른 기업에 비교하여 상대적으로 적은 오픈소스와 IOS에서만 개발이 가능한 ML, 독자적인 AI 칩 개발을 통해 내부 중심이란 기업색깔을 가지고 있다. 그러나 독자적인 기술과 정책을 바탕으로 진행한 IOS 내부 개발과 M&A로 확보한 미래 신기술들을 아이폰X에 도입하였고, 결과적으로 큰 성공을 이루었다. 이에 애플은 스마트폰을 기반으로 한 엣지 컴퓨팅 시장의 선점을 시도하고 있다. 그러나 미약한 데이터로 인해 구글, 아마존과의 클라우드 경쟁에서 밀려났으며, 이를 인정하고 구글과 협업하여 데이터를 업데이트 하고 있다.

페이스북은 기존에 갖추고 있던 비전을 발전시키면서 지금까지 인수했던 기업의 기술을 적절히 융합한 새로운 비전으로 AI 시장에서 경쟁사들을 줄여나가고, 시장 점유율을 높이고 있다. 특히 온라인에서 가상공간을 활용한 네트워크 연결을 시도하면서 온라인에서 영향력 강화를 꾀하고 있다. 그러나 경쟁사들과 비교하여 지나치게 온라인에 집중된 전략으로 새로운 돌파구가 필요한 시점이다.

마지막으로 아마존은 유통에 필요한 항공 물류센터, 수중 물류센터, 드론 등에 특허 확보를 하고 있으며, 사람과 AI가 협업하는 공장과 커머스 서비스 환경을 구축하고 있다. 아마존은 강력한 유통과 물류 네트워크를 통해 커머스의 제국을 설립함과 동시에 커머스와 콘텐츠의 융합을 시도한다. 이로 인하여 아마존은 구글과 충돌하고 있으며, 이들의 첫 번째 격전지가 바로 인공지능 스피커를 통한 스마트홈 환경 구축시장이다. 이 시장의 승패에 따라 구글과 아마존의 미래전략의 변화는 불가피할 것으로 보인다.

Smart Transform

알리바바, 혁신생태계의 디지털 트윈화를 꿈꾸며

중국은 2015년부터 정부 차원에서 미래전략을 추진 중이며, 특히 AI를 중심으로 하는 성장전략을 꾀하고 있다. 과감한 투자로 AI 기반 서비스를 확장하면서 다른 산업으로의 진출을 꾀하고 있다.[81] 중국의 국가정책에는 중국을 대표하는 바이두, 알리바바, 텐센트라는 거대 ICT 기업을 중심으로 약 600여개의 기업들이 적극적으로 동참하고 있으며, 국가정책에 기업의 의견을 적극 반영하고 있다.

2017년 중국 과학기술부는 IT분야 핵심 부처와 공공기관 15곳과 전문가 27명으로 구성된 '차세대 AI 발전계획 추진 위원회'를 설립하고, AI 분야 선도 기업으로 바이두, 알리바바, 텐센트, 아이플라이텍을 지정하였다. 정부주도의 미래전략을 펼치면서 인공지능을 활용한 기존 시장은 경쟁하나, 개별 기업이 중심이 돼서 개발하는 인공지능 기

---

81) KIEP 북경사무소 "중국 인공지능 산업 현황 및 발전 전망" - 오종혁 전문연구원 -

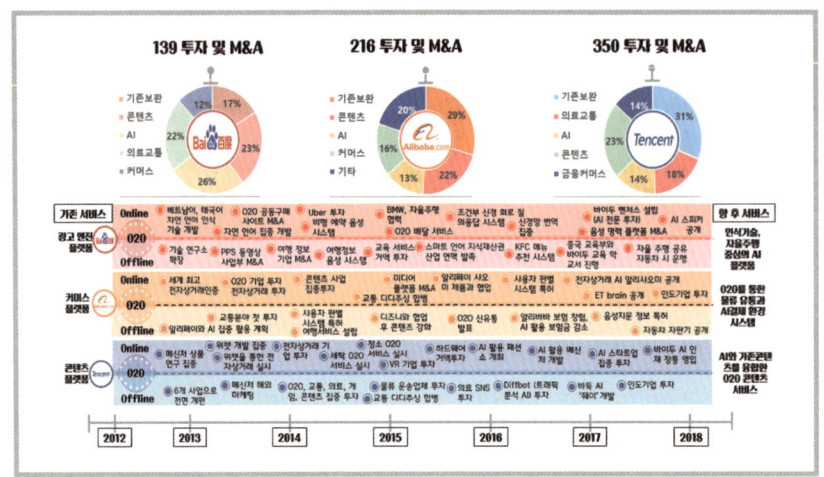

Baidu, Alibaba, Tencent의 전체 기업 인사이트
자료: 각 기업 홈페이지 및 Platum "2016 중국 B.A.T 투자 현황 분석 보고서", SPRI 소프트웨어정책연구소 이슈리포트 "인공지능 괄목상대, 중국" -공영일, 추형석, 이경복, 한국콘텐츠진흥원 중국사무소 "2014년 16호 중국 콘텐츠 산업 동향"을 참고하여 정리

술 분야는 겹치는 부분이 적다. 예를 들어 바이두는 자동 조종 AI, 알리바바는 스마트 시티, 텐센트는 헬스케어 시장을 담당하며,82) 플랫폼이 구축되면 중국 내 모든 기업에게 활용할 수 있도록 전부 공개할 예정이라 밝혔다.83)

전반적으로 TAB Tecent, Alibaba, Baido로 불리우는 중국 ICT 기업의 전략은 미국의 GAFA로 유사하면서도 다른 모습을 보인다. TAB은 무리한 시장 독점보다 기술과 시장을 동시에 확보하여 기업 목표에 연결하는 전략은 GAFA와 유사하다. 그러나 국외 투자는 최초로 시도하는 사례는 많지 않으며, 가능성이 있는 산업의 기술 확보를 우선한다. 그리

---

82) 중국 과학기술부 공식 홈페이지
83) 위카이 전(前) 바이두 딥러닝연구소 소장 인터뷰 - 한국경제신문 강동균 특파원 기사 내용

고 투자를 통해 외국 기업을 중국 시장으로 끌어들여 중국 내에서 유효시장을 창출한 후, 글로벌 시장을 장악하는 방식을 취한다.

TAB의 이러한 전략들은 GAFA와 비교하면, 후발주자로서 빠른 Copycat 전략과 엄청난 규모의 내수시장이 있기에 가능한 전략이었다. 동시에 2018년에 발표한 중국 국가정책 가운데 중앙기업을 육성[84]하려는 의도와도 연결된다.

•• 알리바바의 중심의 생태계를 꿈꾸며

알리바바의 성장은 커머스와 금융에서 데이터를 확보하는 것에서 시작되었다. 온라인 쇼핑몰과 알리페이의 성공으로 알리바바는 금융과 커머스, 그리고 물류로 이어지는 과정을 데이터로 연계하고 관리할 수 있게 되었다. 그리고 이러한 성공전략을 스마트 도시로 확산시켜 나가고 있다. 알리바바가 추진하고 있는 ET brain은 기존의 강점을 가진 유통과 결제시스템을 성장시키는 것과 동시에 교통, 금융 등 산업현장으로 인공지능 활용 범위를 확대해 나가고 있다.

이를 통해 알리바바는 자신들만의 혁신 생태계를 구현하고자 한다. 스마트시티를 통해 일상의 모든 데이터를 수집하고, 자사의 클라우드와 인공지능 플랫폼에 다양한 3rd Party를 끌어들여서 혁신 생태계의 디지털 트윈화를 구현하고자 하는 것이다. 알리바바가 자신들의 목표로

---

84) 중국 과학기술부 공식 홈페이지

제시한 100M 개의 일자리 창출과 10M 중소기업 육성도 혁신 생태계의 디지털 트윈화가 구현되면 자연스럽게 달성할 수 있을 것이다.

●● 알리바바의 M&A 전략

전자상거래 기업인 알리바바는 기존의 산업보다 교통, 의료, 신소매, 유통 등 다양한 분야에 투자를 집중하였고, 산업 현장에서 이를 활용하고 있다. 이미 2016년 알리바바는 '신유통'이라는 새로운 물류 유통 방식을 만들고, 유통시장의 성장 동력으로 오프라인 기반 유통 기업에 투자하고 있다. 동시에 고객 맞춤형 제품을 생산해 구축한 채널로 유통하고, 알리바바가 보유하고 있는 결제 시스템을 활용하여 온라인과 오프라인을 허무는 시도가 확산되고 있다.85)

또한, 알리바바는 2017년 유통과 신소매에 적용 가능한 안면인식

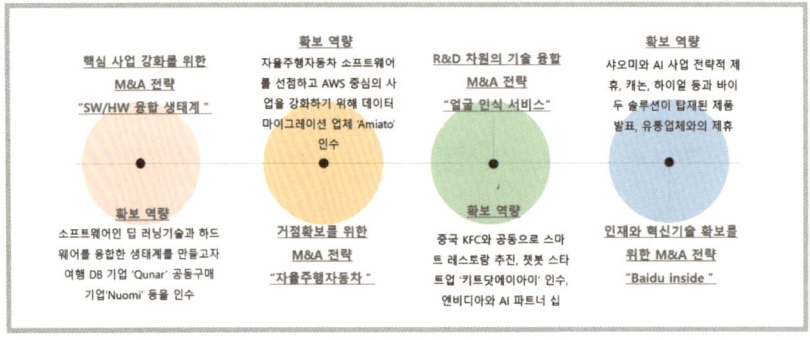

알리바바의 M&A 전략

---

85) Platum "알리바바 사례로 살펴보는 '신유통' 현황" -이주현, 황보현 -

기술을 갖춘 상탕커지에 거액 투자를 단행하였다.[86] 알리바바는 차량 유통분야 스타트업 다써우처와 협력하여 자동차 자판기를 만들어 내어 신소매 분야에서 혁신을 일으키고 있다. 동시에 모빌리티 분야에서 항저우와 함께 구축하고 있는 지혜도시 프로젝트를 통해 교통 트래픽을 25% 이상 줄였으며, 주요 지역에서 항저우 전반으로 관련 솔루션을 확장해 가고 있다.

알리바바의 기업전략의 핵심은 유연성이다. 알리바바는 산업별로 빅데이터 플랫폼을 구축하고 이를 확장시켜 나가기 위해 200여개 이상의 기업에 400억 달러 이상의 금액을 투자하였다. 그러나 알리바바는 투자만이 아니라 적절한 협업을 통해서도 자신들의 경쟁력을 갖추고자 했다. 강력한 경쟁업체인 텐센트와 연합하여 음식 O2O 서비스를 활성화 하고, 바이두의 우버 투자에 대응하여 산하의 교통 분야 기업을 디디콰이디[87]로 합병하며 우버에 도전장을 내밀었고, 2016년에는 우버 차이나를 인수하기에 이른다.[88]

또한 알리바바는 인도 최대의 온라인 슈퍼마켓인 빅바스켓에 투자하여 아마존을 견제하면서 동남아 진출을 꾀하고 있다. 그리고 스마트 시티 프로젝트를 통해 동남아로 사업의 영역을 넓혀가고 있다. 동남아의 우버인 '그랩 택시'와 e-커머스, 인도의 온라인 영화 티켓팅 사이트, 인도만을 위한 콘텐츠 플랫폼 등에도 많은 투자를 하면서 글로벌

---

86) 뉴스핌 황세원 기자 "BAT 중국 기업 투자의 롤모델 부상, 투자 풍향계 BAT는 지금..."
87) 알리바바의 콰이디다처와 텐센트의 디디다처의 합병 이름. 이후 디디추싱으로 사명 변경
88) Platum "2016 BAT 투자현황 분석보고서", 우버 차이나를 인수하면서 중국 거대 기업 3개가 동시 주주로 등록된 기업이 됨

플랫폼의 계획을 완성시키고 있다.[89]

●● 알리바바의 인공지능 활용 전략

알리바바는 전자상거래를 중심으로 금융, 모빌리티, 콘텐츠 부분에서 많은 투자를 하고 있다. 특히 커머스와 금융을 통해2017년부터 추진하는 신유통 사업에 필요한 데이터와 기술을 확보하였고, 이를 통해 유통산업의 혁신을 추구함과 동시에 관련 시장을 동아시아로 넓혀 나가고 있다.

알리바바의 신유통전략은 '온라인+오프라인+물류'의 세 분야를 합친 것으로, 마윈이 처음으로 제시하였다. 알리바바가 가지고 있는 전자상거래 시스템과 모바일 결제 시스템을 응용하여 유통시장 혁신의 가능성을 열었다.[90] 그 동안 구축한 빅데이터를 활용한 인공지능으로 고객의 니즈를 예측하여 재고와 납품을 간소화함과 동시에 결제시스템을 통해 효율성을 높이고 있다.[91] 그리고 무인 판매점을 활성화하여 인건비와 임대비용을 절감하였다. 그리고 알리바바를 통해 제품을 판매하는 중소기업들의 물류와 마케팅 전반을 담당하면서, 협력기업들은 30% 이상의 비용절감으로 엄청난 가격경쟁력을 확보하였다. 이러한 시스템이 알리바바의 금융사업과 결합한다면 그 파급력은 더욱

---

89) Korindia 인도뉴스 잘디잘디 뉴스
90) 온오프라인을 연결하는 유통을 말함. 온라인을 통해 유통의 전반적인 과정을 관리하고, 오프라인을 통해 체험하고 합리적인 가격에 구매할 수 있도록 함. 또한, 데이터를 통해 고객을 관리하고 신선하고 빠른 배송이 가능할 수 있도록 함
91) Platum "온오프라인의 경계를 넘나드는 중국 신유통에 주목하다." – 한승희 포스트

커질 것으로 예측된다.

이미 알리바바 미래전략의 한축인 ET brain은 중국 인공지능 정책과 산업 생태계에 막대한 영향을 끼치고 있다. 알리바바 클라우드에서 발표한 ET brain은 복잡한 상황에서 다차원적 인식이 가능하고, 예측 통찰과 실시간 의사 결정 및 지속적 ML을 통해 업데이트 되며, 효율적인 의사 결정을 지원하는 것을 목표로 하고 있다.[92] ET brain은 현재 ET City Brain, ET Industrial Brain, ET Medical Brain, ET Environment Brain, ET Aviation Brain, ET Financial Brain으로 나누어져 있으며, City는 항저우에서, 항공은 베이징 국세공항에 도입되어 시범 운행이 되고 있다.

ET brian은 지능형 음성 상호작용, 안면 인식, 이미지 인식, 텍스트 인식, 자연 언어 처리 등 인공지능 응용 프로그램의 집합으로, 데이터 수집, 이벤트 감지, 스마트 처리 등 다양하게 인공지능을 활용하고 있는 프로젝트이다. 특히 항저우에서 진행되고 있는 모빌리티 프로젝트는 단계적으로 발전하고 있다. 1단계는 항저우의 다운타운 중심으로, 주요 거리로 확장하고 마지막으로 도시 전체로 확장하는 것이 목표이다. 지금 항저우의 모빌리티 프로젝트는 2단계에서 3단계로 넘어가는 중이다. 또한 알리바바는 모빌리티를 비롯한 금융, 관광, 제조 등의 산업별 플랫폼을 구축하였고, 스마트 시티 시스템과 산업별 플랫폼을 연계하고 해외 국가에 진출하고 있다.

---

92) 알리클라우드 공식 홈페이지 정보 (https://www.alibabacloud.com/ko/et)

알리바바는 빅데이터 플랫폼을 자신들의 미래 성장동력으로 바라보고, 향후 3년간 17조원을 투자하는 DAMO 프로젝트를 시작하였다. DAMO 프로젝트는 데이터를 다루는 빅데이터 기술과 인공지능 경쟁력 강화에 집중하고 있다. 특히 지금의 클라우드 기반의 인공지능만이 아니라 Edge단의 경쟁력 강화를 위해 반도체 기업을 인수하여 AI 칩을 개발 중이며, 블록체인에도 상당한 특허를 획득하고 있다.

●● 알리바바의 플랫폼 전략

알리바바는 2017년 'Nasa Project'를 발표하면서 20년간 혁신적인 서비스 제공, 100M 개의 일자리 창출, 10M 기업의 이익창출을 목표로 하는 개방 플랫폼의 비전을 제시하였다.[93] 기술 혁신을 통해 인류에게 공헌한다는 의미에서 붙여진 이 프로젝트는 Alibaba Cloud를 통해 점차 공개될 것으로 예측된다. 이번 프로젝트에 대하여 알리바바 관계자는 중국 매체와 진행한 인터뷰에서 자신들이 개발하는 원천기술을 모든 업종에 개방하겠다고 밝혔다.

실제 알리바바는 2009년부터 클라우드 사업을 시작하면서 2011년부터 오픈소스를 공개하였고, Freemium 전략을 고객에게 제공하였다. 클라우드의 후발주자인 알리바바는 구글과 오픈소스 1위 기업인 MS를 융합한 전략을 사용함으로써 진화적 기업으로 성장하였다.[94] 오

---
92) 알리클라우드 공식 홈페이지 정보 (https://www.alibabacloud.com/ko/et)
93) Global times "Alibaba's Ma plans own NASA for groundbreaking new technology" – Zhang Ye
94) "Cloud Foundry Now Available on Asia's Leading Cloud Provider Alibaba Cloud"

픈소스 저장소인 GitHub에서 2017년에 발표한 기업의 오픈소스 기여도를 분석한 결과, 상위권 12개 기업 중 유일하게 알리바바가 중국 기업으로서 이름을 올렸다.[95] 알리바바는 214개의 오픈소스를 등록했는데, 이는 일반인 대상 쇼핑몰 Alibaba Taobao, 중소기업 제품 쇼핑몰 Alibaba B2B, Alibaba Cloud와 연관되어 있다. 또한 Github에 프로젝트 등록뿐만 아니라, 그룹 홈페이지에 알리바바 그룹의 일원이 어디에서나 쉽게 사업을 할 수 있도록 하는 것이 사명임을 공개하고, 오픈 플랫폼 서비스를 개시하여 다양한 앱과 API를 공개하고 있다.

그리고 알리바바는 정부와 적극적으로 협력하면서 개방 협력 플랫폼을 구축하고 있다. 중국의 국가 비전에 따라 추진 중인 국가 R&D 사업에서 알리바바는 신유통과 스마트 시티에 집중하고 있다. 이를 위해 기업 인수뿐만 아니라, 프로젝트 개방으로 중국 내 관련 기업과 협업하고, 인도와도 협업을 진행하는 중이다.

구체적으로 2016년에 발표한 신유통 강화전략의 일환으로, 알리바바는 자사에서 운영하는 백화점, 식당, 알리페이를 활용한 전자상거래 업체 등의 모델을 다양하게 바꾸면서 신유통 전략을 시도하고 있다. 그리고 오프라인 유통을 보유한 기업과 협업하거나 지분을 통한 M&A로 오프라인 시장을 확대해 나가면서 거대한 O2O 플랫폼을 만들고 있다.[96]

동시에 세계 3위의 클라우드 기업인 알리바바[97]는 유럽, 동남아,

---

95) RedMonk "Some thoughts on the top contributors to GitHub 2017" –james Governor
96) Platum Report – 빠르게 변화하는 중국의 유통 혁명, 중국 신유통 현황
97) 2018년 7월 기준, Synergy Research Group "Public Cloud Leadership by Region – Q1 2018". 단, 2018년 9월에 알리바바의 미국 시장확장은 중단한 바 있음

미국 진출에 이어 아프리카 가나에 알리바바 본부 설립을 허가받고, 아프리카 시장 진출을 노리고 있다.[98] 상대적으로 미국은 AWS, 유럽은 MS의 시장점유율이 높기 때문에 동남아(인도, 방글라데시), 남미, 아프리카에 시장 확산을 추진하고 있다. 특히 아프리카 기업가들에게 거액을 투자하면서 아프리카 혁신을 지원하고 있다. 아프리카의 젊은 기업가 공동체를 설립하여 기업가 양성을 지원하고 있는데, 이에 대한 정확한 발표는 없지만 지원기간을 2030년으로 설정한 것을 보아 중국 인공지능 비전과 연관이 있는 것으로 추측된다. 또한, 알리바바는 금융 계열사인 앤트파이낸셜의 모바일 결제 시스템 '모바일 월렛 앱'을 통해 남미와 아프리카를 공략할 것이라 발표하였다. 이미 남미 국가인 브라질과 멕시코에서는 모바일 월렛 서비스가 빠르게 보급되면서 현금 휴대의 비율이 감소하고 있다.[99]

그리고 2018년에 알리바바는 3rd Party가 블록체인과 암호화폐와 관련되어 활동할 수 있는 'P2P 노드'라는 암호화폐 마이닝 플랫폼을 출시한다.[100] 마이닝 플랫폼은 기초적인 블록체인에서 암호화폐의 구현에 이르기까지의 전 과정을 배울 수 있도록 하여 초보자들도 암호화폐 세계에 쉽게 진입할 수 있는 비전을 제시하였다. 그러나 중국이 비트코인 산업에 대해 단속을 강화하면서 중국의 가장 큰 암호화폐 마이닝 풀인 ViaBTC도 폐쇄되었다. 향후의 방향성에 대해서는 아직 논의 중에 있다.

---

98) CNR "Nana Addo lobbies for Alibaba Africa headquarters in Ghana"
99) TECTOK "中알리바바 모바일결제 남미·아프리카로" - 까오씽 -
100) INVESTOPEDIA, "Alibaba Launches Cryptocurrency Mining Platform", Nathan Reiff

Smart Transform

텐센트, 현실세계를 모두 콘텐츠로

텐센트의 주력 산업은 콘텐츠를 기반으로 하고 있다. 텐센트의 성장은 게임을 통해 이루어졌으며, 여기에 국내 기업인 스마일게이트의 크로스파이어가 상당한 역할을 하였다. 게임을 통해 글로벌 플랫폼으로 성장한 텐센트는 엔터테인먼트, 콘텐츠, 인공지능, 기업서비스, 차량호출, 금융 등 국가 구분 없이 신산업 분야에 적극적으로 투자를 하고 있다.[101]

그러나 기본적으로 텐센트는 콘텐츠 산업에 집중하고 있으며, 모든 산업의 콘텐츠화를 고려하고 있다. 이는 온라인을 중심으로 성장하던 콘텐츠 산업이 O2O융합시장으로 확장되는 과정을 파악하고 선제적으로 대응한 결과이다. 이미 모빌리티, 의료, 금융 등에서 콘텐츠와 결합이 시도되고 있으며, 이런 분야에 적극적으로 투자하는 것도 동일

---
101) 뉴스핌 황세원 기자 "BAT 중국 기업 투자의 롤모델 부상, 투자 풍향계 BAT는 지금…"

한 맥락이다. 이에 텐센트의 투자와 M&A 전략을 분석을 통해 텐센트의 미래전략을 살펴보고자 한다.

●● 텐센트의 M&A 전략

텐센트는 기존 산업인 SNS와 게임 콘텐츠 산업이 규모의 경제를 이룩하면서, 이용 고객은 수억 명으로 늘어났다. 그리고 엄청난 고객들을 확보한 이후, 엔터테인먼트에 관련된 모든 산업에 진출하기 시작하였다. 특히 텐센트는 주력사업인 게임과 메신저를 통해 고객과 고객의 데이터를 확보하고, 고객의 편리성에 관련된 산업이라면 모두 인공지능을 접목하거나 투자를 통해 시장에 진출하고 있다.

특히 텐센트는 주력 사업인 게임 플랫폼과 9억 명 유저가 가입된 메신저를 통한 O2O 서비스 진출에 관심이 높다. 이에 인공지능 스타트업 투자와 9억 명 유저의 메신저에 AI를 활용한 서비스를 응용하는 것에 집중하고 있다. 최근에는 엔터테인먼트만이 아니라 의료, 금융, 교통, 커머스 등에도 활발한 투자를 하고 있다.

이처럼 국가와 산업에 관계없이 다양한 기업에 투자하는 것은 텐센트 마화텅 회장의 비전과 관계되어 있다. 마화텅 회장은 산업 분야의 모든 가능성을 열어 놓고 미래를 준비해야 한다고 강조한다.[102] 이러한 텐센트 전략이 가능한 것은 텐센트의 핵심 무기인 9억 명의 유저들이 사용하는 거대 메신저 QQ로 게임 플랫폼의 네트워크 효과를 통

---

102) Platum "텐센트 직원이 말하는 '텐센트 알쏠신잡'" - 조이 위앤 텐센트 매니저 인터뷰 -

한 텐센트 중심의 생태계를 구축했기 때문이다.

텐센트는 이를 모든 분야로 확산시키고, 텐센트 중심의 산업 생태계가 활성화를 시키고자 다양한 산업에 투자를 진행 중이다. 다양한 산업에서 플랫폼 효과가 창출되면서, 텐센트는 창업 19년 만에 글로벌 기업 시가총액 순위 5위에 오르며 아시아 최대 기업으로 등극하였다.

그러나 텐센트는 기업을 인수하여 직접 사업자로 나서기보다 다양한 기술을 갖춘 회사들의 주식 일부를 취함으로써 기존 서비스 범위 확장에 집중하고 있다. 따라서 투자한 기업은 알리바바보다 월등히 많지만, 투자액은 알리바바의 절반도 채 되지 않는다.[103] 즉, 투자를 통해 지속적으로 자신들의 플랫폼에 3rd Party를 끌어들이며, 일정 이상의 가능성이 확인되면 M&A를 추진하는 것이다.

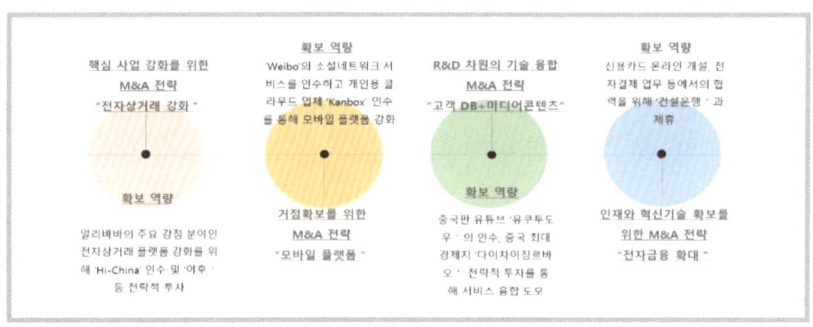

텐센트의 M&A 전략
자료: Digieco 글로벌 기업 M&A 전략 시사점 응용

---

103) Platum "2016 BAT 투자현황 분석보고서"에 따르면 알리바바는 105개사 투자에 353억달러, 텐센트는 141개사 투자에 121억 달러 정도임

•• 텐센트의 인공지능 활용 전략

다양한 분야에 투자하는 텐센트이지만, 최근에는 중국 정책에 따라 인공지능에 집중하여 2017년에는 인공지능 분야의 기업 8곳에 투자를 집중하였다.104) 텐센트는 다양한 산업에 조금씩 투자하는 포트폴리오 전략을 구사하였지만, 최근 인공지능 활용시장이 급격히 성장하면서 중국 내 다른 기업들과도 다양한 분야에서 충돌이 일어나고 있다.

현재 텐센트가 가장 집중적으로 투자하고 있는 분야는 헬스케어이다.105) 중국정부의 정책에 따라 의료 분야를 담당하게 되면서, 텐센트는 WeChat을 통한 2014년부터 의료 서비스에 접근을 허가받아 2017년까지 38,000개 이상의 의료 시설에 온라인으로 비용을 내면 예약을 할 수 있는 서비스를 제공하고 있다. 또한 2017년에 인공지능과 의료 기술을 결합하여 질병을 정확히 진단하는 시스템인 'miying'을 출범하였는데, 높은 정확도로 시장의 신뢰를 얻어 100개 이상의 병원에서 사용 중이며, 의료 기관과 연계한 인공지능 연구소도 설립하였다.

또한 텐센트는 시애틀에 두 번째 인공지능 연구소를 설치하고, 2018년에 심천에 로봇 연구소를 설립하여 로봇, AI, 건강이란 세 가지 분야에서 인공지능을 접목한 핵심 전략을 수립하기에 이른다.106) 그러

---

104) KIEP 북경사무소 "중국 인공지능 산업 현황 및 발전 전망"에 따르면 바이두 6개 기업, 알리바바 3개 기업에 투자함
105) disruption "Tencent Enters Healthcare In China" - Staff Writer Sarah Finch
106) technode "Tencent launches Robotics X to prop up its AI and robotics" -Masha borak

나 앞서 언급한 것처럼 인공지능의 활용범위가 급격히 증가하면서 주요 기업 간의 경쟁도 치열해지고 있다.

텐센트는 AI를 활용한 산업 중에서 스마트 시티, 스마트 유통, 금융에서는 알리바바와, 자율주행, AI 인식 기술, 교통에서는 바이두와 대립하고 있다. 알리바바가 항저우에 모빌리티 중심으로 스마트 시티를 구현하고 있다면, 텐센트는 주력 사업인 메신저 Wechat을 이용하여 교통, 의료, 사회보험, 호적관리, 출입국 관리, 관광 관련 서비스를 제공함으로써 스마트 시티를 구축하고 있다. 그리고 바이두에서 빅데이터 실험실을 이끌던 장통 박사를 영입하고, 삼성전자와 협력을 통해 AI 기기(스피커)에 힘을 쏟고 있다.[107]

•• 텐센트의 플랫폼 전략

구글 플레이는 세계 점유율은 매우 높지만 중국의 경우, 정책적 이유로 2014년부터 구글 서비스가 차단되었다. 텐센트는 이러한 틈새를 노리고 자신들의 플랫폼을 적극적으로 키워나가고 있다. 텐센트는 2011년부터 웹 형태에서 애플의 앱스토어와 같은 Q+ 플랫폼을 개방하였고, 텐센트의 17억 유저에게 자신이 개발한 콘텐츠를 공개하고 판매할 수 있도록 하였다. 특히 텐센트는 월 판매액이 10만 위안(한화 약 1,800만 원) 이하인 개발자는 수익 전액을 가져갈 수 있는 수입배분방식을 채택하여, 업계와 네티즌에게 큰 호응을 얻었다.

---

107) China money network "Tencent To Reportedly Develop AI Devices In A Joint Venture With Samsung"

2017년 텐센트가 Open platform을 Wechat 앱으로 연동하면서 시장의 변화가 예측되고 있다. 이번 연동은 Wechat을 통해 10MB 미만의 응용프로그램 구동이 가능하며, 곧바로 중국 앱스토어에 업로드를 할 수 있도록 편리성을 고객에게 제공하고 있다. 이를 통해 세계 앱스토어 시장에서 높은 비율을 차지하고 있는 애플의 앱스토어와 구글 플레이를 위협하고 있다. 애플이 2008년부터 2012년까지 앱스토어에서 출판한 모바일 앱은 50만 개이지만, Wechat을 통해 출판한 모바일 앱은 2018년 1년 만에 58만 개를 돌파하면서 그 위력을 입증하고 있다.

텐센트의 플랫폼이 단기간에 이렇게 성장할 수 있었던 것은 17억 Wechat 고객을 대상으로, 개발자들에게 돌아가는 수익구조를 오픈 플랫폼으로 구축한 결과이다. 동시에 업로드가 쉽고 끊임없이 다양한 콘텐츠가 올라오면서 지속적으로 성장하고 있다.

예를 들어, 텐센트는 AI 음성 비서 프로그램 '딩동'의 플랫폼을 개방하여 아동 교육 콘텐츠 전달에 기여하며, O2O 서비스, 금융, 교통 등 메신저를 활용할 수 있는 프로그램은 모두 제공한다. 또한 Wechat에 활용될 수 있는 다수의 기업과 협업한 유통혁신을 추구한다. 특히 텐센트는 중국 내 인터넷 쇼핑몰 징동과 협업하여 알리바바의 신유통 시장과 경쟁중이다. 징동 뿐만 아니라, 전자상거래, 오프라인 업체들에게 필요한 데이터와 기술을 제공하고, 다양성을 갖추어 O2O 유통 시장에 영향력을 확장하고 있다. 그리고 헬스케어 분야에서도 병원 및 연구소들과의 협업을 통해 새로운 시도를 하고 있다.

이처럼 협업을 통해 플랫폼의 규모를 키우는 것과 동시에 텐센트는 Wechat에서 활동하는 고객들이 적은 데이터로 쉽게 앱을 만들 수 있는 미니 프로그램을 개발하여 3rd Party 활동을 지원한다. 텐센트의 미니 프로그램으로 고객들은 구글의 안드로이드나 애플의 앱스토어에 쉽게 프로그램을 만들어 올릴 수 있게 되었으며, 약 20만 명의 3rd Party들이 활용하면서 플랫폼은 더욱 활성화되고 있다.[108]

이러한 Wechat 플랫폼을 통해 텐센트는 3rd party가 펀드를 판매할 수 있는 자격을 획득하여 인터넷 금융 진출에 성공한다. 그리고 자산 관리 플랫폼 qian.qq.com을 통해 자금을 펀드 회사나 3rd party 펀드 판매 기관에 연결하여 고객에 판매할 수 있는 시스템을 갖추어 3rd party들이 더욱 활성화 되고 있다.[109]

또한 2018년 텐센트는 Wechat에 내장된 미니 게임 플랫폼도 공개하면서 개발한 게임들은 사용자들이 외부 다운로드 없이도 게임을 즐길 수 있으며, 소셜기능도 갖추면서 Wechat의 10억 사용자들을 유지시키는 큰 힘이 되고 있다. 그러나 아직까지는 대중적인 공개가 아닌 일부 공개이며, Western Wechat 사용자들에게도 개방이 될지는 아직 발표되지 않았으나, 관련 플랫폼의 확장을 통해 전 세계적으로 다양한 유저들이 공유할 수 있는 시장이 형성될 것으로 예측된다.

---

108) REUTERS – "With new mini-apps, WeChat seeks even more China click"
109) GAAMASUTRA – "For the first time, third-party devs have released games for Tencent's WeChat platform"

Smart Transform

바이두, 모빌리티 생태계를 구축하라

•• 바이두, 모빌리티 생태계를 구축하라

2016년을 기준으로 바이두의 총매출은 705억 4,900만 위안을 기록하였으나, 매출의 80~90%를 차지하던 광고수익은 감소하였다. 그러나 O2O 전략을 통한 온라인 서비스 수익 비중은 증가하고, AI를 적용한 새로운 기술 플랫폼과 서비스도 확대하고 있다.[110]

특히 바이두는 음성인식과 자율주행 분야를 적극적으로 공략하면서, AI 기술을 확보하기 위한 M&A 전략을 펼치고 있다. 그리고 바이두는 구글과 유사한 클라우드 기반 플랫폼에서 AI를 활용한 인식기술과 자율주행산업에 집중투자를 통해 모빌리티 중심의 생태계 구축에 총력을 기울이고 있다.

---

110) 포스코경영연구원(2017), 중국 IT기업 발전전략, 친디아 플러스 vol.126(2017.11-12)

•• 바이두의 M&A 전략

바이두는 2013년 중국의 최대 오픈마켓인 91와이어리스 인수를 통해 모바일 인터넷 시장을 확보하였으며, 'AI First' 전략을 발표하면서 AI를 활용한 콘텐츠 제공과 인공지능 생태계 구축을 시도하고 있다. 바이두는 M&A를 통해 플랫폼과 콘텐츠를 확보하며, 서비스 산업에서의 다각화를 시도하고 있다. 그리고 다른 기업들과 마찬가지로 중국 정부의 기술 발전 로드맵 정책과 막강한 자본력이 결합하여 경쟁력 확보를 위한 M&A를 시도하고 있으며, 본인만의 생태계 구축과 기회 창출을 시도하고 있다.

대표적인 M&A 성공사례로 2017년에 인수한 레이븐 테크는 AI 음성비서 플랫폼을 제공하던 미국의 스타트업으로서 바이두가 추진하는 음성 기반의 대화형 인공지능 서비스 제공을 위해 활용되고 있다.[111] 또한, 미국의 시각인식 소프트웨어·하드웨어 개발 스타트업인 엑스

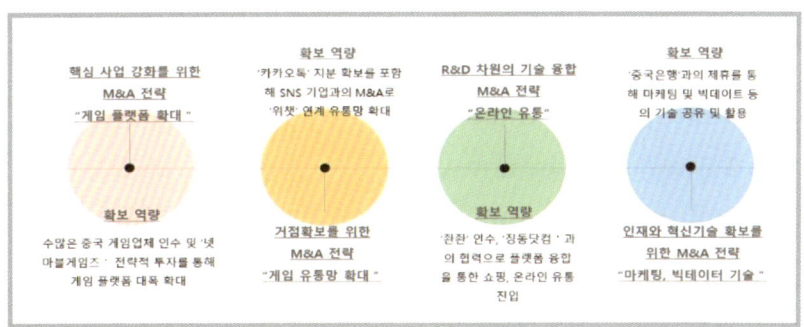

바이두의 M&A 전략
자료: Digieco 글로벌 기업 M&A 전략 시사점 응용

---

111) 삼정KPMG 경제연구원. (2017). M&A로 본 ICT 산업(2009~2017년)

퍼셉션은 바이두의 자율주행차 사업 진출에 필수적인 M&A 사례이며, AR 관련 프로젝트로의 확장이 예상된다. 이러한 바이두의 M&A 전략은 미국 기업과의 경쟁을 통해 미국 내의 스타트업에 대한 인수가 중심이 될 것으로 보인다.

•• 바이두의 인공지능 전략

알리바바는 전자상거래와 유통을 통한 데이터를 확보하고, 텐센트는 Wechat을 통해 빅데이터를 구축한다면, 바이두는 검색엔진을 통해 데이터를 확보하고 있다. 이처럼 중국의 기업들은 각각의 분야에서 데이터를 구축하고 이를 기반으로 인공지능 전략 활용을 펼치고 있다.

이 가운데에서 바이두는 전통적 검색엔진의 경쟁력이 위협받으면서 빠르게 인공지능을 활용하는 사업으로 다각화를 추진하고 있다. 바이두는 기존의 검색엔진 기반의 광고산업과 관련이 적은 의료, 교육, O2O 여행 등에 투자하고 있다. 이러한 투자는 자율주행차에 필요한 데이터 확보와 연결되고 있다. 바이두는 AI 기반 음성인식과 자율주행차 시장에 진출하면서 음성인식 딥러닝 플랫폼인 PaddlePaddle과 자율주행차 플랫폼인 프로젝트 Apollo를 출시하였다.[112] 바이두의 딥러닝 플랫폼 PaddlePaddle은 이미지 인식 검색, 음성인식, 감정분석 등에 활용되면서 바이두의 주요 제품과 서비스를 통해 그 유용성을 넓혀 나가고 있다.

---

112) Goldman Sachs(2017). China's Rise in Artificial Intelligence

바이두는 자율주행자동차 분야에 관련되어 중국 13개 기업, 글로벌 자동차 업체 포드자동차와 다임러벤츠, BMW, 반도체 기업, 자동차 공유서비스 업체 등 총 115개 업체를 협력 파트너로 끌어들이면서 '아폴로 프로젝트 1.0'을 출범 시켰다. 2018년엔 아폴로 3.0 버전을 공개하였다. 바이두의 Apollo 프로젝트에서 아폴로 3.0은 미국 자동차공학회 기준 레벨4 수준으로 2019년에 일부도시에서 자율주행 미니버스 '아폴롱' 10대의 시범 운행과 2021년까지 도로에서의 자율 주행 활성화를 목표로 추진 중이다.[113]

또한 바이두는 차량용 AI 로봇 개발과 집에서 차를 제어하는 'Home-to-Car', 차에서 외부를 제어하는 'Car-to-Home'의 출시를 준비하고 있다. 그리고 Suning Logistics와의 파트너십을 통해 자율주행을 통한 무인배송 시스템으로 스마트 물류 커뮤니티를 구축하고 있다. 결국 바이두는 이동과 관련한 미래시장에서 강력한 AI 소프트웨어를 가지고 하드웨어 기업들과의 협업을 통해 바이두만의 생태계 구축을 위해 노력하고 있다.

••바이두의 플랫폼 전략

바이두는 자율주행차 분야의 안드로이드가 되고자 자율주행자동차 소프트웨어의 일부를 오픈소스로 공개하고 있다. 바이두는 AI와 자율주행차, 딥러닝 소프트웨어들을 공개하면서 구글의 안드로이드와 동일한 전략을 펼치고 있다. 바이두가 개방한 오픈소스를 통해 혁신적

---
113) 아폴로 프로젝트 공식 홈페이지 (http://apollo.auto/)

인 기술을 개발한 기업이 있다면, M&A나 협약을 통해 다각적으로 경쟁력을 확대해 나가고 있다. 동시에 콘텐츠 중심 기업, 미디어, 은행 등과의 M&A를 통해 더욱 풍부한 융합을 꾀하고 있다.

특히 중국의 넷플릭스로 불리는 iQiyi는 넷플릭스처럼 구독료를 통한 수익모델이 아닌 Freemium 모델을 통해 콘텐츠를 제공하고 특정 콘텐츠만 구독료를 받아 고객의 진입장벽을 낮추고 있다. 그리고 바이두는 클라우드를 통해 기업들이 SaaS 또는 IaaS를 제공할 수 있도록 무료로 서비스를 제공하면서, 바이두 클라우드를 자연스럽게 확대하는 전략을 실시하고 있다. 또한 독립소프트웨어개발사ISV들과의 협업을 통해 바이두의 검색엔진에서 확보한 방대한 데이터를 제공하면서 새로운 시장을 개척하고자 한다. 그리고 앞서 소개한 바이두의 자율주행차 플랫폼인 Apollo는 BMW, Suning Logistics, 현대차 그룹 등을 포함한 115개의 글로벌 파트너를 연결하여 자율주행차 서비스의 확대를 가속화하고 있다.[114]

동시에 바이두는 3rd Party 확산을 위해 자율주행차 프로젝트를 공개하여 많은 기업과 협업을 추진하고 있다. 특히 바이두는 AI칩 쿤룬 Kunlun을 선보이면서 Cloud-to-Edge로 연결되는 AI칩 활용전략을 펼치고 있다.[115] 바이두는 쿤룬을 통해 AI 어플리케이션의 빠른 확산 및 개방형 AI 생태계 확장을 주도할 것으로 예측된다.

그리고 중국의 통신사인 차이나유니콤과 협업하여 5G 기술과 AI

---

114) https://www.theregister.co.uk/2017/04/21/baidu_driverless_car_software/
115) http://www.irobotnews.com/news/articleView.html?idxno=14375

기술을 결합한 제품개발 및 상용화를 시도하고 있다. 또한 제 3자 기업과 결합한 상품을 시장에 보급하면서 5G 칩, 엣지 컴퓨팅, 통번역, 빅데이터 등 다방면의 상품과 비즈니스 모델을 만들어나갈 계획임을 밝혔다.[116] 이처럼 바이두는 생태계를 구축하면서 스마트 도시, 스마트 홈, 스마트 모빌리티, 스마트 팩토리 등의 다양한 영역에서 5G 환경과 AI 기술의 결합으로 폭발적인 시너지를 창출할 것으로 기대된다.

---

116) http://www.zdnet.co.kr/news/news_view.asp?artice_id=20180629072615

Smart Transform

거인의 어깨에 올라타는 유니콘 기업들

•• 스마트 트랜스폼 구현전략

지금까지 내용을 정리하면 글로벌 ICT 기업은 자신이 중심이 되는 산업 생태계를 만들어가고 있다. 미국의 GAFA와 중국의 TAB은 스마트 트랜스폼의 2단계 정보화와 3단계 지능화에 막대한 투자를 하면서 거대한 플랫폼을 구축하고 있으며, 수많은 스타트업은 이를 활용하여 4단계 스마트화를 구현하고 있다. 즉, 거대 플랫폼 기업의 효율과 스타트업의 혁신이 융합되면서 새로운 산업들이 출현하고 있는 것이다.

대기업과 스타트업이 협력하는 이유는 스마트 트랜스폼의 4단계를 하나의 기업이 모두 구현하는 것은 기회비용이 너무나 크며, 차별화된 경쟁력을 갖추기도 어렵기 때문이다. 이것이 4차 산업혁명에서 공유경제가 확산되는 이유이기도 하다. 이미 실리콘밸리에서는 오픈소스, 클라우드, 개방생태계로 공유경제가 구현되면서 창업비용이

1/1000로 급감하였다(GRP Partners, 2011).

그렇다면 모든 분야에서 구현되는 스마트 트랜스폼 모델을 기업들은 어떻게 접목해야 할까? 개별기업들은 어떻게 현실과 가상을 융합하여 자사의 제품과 서비스의 경쟁력을 강화하며, 이를 위해 무엇을 공유하고, 어디에서 차별화를 구현할 것인지 선별해야 하는가? 이러한 질문에 방향을 제시해보고자 한다.

기업이 스마트 트랜스폼을 구현하기 위해서는 우선 O2O 디자인을 통해 현실과 가상을 아우르는 욕망(시장)과 기술(제품과 서비스 개발)의 설계가 필요하다. 이에 대한 구체적인 내용은 O2O 디자인에서 서술하였다. O2O 디자인이 되었다면 이제부터는 기술을 활용한 현실과 가상을 융합하기 위한 디지털 트랜스폼이 선행되어야 한다.

현실의 가상화를 위한 최우선 과제는 데이터 확보이다. 이를 위해 사람과 사물의 요소 데이터$^{IoT,\ IoB}$를 수집하거나 이들 간의 관계$^{LBS,\ SNS}$ 데이터 수집이 필요하다. 그리고 수집된 데이터가 빅데이터로 융합되고, 이를 통해 현실과 1:1로 대응되는 가상세계를 구현하기 위해 클라우드가 필요하다. 바로 여기까지가 많이 알려진 디지털 트랜스폼이다.

디지털 트랜스폼 이후에는 인공지능을 통해 현실에서 시간, 공간, 인간의 한계로 실현되지 못한 시뮬레이션이 가능하며, 예측과 맞춤을 통한 최적화라는 가치가 창출된다. 그리고 현실에서 최적화 가치 구현을 위해 3D프린터(물리적 욕망), VR과 AR(인지적 욕망), 게임화(지속적인 욕망 구현), 블록체인(신뢰문제 해결), 플랫폼(욕망의 공유)라는 아날로그 트랜스폼 기술이 필요하다.

    이중에서 개별 기업이 집중할 부분은 O2O 디자인, 데이터 수집(데이터화), 서비스 제공(스마트화)이며, 클라우드와 인공지능은 개별 구축보다는 공유할 것을 제안한다. 정보화와 지능화는 거대 플랫폼 기업들이 막대한 투자를 통해 생태계 경쟁을 하고 있으므로, 개별 기업이 이를 감당하기는 어렵다. 따라서 개별 기업은 이를 적절히 활용하되 종속되지 않은 플랜 B가 필요하며, 데이터와 서비스로써 차별화가 필요하다. 5%의 차이만으로도 충분히 기업들은 차별화된 경쟁력을 갖출 수 있으며, 이미 오픈소스의 확장이 이를 증명하고 있다.

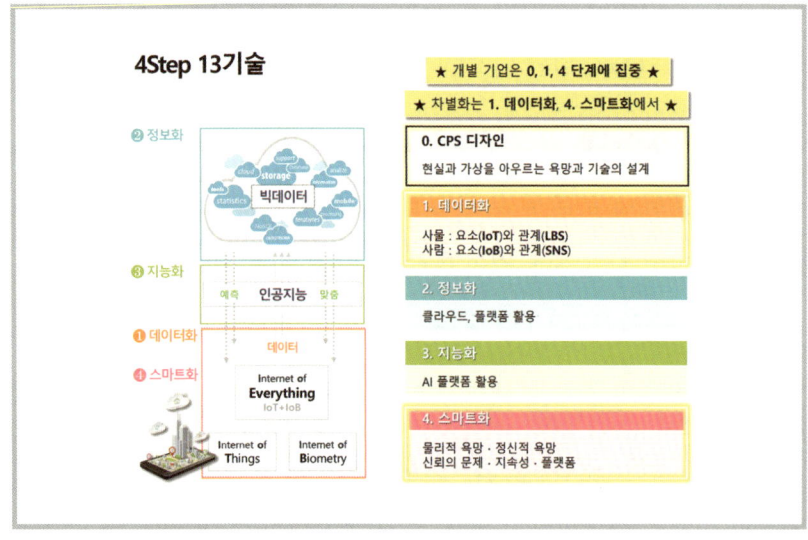

스마트 트랜스폼 구현전략

•• 글로벌 유니콘의 스마트 트랜스폼 구현사례

위에서 제시한 스마트 트랜스폼 전략은 이미 글로벌 유니콘들이 구현하고 있으며, 이에 몇 가지 사례를 소개하고자 한다. 학습하는 온도조절기를 생산하는 네스트Nest는 하드웨어와 서비스를 잘 융합한 글로벌 유니콘이며, 이들의 사업모델은 4단계의 스마트 트랜스폼으로 설명할 수 있다.

● 데이터화

소비자의 패턴을 파악하기 위해서는 소비자의 사용데이터를 수집해야 한다. 네스트는 3개의 주력제품과 110개 넘는 3rd Party 제품을 통해 소비자의 사용패턴 데이터를 수집하고 있다. 데이터 수집을 위해 네스트의 제품에는 NFC 태그나 GPS와 같은 기술로써 데이터를 수집하고, Thread 네트워킹 기술로 송수신하며, Face net과 같은 안면인식 기술도 활용되고 있다.

● 정보화

네스트는 수집된 사용자 데이터와 외부 데이터를 클라우드에서 융합한다. 여기서 주목할 점은 네스트는 자체 클라우드에서 구글 클라우드로 통합migration하고 있다는 점이다.[117] 과거 구글은 네스트를 32억 달러에 인수한 이후에 바로 통합하지 않고 외부조직으로 운영하였다. 그러나 최근 구글은 Nest란 브랜드는 유지하지만 사업조직을 HW 사

---

117) https://www.youtube.com/watch?v=W68KMfMT74Q

업부로 재편하고 다른 모바일 기기와 통합하고 있다.

● 지능화

네스트는 구글 클라우드 플랫폼의 AI를 활용하며, 구글 어시스턴트와도 연계하고 있다.[118] 이에 대하여 네스트를 담당할 구글 HW 사업부서장은 "기계학습 및 인공지능에 대한 구글의 모든 투자는 네스트에 도움이 되므로 함께 개발하는 것은 당연하다."라고 발언하였다.[119]

● 스마트화

이러한 과정을 통해 네스트는 에너지 효율을 20% 이상 끌어올렸다. 그리고 주목할 점은 네스트가 서비스의 다양화를 꾀하면서 타사의

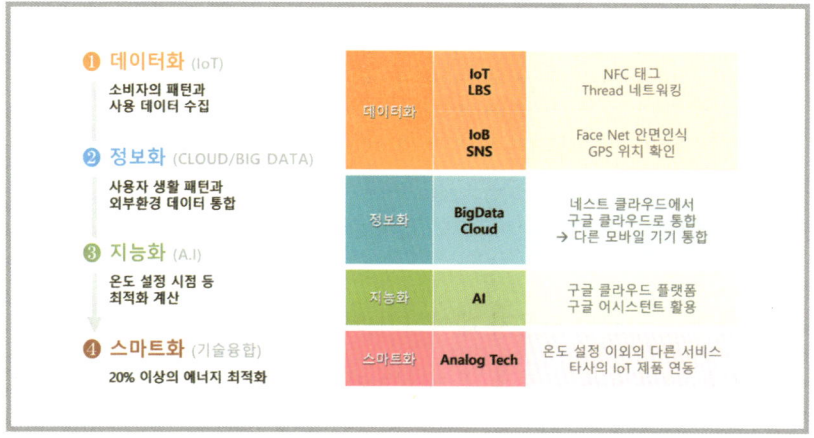

네스트의 사례

---

118) https://www.businessinsider.com, "Nest looks to enhance AI and machine learning"/ https://venturebeat.com/Nest Cam IQ uses Google AI to make the smart home a bit smarter
119) https://www.cnet.com/news, "Google and Nest reunite in push to add AI to every gadget"

IoT 제품과도 서비스를 연동하고 있다는 것이다.

헬스케어 분야에서 대표적인 유니콘인 핏빗Fitbit도 스마트 트랜스폼의 1단계부터 4단계까지 모두 자체적으로 구현하는 방식에서 1단계와 4단계에 집중하는 것으로 전략을 선회하였다.

● 데이터화

핏빗의 웨어러블 기기에 부착된 센서는 사용자의 신체 데이터(심박수)를 수집하며, GPS를 통해 사용자의 활동 데이터를 수집하고, 이를 BLE(블루투스 중 하나)로 전송한다.

● 정보화

핏빗은 자체적으로 클라우드를 운영하는 것이 아니라 구글 클라우드를 활용한다. 다만 플랜 B로서 인수한 Twin health 클라우드에도 데이터를 축적한다. 또한 핏빗은 구글과 연계를 위해 FHIR 데이터 공유 표준을 준수할 계획이며, 구글과의 전략적 제휴를 통해 환자나 전문의에게 전반적인 데이터 공유도 가능해질 것으로 전망한다.

● 지능화

핏빗은 자체적으로 AI를 고도화 시키지 않고 Google Cloud Platform의 AI를 활용하면서 상당한 기회비용을 줄일 수 있을 것으로 기대하고 있다.[120]

---

120) Fitbit and Google Announce Collaboration toAccelerate Innovation in Digital Health and Wearables(Fitbit, 2018)

● **스마트화**

핏빗은 구글과의 제휴를 통해 자신들의 제품에 제공되는 서비스 개발에 집중할 수 있을 것으로 기대하고 있다. 실제 핏빗은 최근에 Fitbit health Solution, 당뇨, 고혈압 등의 개인별 관리 서비스를 적극적으로 확대하고 있다. 이러한 핏빗의 서비스에는 게임화 요소를 넣어서 소비자들이 지속적으로 서비스를 사용하도록 유도하고 있다.

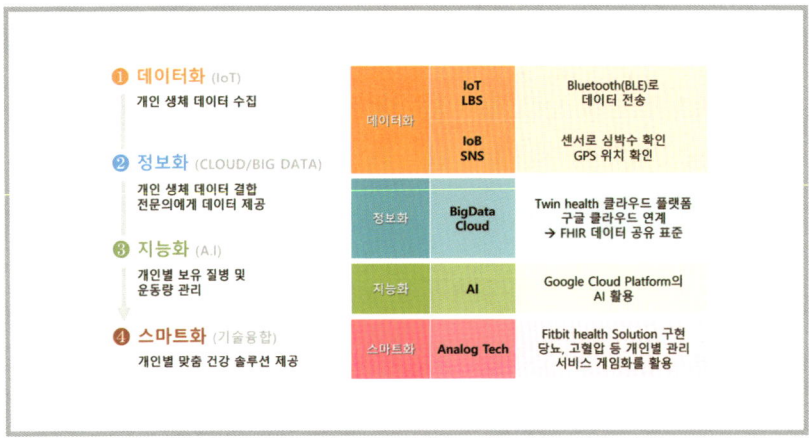

핏빗의 사례

4단계의 스마트 트랜스폼을 활용한 개별 기업의 전략은 미국에서만 가능한 전략이 아니다. 중국의 샤오미도 핏빗과 네스트처럼 거대 기업과 공유와 협력하고, 스마트 트랜스폼의 1단계와 4단계를 통해 차별화하는 전략을 선택하고 있다.

- **데이터화**

샤오미는 애플을 적극적으로 벤치마킹한 기업으로 스마트 제품을 생산하고 있다. 이미 샤오미는 소비자에게 맞춤 서비스를 제공하기 위해 800개 이상의 기기와 400개의 파트너의 센서를 통해 사용자의 신체 데이터(심박 수)를, GPS로 활동 데이터를 수집하고 있다.

- **정보화**

샤오미는 처음에는 자체적으로 구축한 IoT 클라우드에 빅데이터를 구축하였으나, 최근에는 바이두와 선략적 협업을 강화하면서 바이두의 클라우드를 활용하기 시작하였다.[121]

- **지능화**

샤오미는 수집된 데이터를 기반으로 시각화 같은 서비스 구현을 위해 바이두의 머신러닝과 음성인식과 같은 AI 기술력을 활용할 계획이라고 발표하였다.

- **스마트화**

바이두와의 협력을 통해 샤오미의 IoT, 바이두 클라우드와 AI를 기반으로 하는 클라우드와 AI 기반 융합생태계를 구축하고자 하며, 자체적으로 AI 비서와 스피커 서비스를 확대해 나가고 있다.

---

121) http://m.zdnet.co.kr/news_view.asp?article_id=20171129111901#imadnews

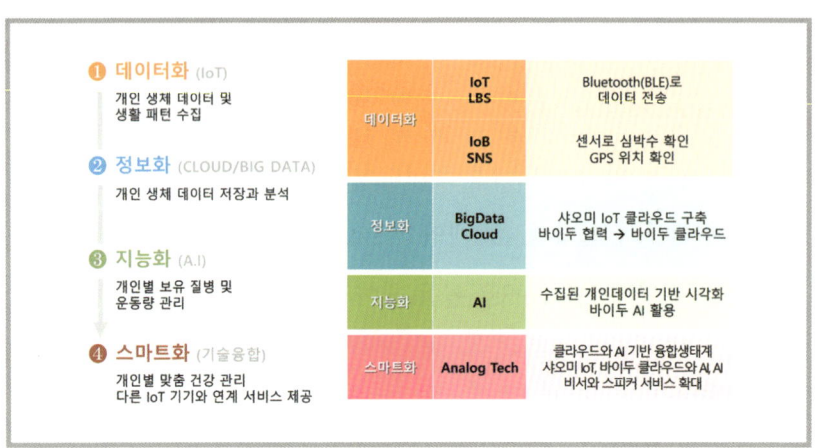

샤오미의 사례

    3개의 유니콘이 취하는 사업전략을 살펴보면 다음과 같은 공통점을 가지고 있다. 모두 스마트 제품을 생산하고 있으며, 제품의 데이터를 수집하고 이를 활용한 서비스의 다양화에 집중하고 있다. 그리고 이 과정에서 필요한 클라우드와 AI는 거대 플랫폼 기업을 활용하면서도 플랜 B로 자체 클라우드를 유지하거나 M&A를 시도하고 있다.

참고문헌

국내 자료

- KAIST 문술미래전략대학원, 이민화(2017), 대한민국의 4차 산업혁명, KCERN
- KB금융지주경영연구소(2013), 3D프린팅 시장현황과 파급효과
- KCA(2018), 트렌드 리포트 : 스포츠 중계 분야의 신기술 도입 사례: VR/AR을 중심으로
- KCERN(2015), 16차 정기포럼 : 플랫폼 생태계와 창업
- KCERN(2015), 기술트렌드와 미래전략
- KCERN(2016), 24차 정기포럼 : 인공지능과 4차 산업혁명
- KCERN(2017), 40차 정기포럼 : 산업혁신과 산업플랫폼
- KCERN(2018), 4차 산업혁명 시대의 ICT 정책방향 및 추진체계 연구, IITP
- 김재호, 최성찬, 성낙명, 윤재석(2016), 사물인터넷 표준 인터워킹 기술, 전자부품연구원
- 김지희(2013), 금형산업과 3D프린팅 기술의 짜릿한 만남, 한국생산기술연구원
- 김애선, 이민화(2017), 4차 산업혁명의 기술모델, AI+12 Tech, 정보와 통신
- 미래창조과학부 미래준비위원회, KISTEP, KAIST 미래전략연구센터(2015), 미래이슈 분석 보고서
- 박석희, 박진호, 이혜진, 이낙규(2014), 3D프린팅 활용 생체의료분야 기술동향, 한국정밀공학회지
- 소프트웨어 정책연구소(2017), 프랑스의 디지털 공화국 법의 추진동향
- 스티브 존슨(Steven Johson, 2004), 김한영 옮김, 이머전스(Emergence), 김영사
- 승인배, 백효선, 박정환(2018), 건설용 3D프린팅 기술의 해외 사례 조사 및 국내 상용화 방안, 한국산업융합학회 논문집
- 정보통신산업진흥원(2019), 5G와 초실감 기술이 만드는 新디지털 라이프
- 정인훈, 김종문, 최윤수, 김상봉, 이윤(2014), Wi-Fi 기반 모바일 디바이스 실내측위 DB를 활용한 라디오맵구축에 관한 연구, 한국지형공간정보학회지
- 이민화(2012), 호모 모빌리언스, 북콘서트
- 이민화(2018), 공유 플랫폼 경제로 가는 길, KCERN

- 이민화, 윤예지(2018), 자기조직화하는 스마트시티 4.0, KCERN
- 이지은, 곽태기(2018), 3D프린팅을 활용한 패션분야의 이미지표현 특성 연구, 한국의상디자인학회
- 오정혁(2018), 중국 인공지능 산업 현황 및 발전 전망, 대외경제정책연구원
- 정보통신기술진흥센터(2018), 4차 산업혁명시대에서의 3D프린팅 산업 동향과 시사점
- 정보통신기술진흥센터(2018), 주간기술동향 : MR 기술의 국방 응용 현황 및 이슈
- 이승환 외(2013), 혁신형 창업 활성화의 비결, 플랫폼, SERI
- 조은정, 이훈혜(2014), 제조업 공정혁신의 기폭제 3D프린팅 산업, 산업연구원
- 한국정보화진흥원(2018), 인공지능 기반 챗봇 서비스의 국내외 동향분석 및 발전 전망
- 한국정보화진흥원(2018), 개방형 클라우드 플랫폼 파스-타(PaaS-TA)
- 한국금융연구원(2013), 미국의 모바일결제시장 주도권 쟁탈전 점화: 비자와 마스터카드의 대결
- 현은령, 김인애(2018), 3D프린팅을 활용한 패키지디자인 확장 사례, 한국디자인문화학회지

국외 자료

- Csikszentmihalyi(1990), Flow - The Psychology of optimal experience
- Goldman Sachs(2017), China's Rise in Artificial Intelligence
- Mark A. Changizi and Marc Destefano(2009), Common Scaling Laws for City Highway Systems and the Mammalian Neocortex, Complexity
- Massimini, F., & Carli, M. (1988). The systematic assessment of flow in daily experience. In M.Csikszentmihalyi and I Csikszentmihalyi (Eds.), Optimal experience: Psychological studies of flowin consciousness (pp. 266-287). Cambridge University Press.
- MinHwa Lee et al(2018), How to Respond to the Fourth Industrial Revolution Dynamic New Combinations between Technology, Market, and - Society through Open Innovation, Joournal of Open Innovation
- McKinsey(2014), A productivity perspective on the future of growth

- Neal C., S.Zhang(2013), The Smarter Startup: A Better Approach to Online Business for Entrepreneurs, New Rider
- Schwab, Klaus(2016), The Fourth Industrial Revolution: what it means, how to respond, World Economic Forum
- GeekWire(2018), Future of sports viewing? Steve Ballmer and L.A. Clippers debut new augmented reality NBA experience.
- 平野正雄(2016),21世紀のプラットフォームは誰がつくるのか, DIAMOND ハーバード・ビジネス・レビュー, pp. 87~96.

온라인 자료

- https://arxiv.org/abs/1312.5602(Playing Atari with Deep Learning)
- https://www.nvidia.com/ko-kr/about-nvidia/ai-computing/
- https://medicalfuturist.com/top-vr-companies-healthcare
- https://www.thebalancesmb.com/how-google-s-business-model-works-3515189
- https://www.alibabacloud.com/ko/et
- https://www.theregister.co.uk/2017/04/21/baidu_driverless_car_software
- http://www.irobotnews.com/news/articleView.html?idxno=14375
- TheGuardian, 'How the sharing economy is transforming the freelance landscape'. (2016.08.10.)
- https://www.cnet.com/news, "Google and Nest reunite in push to add AI to every gadget"
- https://www.businessinsider.com, "Nest looks to enhance AI and machine learning"/ https://venturebeat.com/Nest Cam IQ uses Google AI to make the smart home a bit smarter